Sjælland

Palle Lauring

Sjælland

Lindhardt og Ringhof

Sjælland
Copyright © 1960, 2017 Palle Lauring og Lindhardt og Ringhof Forlag A/S
All rights reserved
ISBN: 9788711829721

1. L&R udgave

lindhardtogringhof.dk
Lindhardt og Ringhof Forlag A/S, et selskab i Egmont

Fra Langtved Færgekro til Lejre

Det kolde bål, Rolf Krake, og om bønder

»I Sjællands hjerte stod Danmarks vugge,
her skyller bølgen om Rigets rod.«

Jyder vil måske protestere, men så meget er sandt, og så fliget er Sjælland, at havet rækker en blånende arm ind i midten af øen. Isefjorden ligger mellem de lave skovklædte banker fra Kattegats grønne krapsø ind til sivskovene i Lejre Vig.

Danmarkskortet er fuldt af lune. Ser man på Samsø, kan man tro at øen engang er sprængt ved en eksplosion omtrent midt på, konturen flænget, partiklerne hostet ud i havet. Sjælland ser ud som om et sejgt stof er sprøjtet til alle sider, flænset, slynget ud i lange flige ved olme processer i kloden, intet under at man i århundreder virkelig troede på de »plutoniske teser«, at Danmark var skabt ved vældige katastrofer i alnaturen. Terræn og kort sagde jo det samme, landet duver i banker og dale, det hele overstrøet med sten og klippeblokke, hvordan lod det sig forklare, hvis ikke kolossale dynamiske kræfter havde raset her? Andre steder sagde og siger kort og natur og virkelighed jo eet: Island ser på kort ud, som om tungt flydende masser er trængt op gennem klodens tørre hud og er flydt til alle sider i havet, og det er sandheden. Island er skabt af lava, der er brudt op gennem sprækker i skorpen. Men Sjællandskortet lyver. Jo, bræens plov rodede den gamle kridtgrund op, lagde ler og grus i åse og bakker og lod sten og sand ligge, da det store vårbrud satte ind, for 12–15000 år siden, men iøvrigt er Sjællands, som hovedparten af Danmarks geologiske historie fredeligheden. selv. Der er vulkansk aske ved Limfjorden, størknet granit og gnejs på Bornholm, men ellers hviler Danmark på kridttidens tyste havbund, det hele gik ikke så alvældigt til, og den midtsjællandske idyl er ikke en solfyldt aften efter bragende hændelser. Langsomt, umærkeligt blev landets grund skabt, istidens kuldedød og bræens gliden var stærke årtusinder, men alt gik langsomt, stille. Siden har havet hævet og sænket sig, men umærkeligt for det enkelte slægtled. Skoven skiftede ansigt, Sjælland er ikke hvad det var, men stedse skete alt med en sindig dvælen, den man sluges af så man døser, når man en majdag går i stå i Sjællands solgyldne hjerte.

En vindfrisk vårdag er luften endnu karsk ved *Langtved Færgekro*. Man standser her i en idyl, der kan virke tidløs, den blanke fjord, de blågrønne skove, bøgene endnu lyse mod granernes mørke takker. Der var engang et andet Sjælland. Dette er vore bedstefædres, fjordidyllen, den blide dvælen, romantikernes hulde herlige bøgeskov. Havet kendte de ikke, for den danske romantik er kalkeret over den tyske, der ikke kender til hav, ud over som natsort stormeffekt, når helten er i sjælekval eller skibet skal synke. Den tyske romantik fik i Danmark en blid fredsommelighed, der endte som søde sofastykker, 1800-tallets malerier af skovsøer, fjordvand, sommer og stille dvælen.

Det indre af Isefjord kendte man. Her lå »Deiligheden«, her boede *Christian Winther*, her var man nær Stolkongens Sæde, Danerigets Leyreborg, her spiste man sin frokost, for i Danmark er naturen uløseligt knyttet til mad, en tur i det fri uden madkurv eller visit i en restaurant var og er utænkelig.

Broen er ny, stål og cement, og usædvanlig kluntet. Med sin dæmning skærer den landet midt over her, men den var meget nødvendig: med bil fra Hovedstaden til Holbæk sparer man nu hele fire et halvt minut. Folk fra lande med større stræk i terrænet har måske svært ved at fatte sagens alvor, men broen er her, idag finder mange mennesker denne vej, det gjorde tidligere kun få, og det kan man så mene om, hvad man vil.

Jo, her var og er en navnkundig køkkenmødding fra stenalderen, men det halve af den er kørt bort som vejfyld, resten ligger under bilernes parkeringsplads.

Fra kroen vandrer man mod nordøst. Stranden er ingen havstok, men dansk indfjord, der mere ligner sø end hav, og skov og blomster svaler rødderne i det bløde milde vand, der lugter sødligt lunt, men alligevel ikke som en fersk indsø. I lugten, i ternernes skrig, i det blå rene blink er der anelser af hav, for Isefjordens slyngede idyl er en flig af verdenshavet, herfra kan man sejle til Guldkysten og Hawaii. Her gror blå anemoner i det kølige græs, hvis man kommer før søndagsbilisterne har revet dem op og kastet dem i slatne bundter langs stien. Hundestejler smutter i det blanke vand mellem de soppende græstuer, og fra de jernrøde sten triller strandsneglene ned og slår gennem det blanke vandspejl med små melodiske plump. Overalt, på stien, langs stranden, ude i vandet ligger flint, de fleste stykker kun små knolde, men tusinder af dem stilfærdige hilsner, som kun få skønner på, flintfliser og skår, affald fra sindige flintsmedes arbejde for seks-syv årtusinder siden.

Kysten drejer i en blid kurve stik øst og så igen yndefuldt mod nord, ud mod et lille bakkedrag, der sejler i havet og er kronet af tykløvede gamle bøge. Det ligner en ø, men hænger fast ved en slank hals, den tange vi går langs med. Knuden er *Bramsnæs*.

På næssets hals gror korn, der allerede er ved at sætte bløde grønne aks, og jorden er fed. Alligevel ser marken sær ud, mange bare pletter hvor komet er tyndt og lavt, med halve meter mellem stråene, jorden er lysende sølvgrå og spækket med små stumper af kalkskaller, blegede knogler, og tusind stykker blændhvid flint.

Har man spaden med og går i dybet, svinder eftermiddagens timer tidløst umærkeligt, for op med spade, gravestikkel og pensel vælder solide østersskaller, muslinger, strandsnegle og flint. Man tar forsigtigt de smalle, spændstigt buede flækker i hånden, brede små skindskrabere, spækhøvle, hjortetakker brugt ved det finere flintarbejde og med værktøjets mærker. Små klodsede kerneøkser er indkapslede i en papirtynd skorpe af den megen kalk fra skallerne. Knogler ser dagens lys efter årtusinders mørke. De ordner sig foreløbigt i små stumme og dog mælende bunker, den første rå sortering, med bud fra skove man aldrig så og dog kender: krondyr, vildsvin, rå, elg, fra havet en hilsen, en ryghvirvel af et marsvin, en halv kæbe af en sæl. Enkelte spinkle fugleknogler. En kæbestump af en tamhund, stenalderfolkets spids, så stor som Lappernes hund i dag, og vel lige så ukælen, en halvvild lille satan, et umildt, utæmmet rovdyr. Køteren fik sat sine tandmærker på hver knoglestump man finder frem, for stort andet at æde fik den næppe, end hvad den stjal på møddingen. Og man husker den bestemte eftermiddag, så længe man lever, da en sært kantet lille knoglestump pludselig lå i eens hånd. Om det var det trettende eller det fjortende danske bæverfund – her var den lille hilsen fra den våde flittige ingeniør, der for årtusinder siden forsvandt fra Danmark. Bæveren har svømmet i Isefjordens indvande, og de dumpe brag har lydt i vårnatten, når de rodgnavede træer faldt. Så sortner jorden. Et lag sten toner frem, rødlige og smuldrende, ildskørnede, dækket af sod, aske og trækul med grenstumpernes struktur endnu synlig, og her sker underet: man bøjer sig og drikker med spilede næsebor en prikkende lugt af brændt træ, for det kan *lugtes* endnu, det bål der blev koldt for årtusinder siden. Så nær er man dem atter.

Her levede de. Vi véd ikke hvem de var, vi kender ikke deres sprog, vi véd, at så vidt skeletter taler, var de af samme race som vi, og her skyller bølgen ved Sjællands hjerte og Rigets rod, for selv med al senere indvandring af mennesker: de første renjægere, der vandrede nordover for femten tusind år siden og tog landet ind, blev vore fædre bogstaveligt.

Sporene her er ikke efter de første, heller ikke efter fastlandstidens fyrreskovs-jægere, men af de senere kystboer, Køkkenmøddingfolket, og de boede tæt her. Deres bopladser langs Isefjorden og Roskildefjord tælles i hundreder, for havet var rigt, skovene gav jagt, rødder og bær, og her var ret trygt, bortset fra naboskabet, og man har måttet kæmpe om jagtreviererne i de tykkronede skove. Landet var overbefolket, efter jægeres krav og muligheder, mennesker trivedes for godt på de lave lyse øer.

Man sparker i et muldvarpeskud, der er fuldt af skaller og flintspåner, at være muldvarp her stiller krav til trynen, men af hvert muldskud vælder hilsner fra jorden, mennesker før os. Man ser ud over den blanke vig og vil ikke tro, at de dengang så den stort anderledes, land og hav lå omtrent som nu, der var vel lidt mere skov. Men der var vadende børn dengang også, solbrune, uden en trevl på kroppen, men med gyldne glorier om hoveneder, og med latter og langelige råb om kostelige fund ud af halsen. Kysterne langs fjorden er, så langt øjet rækker, begravet i svulmende vårfrodige skove, blomstrende tjørne lyser som bål langs vandkanten, deres døvende krydrede duft driver mellem de solflimrende kyster. En mæt idyl, årtusinder stod stille her. Selv biler går i stå, og deres indmad blir stille et øjeblik. Folk vandrer langsomt, de sidder stille og ser. Man tror ikke på drama eller ødelæggelse, krig her er utænkelig. To turistbiler, en firmaskovtur af de gængse, Langtved Færgekro øjensynligt ikke første station på ruten, sejle op ad åen. Vaklende mænd, skrigende piger, man har det så morsomt, ølflasker tømmes og smides hen langs dæmningens stenflanker, så glasskår sprøjter ud i græsset, en ung pige kanter sig ud af vognen og bevæger sig sært, kjolen gennemvåd af bræk, de andre peger og griner og klasker hinanden på skuldre og arme og bagdele. Firmaets kontorchef, demokratisk og jovial for en dag, dette skal overstås. Der er lidt tomt omkring ham, selv om han følger folkeligheden, han er let pustende, meget rød i hovedet, gangen en smule stiv, øjne som en ålekvabbe, *pø-h* siger han uvant øllet og lukker øjnene, åjo vi er i menneskeland. Men de to biler suger atter deres udflod til sig og triller bort over broen. De er borte. Rummet over fjorden er stille, et solfyldt lyshav. Disharmonien var et moment. Landet er igen vore fædres Sjælland. Man tror atter på vækst, noget urgammelt og evigungt, en evindelig fornyelse af utømmelige kilder, det uforanderlige i det danske, for fremmede ufatteligt: det lidet opsigtsvækkende, men med årtusinders trygge sejghed, bevidstheden om netop kildernes utømmelighed, jorder der strækker sig som unge piger i

10

vårsolen og lader det gro af lænderne. Sjællands hjerte, men med fri udfart til de syv have, det er en af de lune hemmeligheder gennem årtusinderne. Herfra går en evig længsel ud mod det knap så lukkede, knap så idylliske, mod større horisonter, og tilbage hertil går straks og evigt længslen, en drøm om den lune hjemvigs trygge læ, for bølgen brød med en røst derude som vindens rislen i Danmarks korn, da vendte mangen påny sin skude. Det er kun et af Danmarks tusind stilfærdige paradokser, at Fynboen H. C. Andersen skriver Jydernes nationalsang, mens Himmerlænderen Johannes V. Jensen taber sit hjerte uhjælpeligt til det stille frodige Sjælland, for også her sad en stamme i ikke mindre end fem hundrede slægtled på rad, og den vil sidde her fremover, véd vi. Det er ikke konstrueret romantik, det er en realitet. Har man ikke fattet det, har man ikke været her og set sig mæt og alligevel fra purung fået drømmen i sig, så véd man intet om Sjælland, intet om Sjællændere, så kender man intet til Danskere, intet til Danmarks historie, skæbne og sind.

Fra Bramsnæsvig mod sydøst, jorden er god og tung, brede banker, duvende lavninger, skove og korn, hørrens blå søer. Huse og gårde sover til middag mellem tunge kroner, landsbyerne er gamle, udenfor de farende strøg, men landet får ikke lov at gro til. Alt vokser efter bøndernes vilje, det er ikke mange kvadratmeter der får lov selv. *Udmark* kendes ikke her.

Ved næssets rod ligger *Ryegård*. Navnet lugter af hedendom og ofre til vætter, en verden ældre end vor. *Ry* eller *Ryg* er et helligsted eller en stenbunke, til tider en enkelt sten. *Daneryg* hed stenen ved Viborg, hvor de danske Konger blev kåret. Gårdens navn viser tilbage til dage før middelalderens og renæssancens jordstærke bondeadel, men det var gode ætter, der red ind og ud her, Lunge, Rosenkrantz, Banner, Thott, Banekov, Gyldenstierne, Urne, Trolle og Scheel, få gårde er så stærkt placeret i de førende danske adelsætter. Desværre skete det triste her, for snart hundrede år siden.

Her lå – til 1876 – en trefløjet bindingsværksgård i to stokværk, det vil sige en bygning som Lynderup eller Holmegård. Den kendes idag af ældre billeder, Bærentzens lidt tørre, men fine lithografi. I stedet lod man arkitekten V. Tvede bygge en ny herregård i »nygothisk« stil, en præstation som man ellers skal til Skåne for at finde helt mage til. Dette nygotiske hus er sin tid i hver sten og ligner nærmest en jernbanestation eller et rådhus i en lille provinsby. Den nuværende ejer *kunne* ha haft en fin gammel bygning liggende her.

Men perspektivet er ikke i gold jammer over spildt fløde. Det er i at se, hvad samtiden mente. Familien flyttede ind i det nye hus 1. maj 1880, og 20. juni bringer »Ude og Hjemme«, det kultiverede ugeblad, et helsides træsnit af huset, med svaner og siv, og en rosende artikkel, der ender i, at dette hus inde og i sit ydre *vidner om megen Smag og Sans for det Skjønne og Nyttige*, og dets opførelse gør *saavel Bygherren som Arkitekten megen Ære*. Det er ikke en primitiv herremand og en udygtig arkitekt, der handler her. Det er en tidsalder, kun firs år fra vor, men med syn og tanke så vidt fra vor. Vil man aldrig fatte, hvor langt den endnu fjernere fortid må stå os i tanke, i reaktioner og handlemåde, i smag og i menneskelig væren? Kort: hvor stort et slid det endnu vil koste, før vi for alvor tør sige, at nu skriver vi så vidt muligt troværdig historie.

Lidt sydligere, og man er ved Lejregård eller »*Ledreborg*«. En indvandret familie grundlagde et grevskab her under enevælden, og egnens bønder udtaler den dag i dag navnet med hårdt tysk *d.* Her skete i og for sig det samme, en ældre bygning måtte vige for en nyere, men det skete i en tid, der havde kulturelt hold på sig selv. Dansk blev huset ikke, enevælden var ikke dansk. Det er efterklange af den franske rokokko, men skabt af en bygmester der vidste, hvad et hus er. Bygningen er meget smal, for den har vistnok sin forgænger i maven, som så mange herregårde, man brugte de mure der lod sig bruge. Huset er fremmed og fortroligt, hilsen fra den europæiske adelsklans og hoffernes kultur, der rakte over landegrænser fra Middelhavet til Norden, fra Rusland til Atlanterhavet.

Men det er ikke Ledreborg og ikke den fransk-tysk-danske rokokko, der fanger stærkest her. Overalt rager gravhøje op over kornet, sovende hvaler i det silkegrønne hav. Dyssekamrenes tunge sten står solbagte med lavgrå sider, her boede de første bønder, her gravlagde de slægten midt i den nyvundne jord, mens skoven veg og agrene voksede. Det er et nyere kapitel af Sjællands historie, end det der lå under Bramsnæssets sølvgrå muldlag, men bag strandfolket, dybt i skovene blev ny tider til. Folk med initiativ og uden angst for det ny gjorde stenøkserne tungere og sleb dem skarpe så de bed.

Øksehug gjaldede gennem skoven. Dyr og jægere standsede og lyttede, på spring, og flygtede sanseløse gennem krattet for de kvasende dumpe drøn, når træerne faldt, verden stod ikke længere, det gik aldrig godt, skoven hævnede! Men skoven hævnede ikke, den faldt, og kvas og grene knitrede, svedjebranden ryddede op og gødede jorden med gloende aske. Røgen drev tyst og prikkende stærk gennem skoven, og solstrålernes stive skrå planker stod skråt ned gennem den kvælende røg mellem stammerne.

I storstensgravene hviler slidstærke slægtleds folk. Her blev de

lagt, sejrende, med udsyn over det gode land. Den danske grav-
højs mange gåder er man langt fra at ha rede på endnu, men
sidder man i det vindblæste græs, ser man fra højden, hvad man
allerede véd, at Danmark er et lavt land, men horisonten er vid
som til havs, øjet ramler ikke på, som i det norske og det svenske,
og det er i Danmark, ikke i Dalarne eller i Telemark, at middelal-
derens Jomfruer kan »se sig ud så vide«.

Det man ser, mens man sidder på den græsgroede gravkuppel,
er fædrenes land, og alligevel ikke. Et bølgende grønt land med
de kalkede kirketårnes hvide sejl lysende i forsommerens aftensol.
Den mætte lilla dis ligger horisonten rundt under den skyfri kup-
pel, landet er fred og evighed, bondens igen og igen år efter år,
rationelt dyrket land, som om alt var det samme år efter år i det
endeløse.

Men tror man det, har man glemt det mærkelige ved de bøn-
der, der pløjede her: deres sindige konservatisme, der næsten,
men kun næsten skjuler det umærkelige glimt i øjnene under de
strittende lyse bryn. Hvad de siger, røber ikke alverden, man skal
sludre en del med Sjællændere, før man lytter sig til, hvor man
har dem, men de var, lunt umærkeligt, rede til at lytte og handle
på deres egen vis, under de givne kår.

Mange har set ud over landet fra højen her, på mange slags
land, selv om det var det samme. Skoven der veg. Det tog århund-
reder og mange slægter at få stenene af jorden, og mange steder
skete det sent, op mod vor tid, for her boede ikke så mange, der
var ikke brug for så megen jord. Rydningerne blev til bygder, og
endnu har hverken arkæologer eller stednavnefolk turdet sige helt
sikkert, hvor gamle vore ældste landsbyer egentlig er.

Den ældste plov var *en ard*, siger vi idag, med et islandsk ord
for det gamle danske. Den plovs agre var små og kvadratiske, for

man pløjede dem vistnok på begge leder. Den nyere tunge hjulplov stillede ny krav. Den var god i det lange stræk, men krævede mange trækdyr og var svær at vende, så agrene blev lange og smalle. Og den var dyr i drift. Hvem ejede seks-otte heste eller okser at spænde for? Det gjorde landsbyen, fællesskabet.

Den, der for et par hundrede år siden sad her, så ikke mange spredte gårde. Landsbyens huse lå tæt samlede, omkring dem lå tofter, udenom agrene, og udenom igen fælled og udmark, kun få bønder boede i enligt liggende gårde. Sjællands jord var udpint, fælleden næsten ørken, ikke fordi bønderne var dovne, men fordi de vidste for lidt. Man anede ikke dengang, hvad der sker i jorden gennem århundreders landbrug, man kendte intet til biokemi eller gødningslære, landet var slidt op og ventede på den naturvidenskab, der først var ved at gro frem. Landsbygden var gået i stå og kørte tomgang, mens tiden modnedes. Gode mænd af overklassen, grever sydfra uden anelse om det danske fællesskab, blev grebet af romantik og rationalisme i sær forening med sentimentalitet, borgerdyd, fædrelandssind og forretningssans, landbruget skulle svare sig. Bønderne lod det ske uden glæde, og det var andre faktorer der blev afgørende: dræning og mergling, og *svingploven*. Det blev den, først og fremmest, og knap så meget»stavnsbåndets løsning«, der skabte landet om, sprængte den gamle landsby og gav hver mand jord, fødte jordens grøde påny. For første gang siden oldtiden lod en ager sig pløje med een hest.

Svingploven skabte det land, man ser synke i den gyldne aftensol, og atter ringer klokkerne over et land vi kender. Et nyt er på vej.

I tusind år, måske endnu længere, herskede landsbyens fællesskab over den duvende frodige slette. Der er ikke gået to århundreder siden fællesskabet blev opløst. Hvad er stærkest? I virkeligheden var fællesskabet kun borte i et par slægtled, så spirede det umærkeligt af de gamle rødder. Kravene udefra tvang videre frem. Billigt korn fra de endeløse amerikanske prærier væltede ind over Europa, den danske kornavl blev urentabel, og bønderne lagde roret om. Den danske smågårdsdrift var for dyr, og redningen blev at præstere varer, der kunne bære en høj pris, ædle produkter, smør, æg, flæsk, ost. De blev skabt målbevidst, og denne gang handlede bønderne selv. Mange faktorer legede med, men blandt dem det gamle fællesskab i ny skikkelse. Tæl skorstenene horisonten rundt, de slanke pæle i sogn ved sogn, andelsmejerierne. Og der kom andelsslagterier, andels-ægcentraler, andels-indkøb, brugsforeningerne, og andels-uddannelse på Højskolerne. Bønderne satte stilfærdigt deres gamle fællesskab ind, da det kneb, og slaget blev vundet.

For en tid. Der lyttes igen i de aftengyldne gårde, hvor lys gløder frem i vinduerne, eet efter eet, i den korte sommernat: det danske landbrug er atter truet. De ædle produkter laves idag mange steder, i store mængder, billigere end det kan gøres her. Snakker man med bønderne, smiler de lunt, de har ikke hørt noget videre, og det går vel nok. Men i den korte lyse nat lægges roret atter engang hårdt og stilfærdigt om. Igen skriver ploven historie. Svingplovens marker er for små til traktorer og combiners. Der er for mange markveje og hegn. En enkelt gårds jorder er for lidt til at gi de ny mekaniske muligheder mening, en traktor ordner sit årsarbejde på få dage og står så hen ubrugt. Fællesskabet, maskinstationerne, skyder frem som et overgangsled til det sidste skridt tilbage til det gamle prøvede fællesskab, landsbyen. Kollektivbrug er et uartigt ord, tanken utænkelig i dansk demokrati. Men *andelsjord?* I stedet for halvthundrede kostbare, utidssvarende loer og lader vil een kornsilo i sognet, måske for flere sogne, klare opgaven billigere og bedre. Een maskinhal præsterer, hvad mange gårdes dyre tekniske apparat slider urationelt med idag. Rationelle storstalde bygget sammen med mejeriet vil afløse halvthundrede kostbare kreaturhuse, og umærkeligt vil gårdene atter søge sammen og gi jorden tilbage til ploven. Som hjulploven gjorde ardens agre aflange og smalle, og som svingploven gjorde dem kortere og brede, vil maskinploven med de mange plovskær atter omskabe det sjællandske og det øvrige danske land. Forandringen vil lede ud i det ny, ikke ved ny og vilde eksperimenter, men i det gamle prøvede spor, som landbruget i virkeligheden har stilet tilbage til siden slutningen af 1700-tallet, da tråden blev klippet over med mange teorier, der forstod så meget, blot ikke det danske fællesskabs tusind år. Kunne man lægge sig her og hviske om det, der nu skal ske, ned i højen til den gamle, ville han blinke med øjnene, som kun en Sjællænder kan det, og sige stilfærdigt *næi ded æ dog for ga'lt*. Og han ville mene, hvad en Sjællænder mener, når han siger det samme idag, høfligt forbavset: at han er ikke forbavset, men det koster intet at se forbavset ud. Det kan tværtom være klogt.

Men *Ledreborg* i skoven bag os? Vi er stadig i Sjællands hjerte, ved rigets vugge, legendens og romantikernes hellige *Lejre*. Som barn hørte man sugende saligt om Lejre, om gården Hjort, hvor Rolf og hans mænd lo og drak, hvor Nordens halvgud kæmpede sin sidste kamp og faldt med sine tro bersærker i en vold omkring sig. Den magre Frøken fortalte uden dyb følelse for sværdets hvinen og braget af skjolde. Hun lirede sin lektie og bad os naivt plapre det op for hende bagefter, mens hun rystede misbilligende på hovedet, ikke over de vældige hændelser, men over vore hjerners mangel på klæbestof. Men selv i den pauvre servering bed

17

sagnene sig fast, uløseligt slynget sammen med romantisk svær-
mende digteres efterklange, ved Lejre græsser nu får på vold, hvor
fordum kæmperne drukke.

Men nok så nøgternt: hvor meget hold er der i hele den histo-
rie?

Det siges, at her var helligsted. Det fortælles, at i den hellige
lund ofrede man hvert niende år heste, hunde, høge, haner og
mennesker, som i Uppsala. Ofrene blev hængt, for det var den
hellige død. Lejreblotene var de helligste og vigtigste i Danmark,
eller i Østdanmark, og så præcist taler legenden, at vi får at vide,
at det sidste store blot i Lejre sker i året 934, det vil sige ca. under
Gorm den Gamle. »Herthadalen« nævnedes som det helligste
sted, og for et par hundrede år siden vandrede vore romanti-
kere her i den sødt sagnsvangre egn og drak mindernes em med
halvlukkede øjne. For her lå Lejre, her boede Rolf Krake, her
klang Bjarkemålet ud over de lyttende agre, vågner, vågner, ven-
neskare, alle I ypperste, Ædlingens følge –

En kritisk eftertid kasserede Herthadalen. Der havde aldrig
eksisteret en Gudinde af det navn, og at gætte på Njord eller Nert-
hus var uholdbart. Sagen var i bund og grund tvivlsom. Havde
Rolf i det hele taget levet? Var legendernes Lejre i det hele taget
Lejre her ved Roskilde? Var det ikke det nordligere Udlejre? Alt
var mere end usikkert, og slutstenen blev en afhandling – udgivet
i 1943 og på tysk – der forærede det hele sydpå, Rolf og hele affæ-
ren var lånt sagnstof sydfra, Lejre var en landsby, basta.

Til den nyeste tid har historikere og arkæologer lagt deres ba-
ner i en stor bue udenom Lejre, og man forstår dem. En så tyk
damp af sagn og romantik, fantasteri og sentimentalitet var i år-
hundreder kvolmet ud over Lejre-egnen, at det var livsfarligt for
en videnskabelig fagmand at vove sig ind i røgskyerne. Fagfællers

skadefro grin var det sikre applaus, så hvorfor ikke bruge spade og skarpsindighed et mindre livsfarligt sted.

Tilbage var enkelte kendsgerninger: Lejre spiller en rolle i det danske sagnstof, og det gør Lejre og Lejreborgen allerede ved år 400, for på den tid tar Anglerne sagnstoffet med sig til England og støber det i poetisk form, *Beowulfkvadet*, hvis Anglerne ikke simpelthen har *kvadet* med hjemmefra, måske i en noget mere arkaisk form. Ved Lejre står enkelte minder om oldtiden. Allerede Ole Worm kendte dem, og de var bedre bevaret den gang. Stednavnestoffet omkring Lejre kan sige et og andet. Selve ordet »Lejre« er tankevækkende. Stednavnefolk siger, at det kommer af *lethr*, der kendes i gotisk som *hleithra* og betyder en hytte eller et telt. Navnet kendes ikke kun her fra, det findes flere steder. Blandt andet i det nordlige Spanien, hvor det staves som det sjællandske og udtales omtrent lige sådan, med lidt mere klangfuldt *r*. Nu hævder en enkelt ældre forfatter, at på vestgotisk betyder *Lejre* »et helligt sted«. Eksperter må sige, om han kan ha ret, dobbeltbetydningen telt-hytte og helligsted er ikke utænkelig. I det spanske Lejre ligger idag et meget stort kloster.

Herthadalen har næppe noget med Njord at gøre, men mon den virkelig har navn efter »ærter«? En gammel jordgudinde hed *Ertho* – det samme som tysk *Erde*. Vi kender hendes navn fra adskillige danske Ærtebjærge og Erthøje, og op til vor tid er sjællandske bondeunger rede til flugt, når de går i ærtemarkerne og stjæler, for de véd, at pludselig kan *Ærtekællingen* rejse sig op af de grønne ranker, og så har ens liv ende.

I Herthadalen er der idag ikke meget at se, ud over sten hist og her, som det måske var værd at få rede på. Men bag Lejre by ligger på en banke en stor gravhøj, og ved den står høje sten i marken. Så fantastisk det kan lyde, var fagfolk komplet uinteresserede

19

i dem til for ikke mange år siden. Stensætningen var i virkelig-
heden givet fri, og en del sten blev sprængt. Så købte en kres af
egnens folk stedet og fik det fredlyst. Desværre blev der gjort en
papirfejl, så da gården, hvor stensætningen står, blev solgt, gik
den ny ejer koldt i gang med at skyde fler sten. Egnen rystede for
de dumpe kanonskud, mens stenfliser føg over ageren. Der var
ingen vej uden om, og det bør huskes, at så købte de gode Lejre-
bønder stensætningen *for anden gang*. Men mere end halvdelen
af de mandshøje sten var borte. Nu først lykkedes det at lokke
fagfolk til at se nærmere på det livsfarlige Lejrestof, og det blev
fastslået – temmelig sent at det ikke drejede sig om resterne af en
langdysse, men om en skibssætning fra vikingetiden, så vældig
og imponerende som stenskibet på Kåseberg i Skåne, nu svensk.
Lejrestenskibet var noget nær ødelagt og er idag kun en sørge-
lig ruin. Men der blir nu gravet, og man tør håbe, at langsomt vil
Lejre åbne sig og fortælle, hvad der kan være tilbage at sige.

En af vanskelighederne er, at her er ingen høvdingegrave. En
smule er fundet, men hovedsagelig fra andre tidsaldre end Rolf
Krakes formodede. Når *Herulerne*, der lang tid før vandrer ned
i Europa, vistnok oprindelig fra Sjælland, kender sagnstoffet, er
der den mulighed, at det blot er ældre i sin kerne, end man hidtil
har regnet med. At det blir blandet op, fornyet, overbroderet af
digt, er en selvfølge, men *er* der en kerne, der kommer Lejre ved?
Helligsted var her temmelig sikkert, og så vel også en væsentlig
høvdingegård. Men man savner som sagt høvdingegrave, som de
svenske fra Vendel og Valsgärde.

Kort sagt: Lå Rolfs gård *Hjort* her ved vigen? Red Rolf og
hans kæmper rundt mellem bakkerne her? Klang Bjarkemålet
den morgen ud over de sollyse dugvåde marker, og stod egnens
bønder den formiddag stille og stirrede, mens brandrøgen drev

over skoven og Rolfs kæmper lå i stille dynger om deres døde høvding og den hævnfældede mordbrænder? Eller roligere: skete noget af det, der er sagnenes kerne, her?

Det er sin sag atter at gribe sværd her, og der er tavshed om Lejre. Til dato er ikke meget fundet, men ganske vist til dato heller ikke søgt særlig ivrigt. Vi kender fra Norge og Sverige en række imponerende høvdingegrave. Til gengæld har vi fra Danmark – og kun i ringe grad fra de to andre lande – en rig skat af sagn, og Danmark var dengang ikke fattigere, snarere tværtimod, her er bare ingen gravlagte høvdinger, og vel at mærke hverken her i Lejre eller andre steder i Danmark. Hvad er forklaringen?

Det er en Ålænding, der har peget på en mulig løsning: de svenske storhøvdinger blev gravlagt i deres både og skibe med deres kostbarheder. Men adskillige steder, blandt andet i selve Beowulfkvadet, siges det udtrykkelig, at Skjoldungerne og andre danske høvdinger overhovedet ikke blev gravlagt. De blev, som det sømmer sig søkonger, søsat ombord i deres skude. Kong Dan forlod os på den vis. Søkongen Hake blev sat til søs og skuden stukket i brand. Er *det* rigtigt, vil man søge forgæves både her og andre steder: Rolf og Bjarke, Hroar og Helge, Bødvar og Vigg ligger ikke i gravhøjene her omkring. I dem ligger gode sjællandske storbønder. Lejrehøvdingerne – hvad de ellers hver for sig kan ha heddet – stod i deres flammende skuder fjorden ud. Der er på Hallands kyst, dybt i sandet, fundet et par skibe fra den tid, eller bunden af dem, de var brændt ned til vandgangen. Er det strandede gravskibe? For som det synges ved Dans sidste fart bort fra kysten i skibet ladet med kosteligt gravgods: hvem der fangede skatten til sidst, det er der ingen der ved.

Roskilde Domkirke

Bygmestre, Konger og kister

Gravhøjens græs er vådt af dug. To irgrønne syle lyste i kimingen, da solen sank. I den lyse nat var de borte, men som mørklilla nåle bryder de dagningens flammerøde horisont. Set fra højen her er de børn, kun tre hundrede år gamle, men så langt de ses i det åbne land, kalder de dragende, for *Roskilde Domkirkes* to pigesmække spir er de bedste værker af den art, vi ejer.

De blev sat på kirken af Kristian den Fjerde, og han er renæssance-barok-bygmester, men spirene er gotiske.

Nu er den danske »renæssance« ikke så langt fra gotikken, som man vil tro, og navnlig i det kirkelige spiller gotikken jævnligt ind. Kristian den Fjerde gir Frederiksborgkirken gotiske vinduer, hans gravkapel i Roskilde får det samme, og så skænker han kirkens to tårne de dristige spir. Oprindelig stod tårnene vistnok flade som Notre Dames i Paris. Siden får de kluntede gavle og hætter, og Kristian den Fjerde gir altså ikke bare katedralen ny spir, den har aldrig haft spir før. Sammenligner man med andre store kirker, stiger ens glæde ved løsningen i Roskilde. Totårnede murstenskirker findes adskillige steder i Østersølandene, også entårnede, og »gotiske« spir bruger man så sent som da Nyborgkirken får sit gode kobberspyd. Et slankt Roskildespir på Nyborgkirkens ensomme tårn ville se sølle ud. Til gengæld ville to kraftige Nyborgspir på Roskildetårnene virke lige så kluntede som tårnene på Mariakirken i Lybæk før krigen, og de ville gøre kirken lille. Så overraskende Roskildespirenes spinkle form er i forhold til den tunge kirke, har bygmesteren alligevel ramt det rigtige.

Byen *Roskilde* er en af Danmarks ældste. Endnu har vi ikke rede på vore byers oprindelse. Alt er løst gætteri, for endnu har grundige byarkæologiske undersøgelser ikke lagt grund under teorierne. Det er et væsentligt spørgsmål i vor historie, der pinligt jomfrueligt venter sin elsker.

Der er tale om en ældre by, *Høgekøbing*. Man har ment at den lå i nærheden af Lejrevig, og man har søgt den flere steder. En banke dybt i skovene har fristet tanken, men endnu er intet fundet, og enkelte har gættet på, at Høgekøbing lå omtrent hvor Roskilde ligger. Intet kan endnu siges, desværre, for et »byfund« svarende til det sydslesvigske Hedeby og det svenske Björkö i Mälaren savnes hårdt i dansk arkæologi. Navnet *Roskilde* er måske virkelig skabt af et mandsnavn, *Ro*, ældre *Hrói* eller *Hrodwer*, der betyder »sejrrig kæmpe«, og altså ikke af *Roar* eller *Hroar*, men man kan næppe se bort fra muligheden *hross*, Hestekilden. Harald Blåtand tar sæde i Roskilde, så byen er mindst tusind år, sandsynligvis ældre. Den lå på et handelsstrategisk sted, så sært det kan lyde, for man vil ikke tro, at den gamle søfart af sig selv søgte ind i bunden af den smalle fjord, men det gjorde den. Her var en parallel til fænomenet ved Hedeby-Slesvig, hvor skibene løb ind i bunden af Slien, lossede og lastede, så varerne

23

blev ført over land ud til Trene og man undgik sejladsen nord om Jylland. I Roskilde blev varerne lastet på vogne og hesteryg og ført til Køge Bugt, omtrent ved Karlslunde. Man undgik sejladsen ned gennem Øresund. Sundets rygte var ikke godt. Kullens rå klippekyst var i sig selv en trusel, og det gamle Helligbjærg var uhyggeligt, men Sundet var også en fælde, hvor sørøverne havde muligheder. Hvad der har vejet stærkest, så gik der ialtfald et handelsstræk tværs over Sjælland her, og vejen er kortere end man måske vil tro, kun ca. to danske mil ud til kysten med det gamle navn *Jærnen*. Samtidig blev Roskilde naturligvis stabelplads for Midtsjælland, så det var ikke kun et gammelt helligsted, Harald Blåtand kårede til sin by.

Roskilde er idag ansigtsløs. De fleste sjællandske byer har ikke en ærværdighed, der står i forhold til deres alder, og det siger, at de ikke gik i stå, som Ribe og Rothenburg, men at der stadig var brug for og mulighed for at bygge nyt. Det ses ikke, mens man vandrer i Roskildes gader, at den nævnes med hæder igen og igen i Danmarks historie, og i de senere år har det, med nyere trafik, betydet noget afgørende, at København er for nær. Det er for let at stikke ind til Hovedstaden både for at handle og more sig. De byer, der ligger inden for Københavns fangarme, blir mærkede og vil vel med tiden ende som fremskudte forstæder. Idag går intet handelsstræk landværts fra fjordbunden til Køge Bugt, og »Roskilde havn« råber ikke om initiativ. Her er dog sejlbart vand, det andre og stærkere byer har skaffet sig ved kanaler og rensede åløb. Men byen ligger smukt, og endnu har den karakter af sin middelalder på den høje banke. Endnu dominerer Danmarks hovedkirke husmasserne, men også det er truet og vil dø.

Ude i de silende fjordenge ligger en høj lerbanke, geologisk umotiveret, det meste er lavet af mennesker. Her var *Haraldsborg,* og manden er Harald Kesja, Erik Emunes og Knud den Helliges bror. Han hærgede Roskilde og optrådte som fyrster sydpå og i Vesteuropa på den tid havde for vane, prøvede at dominere en by. Hans historie er i øvrigt skrevet af hans fjender, og han var bedre end sit rygte.

Det er ved midten af 1100-tallet, at »Roskildebrødrene« selv organiserer en flådeleding mod Venderne, mens Kongerne har mere travlt med familiepolitik. 9. august 1157 fejres i Roskilde det »Blodgilde« der koster Knud Magnussøn livet og blir porten til Valdemar den Stores eneherredømme. Blodgildets »skyldige« er, siger Saxe, Kong Svend Eriksøn, men sagen er såre dunkel. Roskilde blir siden Danmarks kirkeby nummer to. Ærkebispebyen Lund førte, med ikke mindre end 21 kirker og 7 klostre. Roskilde havde, domkirken medregnet, 12 kirker og 5 klostre, og ser man, i det nuværende Roskildes gamle gadenet, hvor lille byen var, forstår man, at de 17 kirkelige institutioner med deres kanniker, præster, munke, nonner etc. har domineret byen og dens liv, så man idag skal langt syd på for at finde noget mage til. Man forstår, hvor totalt de førende byers karakter ændres af reformationen. For Roskilde blir det et knæk, som byen aldrig er kommet over, det store brud i dens skæbne.

En tid har Roskilde håbet at blie det danske ærkesædes by, men håbet brister. De danske ærkebisper hævder primatet over Sverige, og det er grunden til, at den danske kirkes hovedstol glider østpå, så nær det andet rige som muligt.

Harald Blåtand bygger sin trækirke her, og det siges at han selv blir gravlagt i den. Det siges ganske vist også om Svend Tjugeskæg, men gammel blir trækirken ialtfald ikke. En af de stærke hændelser i domkirken, Ulf Jarls drab, blir årsag til at kirken bygges om. Ulfs enke Estrid bygger en stenkirke, rimeligvis så stor omtrent som en romansk landsbykirke, i årene efter 1026. Heller ikke den blir gammel, for bisp Svend Nordmand bygger den tredje kirke, en treskibet basilika af frådsten. Den har antagelig stået færdig til indvielse ca. 1080, og der er fundet så mange rester af den under kirkegulvet, at man i hovedtrækkene har rede på den.

Teglstenskatedralen er altså den fjerde kirke på pladsen, og det er rimeligvis Absalon, der tar fat på at bygge Roskildekirken ny og langt større i fransk stil. Men byggeriet tar tid. Man lægger grund til det runde kor, der står endnu, i slutningen af 1100-tallet, og 1282 er kirken kun omtrent færdig, det nordre tårn er ikke bygget endnu. Det tar altså mere end hundrede år at få den vældige kirke bygget, og det er forklaringen på det morsomme, at østenden er rent romansk, for her begynder man, men efterhånden som man arbejder sig vestpå, skifter tider og smag, så man går over til gotisk stil. Man følger ikke den gamle plan, men det glidende skift i arkitekturens mode, det vil sige at man til enhver tid bygger efter nyeste smag. Det har gjort kirken morsomt levende, men det har også ført til radikale ændringer i planen. Oprindelig har man tænkt sig en østende i retning af Ribekirken, en korskirke med korrundingen så at sige umiddelbart på tværskibet, men det blir opgivet, og kirken blir et treskibet langhus.

Det er kirkens særlige historie, der dikterer dens overvældende mangfoldighed. Den er vort mest komplicerede monument, for med sin funktion som kongelig gravkirke har den formeret sig ved knopskydning til begge sider. Først får den kapitelhus, sidekapeller og våbenhuse, men så griber kongeslægten ind, først med Kristian den Førstes Helligtrekongerskapel (det var det, som Tyge Brahe skulle holde ved lige til gengæld for at få kapellets indtægter. Han lod kapellet forfalde og hævede pengene). Så bygger Kristian den Fjerde sit store gravkapel på kirkens nordside, og stadig følges den gamle sikre tradition: der er i gotisk tid bygget våbenhus og andet til kirkens romanske østende uden vaklen og vellykket. Kristian den Fjerde bygger sit kapel i »hollandsk renæssance«, sin tids stil, væsentlig bedre tænkt og gjort, end det ses idag efter at en arkitekt i forrige århundrede har »restaureret« det. Harsdorff bygger kirkens største tilbygning, enevældekapellet på kirkens sydside, i sin tids stil, en fornem og hvilende bygning, der er sig selv, en streng klassicistisk rokoko med strejf af romersk kejsertid, termernes og varehusenes glæde ved store enkle murflader. Det er først vor tid, der går i knæ over for opgaven. Det lyksborgske kapel er bygget i 1917–24 i »romansk-byzantinsk« stil »for at stå til kirken«, uagtet det er bygget til kirkens gotiske ende. Kapellet er, som en pastiche af et romansk-byzantinsk kapel, ikke nogen ringe bygning, men alligevel en klar fiasko, fordi det er uærligt. Samtlige bygmestre og arkitekter, der gennem århundreder har skabt kirkens ikke harmoniske, men alligevel så fængslende kompleks af bygninger, er gået ærligt til sagen, de har konsekvent bygget i deres egen tids stil. Af dem alle har kun een svigtet og har ikke turdet stå ved sin tid og sig selv: vor tids mand. Eet undskylder ham: Det er først efter anden verdenskrig, man helt konsekvent har haft mod til at opgive alle forsøg på pastiche og uægte »gamle stilformer« i dansk kirkeligt byggeri.

Går man til kirken idag, er viden nødvendig, hvis man ikke vil på vildspor. Et eksempel blandt mange: ved kirkens nordside, østpå ved koret, ligger Oluf Mortenssøns våbenhus. Forrige århundredes kyndige udnævnte det noble lille stykke murstenskunst, der er klart nordtysk i stilen, til Danmarks bedste bygning i teglstensgotik. Idag vil man finde det vel raffineret og søge større styrke andre steder i kirken. Men da en arkitekt skulle restaurere Helligtrekongerskapellet på kirkens sydside, gav han trods klare spor kapellet en dobbeltgavl kopieret efter Oluf Mortenssøns våbenhusgavl, uden hensyn til at arrangementet ikke balancerer med kapellets proportioner.

Kirkens hovedindgang, mellem de store tårne, ser ud som om den er lavet af byggeklodser fra en Nümberger-æske. Den er et falsum, en fri »rekonstruktion« af den oprindelige portal. Kristian den Fjerde skænkede kirken en hovedportal af sandsten, og med kirkens skæbne og karakter var der intet mærkeligt i en portal fra 1600-tallet, men en arkitekt mente i forrige århundrede, at den ikke »stod til« kirken. Var princippet blevet gennemført, stod der idag af hele kirken kun korrundingen, og endda kun de nedre partier. Sandstensportalen blev ført til København og sidder idag på Holmens kirke.

Men der ud over: en vandring omkring kirken er en af de forunderligste glidende arkitektoniske oplevelser i Danmark. Det er ikke det helstøbte værk, det har kirkens historie umuliggjort, heller ikke en lykkelig slutakkord af et stort orgels mange stemmer mesterligt registreret. Det er netop syn efter syn, stadig skiftende, overraskende, storladent, mere stilfærdigt, morsomt, spor af tilløb, rester af tidligere epoker, en lykkeligere og langt mere monumental symfoni over et gammelt lands skæbne, end Riddarholmskyrkan i Stockholm, dens fine kvaliteter ellers ufortalt. Det tar tid at blie fortrolig med Roskildekirken, men tiden lønner sig. Østerlars på Bornholm er et barskere nordisk brag, gotikken i Odense er klarere, Maribos kirketorso er enklere, men Roskilde, banaliseret for tanken og i for mange billeder, er værd at genføde fra grunden.

Kirkens indre, det lange smalle hovedskib, det overraskende perspektiv fra vestenden op imod koret, kan kun forstås ud fra kirkens skæbne. Kirkens midtparti er mørkt, for de mange gravkapeller stjal sidelyset. Derfor kunne man heller ikke, som i de fleste større kirker, sætte orgelet op over vestportalen, for så var lyset blevet aldeles kvalt. Det er hængt op på kirkeskibets søndre side, og Kristian den Fjerde prøvede logisk at skabe balance ved at hænge en dominerende »kongestol« overfor på nordsiden, men det var ikke nok. Kirken kæntrer, også fordi man har placeret prækestolen i samme side som orgelet. Blandt andet derfor er synet op gennem kirken ikke så stærkt, rummet virker ikke som rum, mere som en gigantisk korridor, men den afgørende grund er, at kirkeskibet endnu ikke er restaureret færdigt. Koret er renset, kalklagene hugget af, det står i røde sten, og selv om de rå stenmure med de lyse og mørkere sten i sig selv er dejlige, er det rigtigt, som det er sagt, at de burde hvidtes, for de rå vægge har vanskeligt ved at holde sammen på et *rum*, og det trænger Roskildekirken til i sin brogede mangfoldighed. Men man rensede ikke kirkeskibet. Det store hovedrum står endnu med den dræbende døde murmesterpudsning, det fik i 1800-tallet. Når rummet blir renset og hvidtet, så væggene lever og de mange profiler i de gotiske piller ikke mere leger julestads og guirlander, men får lov at virke diskretere med deres fint modulerede skyggevirkninger, vil Roskildekirken være en åbenbaring. For som kirken står, er den halvgjort værk, og den er dog Danmarks hovedkirke. Den dag vil kirken ha genfundet den storhed, som arkitekturen lægger op til.

Sideskibene er idag smukkere end hovedskibet, og koromgangen er kirkens stærkeste parti. Af ukendte grunde er adgang forbudt til kirkens øvre omgang, så den oplevelse, at se den store kirke fra de mest overraskende vinkler og leve med i den, er forbeholdt kirkens funktionærer, og de gæster, der med dansk frimodighed skræver over snoren, fordi man dog er medejer af huset.

Umuligt her at gennemgå den mangfoldige kirkes indre i alle detaljer. Korrundingen er et af de bedste steder at begynde. Her ligger – endnu – en stor blålig gravsten. Det er vistnok tanken at rejse den op ad muren, for den er et pragtstykke, ikke ved sindrig og kompliceret huggeri, men tværtimod. Den er oprindelig lagt over bisp *Peder Jensen Lodehat*, Dronning Margrethes gode ven, og hans grav er forlængst sløjfet. Stenen er intakt, selv om den ved en flytning er knækket, og den er fra den fineste periode i de danske gravstens historie. Man sleb en stenplade glat. Så tegnede man en løs skitse af afdøde, her bispen i skrud, og med mejslen trak man skitsen op, intet andet. Det er overraskende at man har haft kunstnerisk nerve og selvtugt nok til at nære sig på en så raffineret måde. Resultatet er den udødeliggjorte skitse med en stregføring, der tåler sammenligning med de bedste kinesiske portrættegninger, som den af Litaipe. Det er ikke sært, at det sker i unggotikkens fine tid, og det er heller ikke sært, at stadet ikke kan holde: bestillerne har gjort oprør. Man ønskede solidere værk, der så dyrere ud, den evige fladpandede småborgersmag, der i samtlige kunstens årtusinder har halet det sublime ned og vel nok har hindret kunsten i forlængst at forsvinde i den blå luft som en løbsk ballon, den evige jordiske lænke om benet på de gudbenådede himmelstræbere, der ved en evig vekselvirkning har gjort, at kunst og menneskehed trods alt stadig hører sammen. Bisp Lodehat her er Danmarks bedste eksempel på disse dejlige gravsten, stregføringen i bispens dragt, kompositionens placering på stenfladen, bispens ansigt, der er så realistisk humor, at det er på grænsen af karikatur. Man mindes en fynsk sten i samme teknik, idag næsten slidt ud, af et ungt fynsk adelspar, hun med en rose i hånden. Lodehatgravpladen er Danmarks bedste bispesten, selv når Claus Bergs Ribemonument over Ivar Munk tages med. Så mange kulturpersonligheder har sagt os, at vi ingenting kan, at man bør dvæle her.

Og sætte sig på bænken. Man er i katedralens ældste parti, det romanske kor fra Absalons tid. Koromgangen har som grænse ind mod højkoret en rad tunge solide granitsøjler, der bærer den øvre omgang. Langs foden af søjlernes murede grund ligger en rad granitkvadre, mange hugget buede i et cirkelslag der ikke passer til den bue de sidder i. De er måske hugget til koret som det egentlig var tænkt, måske stammer de fra en kirke der er revet ned, men indenfor de lavstammede solide søjler står i højkoret fire marmorsarkofager. På deres sted stod i sin tid kirkens højaltertavle, og foran lå bisper og andre prominente gravlagt, men med reformationen blev højkoret ledigt, og da enevælden skulle gravlægge sig selv, blev det ikke i Kristian den Fjerdes kapel, det blev her, for ny kapeller er dyre, og koret stod tomt og var kirkens fornemste sted. Her hviler Kristian den Femte og Frederik den Fjerde, enevældens to første kronede monarker, med deres hustruer. Her placerede de sig, sejrssikre, og stærkere nederlag skal man lede efter.

I et kapel fra tiden omkring 1700 ville de fire sarkofager rimeligvis ha virket med effekt, for de er ikke dårligt arbejde, men at sætte dem her er en naiv frimodighed, der må hævne sig. Det stærke romanske kor ænser ikke sarkofagernes teatralske basunengle, ikke en lyd kommer af trompeterne, mens de arme forgæves sætter deres flødeskumskunst op imod granitsøjlernes farvestærke jættekraft. To stenhuggerværksteder, to tidsaldre, to traditioner. Her taber både marmoret og Versailles.

Der var kun plads til de fire, så Frederik den Femte måtte bygge sit eget kapel. Kirkens funktion som kongelig gravkirke er iøvrigt indviklet, de ligger her jo langt fra alle. *Harald Blåtand* blev muligvis lagt her, hans søn *Svend Tjugeskæg* også måske. Deres grave kendes ikke. Knud den Store ligger i England med sine sønner, men *Svend Estridsøn* vendte tilbage til Roskilde. Så flyttede centret. Valdemarerne lagde sig i Ringsted, siden blev det Sorø, og så tabte Roskilde tålmodigheden, så da *Margrethe* blev bisat i Sorø hos sin far og sin bedstefar, marcherede Roskildekannikerne til Sorø og erobrede bogstaveligt hendes kiste.

Hun hviler idag i koret i sin pragtfulde sarkofag, sært gemt bag alteret, men det er alteret der er flyttet, ikke sarkofagen. Da højalteret stod helt tilbage i korrundingen, havde hendes sarkofag kirkens fornemste plads. At hendes bror *Christoffers* »sarkofag« står bag hendes er turistsvindel. Han blev gravlagt i koret, en sarkofag bestilt, men aldrig sat op, dens figur og andre effekter lå i århundreder i en trækasse, til man i forrige århundrede »konstruerede« en tom sarkofag (meget for lav) og lagde figuren ovenpå. Figur etc. havde sandere mening i et museum, end her hvor den tomme rekvisit ikke hører hjemme.

Margrethes stedsøn Erik af Pommern gik fra embedet og blev gravlagt i udlandet, *Kristoffer af Bayern* blev vistnok gravlagt i Helligtrekongerskapellet her, men hans grav kendes ikke. *Kristian den Første* ligger her med sin hustru. Kong Hans og Kristiern den Anden ligger i Odense, Frederik den Første i Slesvig, men fra og med *Kristian den Tredje* er *samtlige* danske konger gravlagt i Roskilde.

Kapellerne er i det indre forskellige som i det ydre. Helligtrefoldighedseller Helligtrekongers er et stort gotisk, lyst og festligt rum smykket med kalkmalerier og med en svær granitsøjle i centrum. De to monumenter i sort marmor og alabast, Kristian den Tredjes så afgjort den bedste, er en lidt voldsom møblering, endda skævt placeret, og det er ikke blevet bedre af, at kapellet ved senere byggerier har fået en del af sine vinduer blændet, men helheden er alligevel en oplevelse. Nyere kister, midlertidigt placeret, gavner ikke helheden.

Frederik den Femtes kapel er det under, man træffer i arkitekturen nu og da: det indre er større end huset udvendig. Det lyse rum er køligt, ikke intimt, det kan virke koldt. Man skal vænne sig til den bratte overgang fra det dunkle gotiske sideskib. I plan er det Harsdorffs Karisekapel i gigantisk format, en kvadratisk bygning med vældige nicher i de tre murflader, og i forhallen to refugier til, for høje døde.

Det er enevældens apoteose, en efterklang af de romerske Kejseres guddommeliggørelse efter døden, og her er ruttet med plads. De første to kronede enevoldsmonarker traf vi i det gamle kirkekor, og bygmester Anton, det skrækkelige menneske, fik også her et af sine genialske indfald: der kunne snildt stå fem kolossalsarkofager til i kirkens kor. Men tanken om et helt nyt kapel sejrede, selv om det kneb at få den slæbt igennem finanskontorerne, for Enevoldsmonarkerne var ikke så enevældige i tegnebogen. Harsdorffs tanke var, at i de tre store nicher skulle der stå tre sarkofager, og så to til i forhallen. Det er fem, og selv med en dobbeltsarkofag et af stederne ville det kun gi plads til tre konger med hustru. Kapellet var til sidst bogstaveligt pakket med kongelige kister, og man måtte bygge et nyt til Lyksborgerne. Her i det harsdorffske står Oldenborgerne fra Frederik den Femte til og med Frederik den Syvende. De ældste marmorsarkofager er

33

pragtværker, men tiden ændrer moden, rokokkoens voldsomhed svinder for strengere klassiske krav, og så var der ikke plads til flere sarkofager. Kristian den Syvendes kiste blev sat i forhallen, Frederik den Sjettes, Kristian den Ottendes og Frederik den Syvendes ude på gulvet. Man kender Frederik den Sjettes sorte kiste med de små gyldne kamtakker igen fra billederne af de sjællandske bønder, der bærer hans lig til Roskilde.

Omtrent overfor er Kristian den Fjerdes kapel, bygget stort og rigt, tænkt pragtfuldt, men i det indre aldrig gjort færdigt. Endnu danner to gamle gotiske buer åbningerne, men de fantastiske smedejernsgitre er *Caspar Finckes* værk, »så kunstigt og net udarbeidet,« siger Thura, »at den gemeene mand endog vil forsikre, at Fanden selv har giort dem«. Ham (Caspar Fincke) kendes der flere arbejder af, Rundetårns gitter, gitre på Frederiksborg, i Nyborg, etc., men det er her i Roskilde, at han, foruden sit bomærke, hammer og nøgle overkors, har sat sin mestersignatur, som dygtige mænd den gang havde ærlighed og mod til det: *Caspar Fincke bin ich genant. Diser Arbeit bin ich bekant.*

Kapellets skæbne blev trist. Kristian den Fjerde byggede og havde planer om et pragtfuldt gravmæle over sig selv, i alabast og marmor, antagelig noget i stil med hans fars og bedstefars i Helligtrekongers kapel. Det blev vistnok nogenlunde færdigt og stod i Tøjhuset i København, men da Tøjhuset brændte i 1647, blev det ødelagt. Hans søn satte ham intet monument. Den gamle Konges kiste gik stille ned i gravkælderen under Kristian den Fjerde-kapellet. Idag er der af det ødelagte monument kun, på Nationalmuseet, et hoved af den unge Kong Kristian, med knust næse.

Kapellet stod hvidkalket, og da Frederik den Tredje og hans kone døde, kom de også i kælderen, kapellet blev brugt til ret tilfældige fyrstelige kister. Kristian den Ottende tog fat på at sætte det i stand, og der blev bestilt en statue af Kristian den Fjerde hos *Thorvaldsen*.

Tanken var smuk, men ulagret. At sætte Thorvaldsen til at portrættere den blodrige renæssancedrot var et fejltrin. Han har da også først overvejet at lave ham i græske gevandter, men det endte med en statue, der røber sin mangel på sjæl blandt andet ved at virke mindre end den er, nipsagtig. Kongens fyldige stærke ansigt, som man kender fra Dieusarts byste, er dæmpet ned til det glat småborgerlige, hår og skæg avet og oliefriseret. Den bredskyggede hat er skrumpet til en lille rundpullet ting, de voldsomme kravestøvler har næsten mistet kraverne, Kongens mave har tabt utallige kilo, kort: det er ikke ham. Statuen blev skabt til at stå mellem de to nordre vinduer, med ansigtet ærbødigt mod kirkens alter. Men den endte i fri luft ved Rosenborg, hvor den tog væsentlig skade af vejret, for den var omhyggeligt ciceleret og indlagt med sølv- og guldtråd. Så endelig blev der taget fat på kapellet. En maler gik i gang med at male stjernehimmel, og den blev meget blå. Flere malere afløste hinanden, og til slut gik Heinrich Hansen og Marstrand i kompagni, Hansen står for de teatermalede, illusionsmæssigt dygtige rammer, Marstrand for de to vældige malerier, og for at få dem placeret måtte man blænde kapellets to store sidevinduer. Da de kongelige kister ikke havde haft godt af at stå i kælderen i de mange år, måtte de restaureres, træet var rådnet, sølvslagningen ukomplet, fløjlet muldede laser, Frederik den Tredjes og hans kones broncesarkofager var lådne af ir. Kisterne blev sat i stand. Kapellet var endelig »værdigt«, efter 1800-tallets smag.

Man står i et rum, der nu har 100 års tradition og dermed hævd nok til at den kunstneriske fallit næppe kan bødes. Dekorationerne af det vældige stjernehvalv og væggene falder håbløst fra hinanden i komposition, farver og malemåde. Man skal til Gustav Vasas kapel i Uppsala for at se noget lige så misforstået, men det kapel er dog så meget mindre, at helheden bedre lader sig bære. Marstrands malerier er kæmpeplastre. Trefoldighedsbilledet er blevet en dansk klassiker, men det er væsentligt bedre som skitse. Retsscenebilledet er historisk en misforståelse. Sagen med brevet og vandmærket har intet med Christoffer Rosenkrands at gøre, men drejer sig, efter Dr. Sperlings notater, om et par christianshavnske borgere. Det er malet meget mørkt. De halvblanke oliebilleder får grelt sidelys så man knap kan se dem, og væggens karakter er udelikat og trist. Det meget virtuose svindleri med malede marmorrammer etc. er en voldsom pudsighed, og Thorvaldsenfiguren, der er blevet pudset op, er sat på en lille konsol mellem vægpillerne. Med ryggen til alteret. Idag lader næppe noget sig ændre, men man får vel engang mod til at banke malerierne af væggene (eller overføre dem til museum) og genåbne kapellets store sidevinduer, så det i virkeligheden dejlige rum får sit lyshav genskabt. Med hvidkalkede vægge vil rummet få alle de kvaliteter tilbage, som den oliemalede tykke puds nu kvæler aldeles.

Bedst og ærligst er kisterne. Man mærker sig *Anna Cathrines* enkle fløjlssorte kiste omtrent af form som hjemmenes klædekister, og Kristian den Fjerdes og hans søns slanke sekskantede skrin. Vi er i tredveårskrigen. Feltkisten var højeste mode.

Et par små middelalderlige kapeller rummer en del ældre inventar, så det ses smerteligt, hvor alvorligt et godt domkirkemuseum savnes.

Lyksborgerkapellets indre. Trist som det ydre. En gentagelse af Harsdorffs rum, men uden den gamle Mesters mod til at skabe

konsekvent. Tre store nicher, men man er for tæt på dem. Sarko-
fagerne er for så vidt ærlige, hver sin tidsalder, og så nær er man
gået det harsdorffske kapel, at dets uheld er gentaget her: den
håbløse skævhed i sarkofagerne. Kristian den Niendes midtfor,
voldsom, temmelig tør, skulpturerne ret interesseløse. Frederik
den Ottendes dobbeltsarkofag, tanken god, lovlig meget tegne-
bord. I sig selv er Kristian den Tiendes og Dronning Alexandrines
kister enkle og smukke, feltkisten igen i en krigstid, men de er for
små til at holde rummet i balance, og idéen, at dække kisterne af
dannebrogsflag i cementgråt marmor, er så diskret, at de færreste
ser flaget før de får det at vide. Kisterne står for lavt, men egner
sig ikke til at stå højere. Og fremtiden? Den som Harsdorff heller
ikke ofrede mange tanker.

Man vandrer kirken rundt med Buddhas: de levende er få, de
døde er mange. Kirkens gulv har mistet utallige gravsten, nyere
er lagt i stedet for de ældre, mange er vendt og har fået ny tekst,
men endnu ligger der ialt ca. 180 sten over middelalderlige kan-
niker og præster, renæssancens og barokkens adelige og borgere.
Bispegrave er her som sagt ikke mange af, de blev ryddet da de
kongelige erobrede det gamle hellige kor. Men i kældrene under
kapeller og kor står kisterne og støver til, skæbner gemt hen. Lan-
defaderen Frederik den Sjettes dybe personlige tragedie, eller som
Behrmann siger i sin bog om kirken 1832, da han kommer til kæl-
deren under Frederik den Femtes kapel: »Strax ved Indtrædelsen
møder vort Øie et rørende Syn, sex smaae Liigkister, som alle in-
deholde Pant paa vor Konges og Dronnings Kjærlighed.«
      Kældre og hvælvede gange, en ram prikkende lugt i næsen,
støv så man nyser, i de ældre rum. Kristian den Tredjes søn prins
Magnus, der af sin bror Kong Frederik den Anden blev gjort til

dansk lensmand i Kurland og Lifland, biskop af Øsel og Wick, Kurland og Reval. Han magtede ikke den vanskelige opgave, lod sig lokke til at hylde Zaren som lensherre, blev gift med Zarens kusine og gjort til »Konge af Lifland«, men han var lige håbløst uduelig. Han rodede sig så grundigt i uføre at han aldrig kom klar af det, og han døde i 1583. Hans lig kom til Roskilde og hviler her. Hans kone lod sig 1588 lokke til Moskwa af *Boris Godunow*, der spærrede hende ind i et kloster for livstid og lod hendes otteårige datter myrde. Her står Frederik den Andens søns, prins *Johans* kiste. Han blev født samme år, som Magnus døde, 1583. Boris Godunow, der havde fået øje på det danske kongehus, tilbød Johan sin datter Xenia, og Johans bror Kristian den Fjerde syntes det var en god idé. Drengen var 19 år, da han kom til Moskwa, hvor han blev næsten kvalt i gaver og hyldest. Hans skæbne i det fremmede: ankomst til Moskwa 20. september, officielt trolovet 28. september, 28. oktober død. Af feber, siges det. Den unge prins blev så jublende modtaget, at man har haft Boris Godunow mistænkt for et giftmord, efter gængs østlig tradition, for en så populær svigersøn var mere end han havde tænkt sig. Intet kan siges, prins Johan er rimeligvis virkelig død af feber. Først 1640 lod Kristian den Fjerde sin brors kiste hente hjem. Her, i en trækiste med fløjl og uden navn, hviler den danske prins, der skulle ha været alle Russeres Zar. Havde han levet og havde han magtet sin opgave derovre, var Sverige kommet i klemme, for Kristian den Fjerdes tanke var ikke gal. Kiste efter kiste, anekdoter, levnedsskildringer, breve, dagbøger, lyse dage, sol og stemmer. Anlangendes et Menneske, hans Dage ere som Græs –

Endda overalt noget at se, man bliver ikke færdig med den store

38

kirke på en turisttur, det tar år. Kirken er vort mangfoldigste monument. Korstolenes naivt stærke snitværker, renæssancen og barokken i orgel og kongestol, Kirsten Kimer og Peer Døver med St. Jørgen, nu placeret højt til vejrs, antagelig rester af en mere kompliceret mekanik, Vincents Hahns gravrustning ved hovedportalen, her var engang to små indeklemte sidekapeller. Gravrustningen er af blik, ringe arbejde fra tiden efter at rustninger blev brugt, plattenslageriets traditioner er stærkt på retur. Trolden i døren til Trollernes kapel, oprindelig alvorligt ment, og – jo, den sorte sarkofag dér inde, det er Anne Sofie Reventlov, viet på sengen, til Frederik den Fjerdes venstre hånd, på Frederiksberg slot. Ind i det kongelige kapel kom hun ikke. Kristian den Sjette købte tårnkapellet til hende.

Bisp Niels Skaves store degnestol. Bispen har sit ridderlige mærke hængende på væggen, det lille gyldne pragtskjold, Danmarks eneste levnede »tartsche«. Her hænger faner, gravkårder og kommandostave, kanonkuglen der dræbte viceadmiral Just Juel i slaget syd for Møn, og så mistede kirken endda uhyre mængder. Reformationen omkalfatrede det vældige rums møblering, indretning og inventar, de godt og vel 80 sidealtre forsvandt alle. Mange af dem har haft pragtfulde tavler og figurer, stager, skrin og krucifikser, og i 1807 holdt kirkens værger auktion: man solgte ud af lageret. Hvor mange hundrede ting der blev borte, kan ikke siges præcist, auktionen er en af den danske kulturhistories store skandaler. Bisp Niels Jepsøns malm-gravplade solgt som gammelt metal til en kobbersmed for 45 rigsdaler 4 mark 5½ skilling. Den var af arbejde som Erik Menveds plade i Ringsted, og det er svært at sige hvad den ville være værd i penge nu, men ialtfald hundredtusinder. Kirkens gamle lægmandskrucifiks, efter traditionen skænket af Absalon, gik for 9 mark. Det kender vi en smule til, for da køberen flækkede dets hoved med en økse for at få brænde, trillede der et dobbelt-armet lille guldkors med en rubin, andre ædelstene og perler, ud af et hul i hovedet. I krucifikset var en splint, vel »af Kristi kors«. Guldkorset kom, sammen med det halve af det flækkede hoved, til Kunstkammeret og er gået videre til Nationalmuseet, men auktionskatastrofen var sket. Danske kirkeværgers indsats i dansk kulturhistorie er et langt og bittersødt kapitel, glædelige afsnit og fortællinger så man tar sig til hovedet. Den roman er ingenlunde skrevet færdig, den fortsætter, på godt og mindre godt, landet over endnu idag.

Færdig med Roskildekirkens enkeltheder og dens sjæl blir man aldrig. Stadig har den nyt, stadig får kendte ting nyt at sige, stadig blir detaljer i murværk og mure fortroligere, og frem for alt: trods fejl, trods ødelæggelser, trods mishandling og velmente misforståelser ejer kirken endnu det vigtigste i sig, det der ikke kan defineres, det der så let ødelægges og aldrig igen kan skabes, hvis det blir borte: den ejer stadig sine århundreder, sin kontinuitet bagud, tiden blev ikke borte. Selv de ikke alt for spændende præsteportrætter hører med i denne helhed. Om man blot kunne finde et heldigere sted at hænge dem, end så malplaceret på korrundingens stærke mure.

Eet mangler idag, her som i alle vore store og små kirker, og derfor er kirken i een væsentlig henseende kun en ruin. Den har haft glasmalerier. Endnu kan man sydpå i Europa opleve, at *lyset* er en uadskillelig del af den gotiske arkitektur, som også af den romanske. Efter krigen har man set engelske, franske og tyske katedraler, der har fået deres vældige farvede glasflader knust. De står hårde og kolde, arkitektur i bar skjorte. Naturligvis kan man bedre se mange detaljer, men meningen, helheden er sprængt. Det er ikke meningen at så store dele af husenes ydervægge skal være gabende huller. De skal være lys og farver, men fladen skal markeres som en helhed, og lyset skal være dæmpet, glødende, funklende, perlemorsskært, ikke vådt råt lys ind gennem kønsløse glasflader, som hos en tandlæge på Nørrebro i novemberregn. Derfor er vore katedralers arkitektur idag sprængt, i Århus, i Odense, Ribe, her i Roskilde. Kirken mistede også sin meningsfyldte inddeling, skabt gennem århundreders brug og tradition, det vestlige kirkerum for lægfolk, hele det store kor for kirkefolket, domkapitlets kanniker. Kannikestolene står her endnu, men planen er knust. Går man langs stolene i koret, opdager man, at på hver side er et af de træskårne relieffer over stolene mærkeligt. Det er skåret skråt igennem og sat sammen af to relieffer der ikke kommer hinanden ved. Her drejede stolerækken. De yderste vestlige stole stod med ryggen til kirken, front mod alteret, og imellem dem var der kun en smal dør, som det ses endnu i engelske kirker, i spanske, overalt hvor den gamle kirkeorden endnu er levende. Koret var et sluttet rum, og i Roskilde var det urørt op til slutningen af 1600-tallet. Koret blev brugt også af verdslige, konger og adelige holdt møde i de store kirkekor, her i Roskilde er holdt en del retsstævner, og overalt i Europa var kirkekorene naturlige mødelokaler. Det er ikke tilfældigt at det engelske underhus har sin sal indrettet efter et kirkekors traditioner.

Her var kirkens hellige centrum. Her stod Dronning Margrethes sarkofag *foran* det gamle højalter, her var hendes pragtfulde gyldenstykkes kjole, som hun skænkede til kirken sammen med den slibesten og vadmelsfane, som Kong Albrecht af Sverige sendte hende. De tre ting var her i koret til 1659. Så blev de stjålet af Svenskekongen eller hans holstenske kone. De er nu i Uppsala.

Margrethes sarkofag er skænket af hendes stedsøn, Kong Erik af Danmark, Norge og Sverige, for som indskriften siger rundt langt sarkofaglågets rand: »*I det Herrens år 1412 på de hellige Apostle Simons og Judæ dag, døde den vidt navnkundige Fyrstinde og Frue, Fru Margrethe, forhen Rigerne Danmarks, Sveriges og Norges Dronning, og året efter, den 4. juli, blev hun her gravlagt. Da al Efterverden ikke magter at hædre hende, som hun fortjener, er dette monument rejst til hendes ihukommelse, skænket af den høje Fyrste, nu herskende Kong Erik År 1423.*«

Sarkofagen er uden tvivl flamsk arbejde. Gravstatuen har muligvis portrætlighed, men iøvrigt er der kun en del af den statue, og så selve den sorte sarkofag tilbage, alt andet er nyt. Selv Dronningens krone er nyere, og hvad hun oprindelig har haft på hovedet kan ikke siges, for det kalkstenshoved i Lübeck, der vistnok er en skitse til Margrethes gravstatue, har også mistet det øverste. Endnu op i 1700-tallet havde sarkofagen væsentlige rester af sin gamle udsmykning, men der var ikke mange stumper igen, da man i 1800-tallet gik i gang med en restaurering. Billedhuggeren *Herzog* fik opgaven, og den lammede ham. Han gik så omhyggeligt til værks, at han aldrig blev færdig. Han fik nogenlunde skik på sarkofagens gotiske stavværk, og så gav han desværre Dronningen en kluntet baldakin over hovedet og en ikke mindre voldsom konsol at stå på. *Aarsleff* førte arbejdet videre og studerede de brudstykker af figurer, der var tilbage. Efter dem prøvede han at »*genskabe*« sarkofagens sidefigurer og han lagde al sin skarpsindighed i tydningen af taphuller og andre spor, men alligevel tog han fejl i meget. Værre er, at han ikke magtede det kunstneriske. De fragmenter, der er levnet, er desværre skjult for offentligheden. De er vel det bedste vi ejer af skulptur fra vort 1400-tal, klassisk stærke i draperibehandling, holdning og form. Aarsleff kopierede og supplerede dem, og det lykkedes ikke. Idag er sarkofagen imponerende set på afstand. Kommer man den nær, er den

Herzog og Aarsleff. Navnlig sidefigurerne er kun sukret hjælpeløs konditorkunst. En fri ny dekoration havde været bedre. Men her hviler Nordens fuldmyndige Frue og Husbonde. Man har boret hul i sarkofagen og set, at hendes blykiste står derinde, urørt siden den blev sat her. Den nærmere undersøgelse ser man hen til i spænding.

Men her i koret, i dette monument, hærget og lappet, mærket af traditioners sammenbrud, men i sin sorte torso intakt, er den store kirkes hjerte.

Og en lille kunstnerisk mærkværdighed, der ikke ses her, men af figuren i afstøbning eller fotograferet ovenfra: Det spinkle alabastansigts profil er åndfuldt, et fint svævende smil i de blide øjne, der er lukket med vilje, en sød rævesøvn. Margrethe som hun til tider var. Men hun tåler kun at ses i profil. Forfra virker figuren lille og sølle (en restaurering har vistnok skåret af dens højde og gjort den undersætsig) og ansigtet blir fladt, åndløst, en ikke meget kløgtig kokkepige. Her er dog næppe nogen hemmelighed røbet. Billedhuggeren har kun interesseret sig for ansigtets profil, den der skulle ses. Alligevel, man blinker til Fruen. Endnu har ingen set tværs gennem hverken hendes solide sarkofag eller hende selv.

Mens man er i koret: den vældige altertavle er ikke fra kirkens katolske tid, selv om tavlen i sig selv er katolsk. Sagnet siger at den er Danmarks billigste. Spanierne sejlede den gennem Sundet fra Danzig, og for at slippe for told havde de skjult den i kasser på bunden af en komlast. Da den blev fundet, satte de værdien meget lavt, og så købte Frederik den Anden den for den lave vurderingssum. Den skal ha stået i hans kirke ved Frederiksborg slot, og Kristian den Fjerde skænkede den til Roskilde. Indtil det gamle kor blev delvis ødelagt i 1694 stod den nedenfor korskranken, som lægmandsalter. Den er et pragtfuldt stykke arbejde, vistnok fra Antwerpen, men den er for meget virtuosmæssigt værkstedsprodukt til virkelig at fængsle.

Man går igen ud i kirkerummet. De høje hvalv svæver i tusmørke, men fra vest vælder et grelt lys ind i rummet. Gulvets gravsten ligger i hårdt relief, slidt silkeblanke af århundreders sko. Alle de flade hvilende lærde og adelige er lagt, så de ved domsbasunernes brag rejser sig og stirrer mod øst, mod alteret, mod den gamle hedenske himmelilds opgang og fødsel og de flammende himmelske porte. Rummets tusind ruder havde farvede glas engang, som sagt, et mildere lys, melodisk dæmpet, det hellige mysteriums tusmørke. Men nu, da den ting er udenfor debat: der er styrke i vårsolens skrå lysplanker ned gennem midtskibets høje vinduer i syd, over kirkens hvide vægge og søjleknippernes profiler, en evigt glidende vekslende skønhed, skiftende med dagens timer, med årstidernes solhøjder. Og klarhed er ikke det værste at færdes i.

Over Ringsted til Sorø

Dronningens fletning og Rektorens luth

Turen fra Roskilde mod Ringsted ad hovedvejen er flygtigt set ikke den store oplevelse, undtagen i solfyldte vårdage hvor alt er dejligt. Meget er sket på vejen her, mange folk færdedes, men de anes ikke umiddelbart, hverken ridende middelalderdrotter, vaklende renæssancekarosser, marcherende svenske ryttere med sjofle tyske viser osende ud under de regnrustne kræfthjælmes kolde kasketskygger, eller mildere tiders diligencer med handelsmænd og humanister, digtere på rejse.

Alligevel, landet er ganske stort, duvende, det veksler mellem agre og skove, og så skal man ikke følge hovedvejen, man skal nord eller syd for den. Mod nord landet ved fjorden, Boserup og Bognæs, en uventet afsides idyl, Sjællands slyngede leg mellem land og fjord, og her er mennesker en halv snes sommersøndage, ellers har man landet alene, fred langs de milde mudrede strande. Sydvestpå, til begge sider for den målbevidste hovedvej, et Sjælland over Hvalsøskovene ned over Valsølille, eller ned om Borup, hver gang den samme overraskelse, man glider fra det hårde motorstræk ind i en hvilende landsbygd. Det er med Sjælland som med katedralen i Roskilde, man tror man kender det hele, men blir dog aldrig færdig. I det endeløse har Midtsjælland veje man ikke har vandret, landsbyer man ikke har set, kirker der gemte sig, nye banker og skovbryn med vårhvide tjørnekrat, tunge brombær i september, altid en kro med en sludder, en bonde der sindigt fortæller, med et lille årvågent smil. Hovedvejen slynger stupidt sin trafik mod øst og vest, men overalt står vejviserne ved sidevejene og hvisker deres drej af, og man skal ikke introducere sig i Ringsted fra hovedvej 1, man skal komme til byen fra dens brede frodige land, så forstår man, at her blev Sjællands gamle midtpunkt, Sjællandsfarernes landsting, her tog øens gamle ætter jord, for her er godt og rigt. Om Sjællands frodighed fortæller allerede oldtidens skribenter, de klassiske, der kun havde hørt vage myter, og Adam af Bremen, der noterede sig hvad Svend Estridsøn personligt fortalte ham. Er Lejre og Rolf dunkle historier, er der til gengæld hold Midtsjællands magt, for her boede de.

Ringsted kirketårn ses langt. Byen er idag stilfærdig, hvis man ikke har den nerve for små solrige byer, der gør dem evigt levende og morsomme.

Den er en af vore ældste byer, dens fortid taber sig uoplyst nede i det dybeste fortidsmørke. Her var helligsted, men hvor? Her var tingsted, vi véd heller ikke præcis, hvor det var. Sagnene fabler om »Konger« her, måske rækker sagnene tilbage til folkevandringstiden, måske boede Herulerne her, men noget reelt vides ikke. Ringsted Herreds gamle segl er sært, ingen véd hvad det skal sige, en høj med et kors på? en kuppel, men hvorfor? underlige firkanter, et hegn om et eller andet, men bag det hele en solid ring. Navnet kommer vistnok af et mandsnavn, og det kan være ordet *rind* eller *ring*, en jordryg eller en ås, men det kendes ellers kun ovre i det jyske.

Det er altså ikke i en tilfældig landsby, Bisp Svend Nordmand, Roskildekirkens tredje bygherre, lægger en kirke, men hans Ringstedkirke er ikke særlig stor. Det er mordet i Haraldsted, der løfter Ringsted fra oldtiden over i den danske middelalder. Knud Lavards slægt prøver at få den dræbte gravlagt i Roskilde, men gamle Kong Niels siger nej. Det er en mærkelig historie, for på den tid har kongeætten ikke meget at gøre med Roskilde. Siden Svend Estridsøn var ingen Konge gravlagt dér, den var ikke kongelig gravkirke, og problemet måtte nærmest sortere under Roskildebispen og domkapitlet. Prøver man at finde en rimelig forklaring, er den til gengæld tankevækkende. Der svæver i Danmarks middelalder en mærkelig tradition for, at når en Konge myrdes, gravlægges han i domkirken i det stift, hvor han er blevet dræbt, den stedlige domkirke har ligefrem krav på at få hans grav, når hans død har helliget stiftet. Knud den Hellige lægges i Odense, Erik Emune i Ribe, Svend Grade i Viborg, Erik Plovpenning i Slesvig, Abel samme sted, Kristoffer den Første i Ribe, Erik Klipping i Viborg. Det er tænkeligt, at Knud Lavards æt ønsker ham lagt i Sjællands domkirke, for at det skal slå hans tronkrav fast, med tanke på hans slægt, og at det er derfor, Niels hindrer det. Knud blir gravlagt i Ringsted foran hovedalteret, kirkens fornemste gravplads. Det er hans bror Erik Emune der lægger solid grund under klostret ved rige gaver, og den dræbtes søn Valdemar gør Ringstedkirken til den ny kongeæts gravkirke. Da Knud Lavard helgenkrones, kommer der fart i gaver og indtægter, Valdemar bygger som konge en ny og større kirke over sin fars grav, den kirke der i hovedsagen står endnu, selv om det kloster, den var kirke for, er borte.

Ringsted var stadig Sjællændernes landsting, og nu blev den valfartsby, pilgrimme strømmede til helgenens grav.

Her står Johannes Bjergs statue af Kong Valdemar, en sjælløs Klørkonge. Det flade ansigt har abnormt indsunket pande-næse-parti, som Johannes Bjergs statuer næsten altid har det, en arvelig deformitet i familien. Kirken var kønnere før figuren kom, stedet var stærkere, talte mere. Mærkeligt at man så sjældent fatter, at den inderlige forening af sted og myte taler mest levende, når myten ikke bastant markeres. Vi véd jo alt det med Valdemar, hans sønner, Dagmar og Berngerd her, hvorfor så træde klodset op i det med en uinspireret bestillings-figur, vi er ikke tung-nemme, vi kan godt huske selv. Man kan hersteds gribe sig i at misunde de lande, der under krigen blev lutret ved en radikal indsamling af metal. Byen virker ikke gammel. Bybrande har ryddet op i de gamle husrækker, de fleste er fra 18- og 1900-tallene, her er ikke rader af gamle bindingsværksgårde, intet der taler om byens stærke fortid. Byen tar fat, hvor det åbne land slutter, usædvanlig kompakt samlet om sit midtpunkt, kirken ved torvet.

Her ligger de flade sten, man har tolket som tingstenene. Det er muligt, men langt fra sikkert. Ved det tingmøde, hvor Knud Lavards venner prøver at hidse de sjællandske bønder op, råder bispen Kong Niels til at *blie inde i byen* og ikke personligt møde ude på tingstedet. Bønderne, eller en del af dem, drager under nogen tumult *ind til byen* for at snakke med Kongen, og bispen må personligt gribe Erik Emunes hest i tøjlen og standse toget. Det kan altså ikke være et tingmøde på torvet lige øst for kirken, tingstedet har ligget et sted udenfor staden, hvad tingsteder vist i reglen gjorde. Viborgs »Daneryg« lå ikke inde i byen. At Ringsteds tingsten siden skulle være slæbt ind på torvet lyder utroligt.

48

Stenene er muligvis almindelige torvesten, som de flade sten i Slangerup, stenborde som man brugte når man solgte kød og fisk.

Kirkens ydre er godt, selv om den egentlig er fjerde fløj i et kompleks der nu er borte, så den står ensom tilbage med tomhed om sig. Man har ryddet lidt rigeligt omkring den, så den har omtrent tabt kontakten med sin by. Den er af tegl, lysflammede sten. Den er ikke, som det er sagt, vort ældste murstenshus, men da Valdemar bygger her, bruger han sin tids nyeste mode i arkitektur og materiale, og det siger en del om Danmarks orientering i Europa. Tidligere byggede man af ler og tømmer, når det var jævnt, marksten, kridt eller importerede kvadre, når der var penge. Skønt Danmark er lavet af ler, tog det mere end tusind år for Middelhavets teglbrændingsteknik at nå herop, skønt Danskerne på den tid havde kendt murstenshuse, havde set dem på rejser, i 5–600 år. Mursten var noget nyt og mærkeligt, men teknikken slog an så den blev dansk, huse skabt af det danske ler, vor »nationale jordfødte byggeskik« har man kaldt murstensbyggeriet, nu hvor ny materialer melder sig.

Kirken er i sit ydre mærket af den store restaurering, og det var professor Storck, der gik i krig med den. Han gav den fire små kapelrundinger tilbage, der nu vender ryggen til torvet, for rydningen har placeret kirken uheldigt, så den vender bagen ud. Han satte et lidt stift kegletag på kirkens midtertårn, og det tårn er et af kirkens mærkeligste træk. Det er så stort at det spænder over hele kirkens indre korshvalv, og det er troligt at man oprindelig har tænkt at det indvendig skulle stå åbent, så man fra kirkens gulv kunne se helt op i tårnet, som det kendes i engelske og norske katedraler. Hvis det er rigtigt, er det Danmarks eneste nu kendte kirke i den stil. Tegl har ikke naturstens muligheder for billedhuggeri, så kirken har ikke Lundedomens rige detaljer, der slynger sig som stenhuggede broderier om portaler og hvor der ellers er mulighed. Det har været uvant, har virket fattigt, så man har prøvet med småsøjler og en rig murstensteknik netop ved portalerne.

Desværre kommer man idag galt ind i kirken, gennem tværskibets norddør, og i forvejen virker Ringsteds placering ved vejknækket bagvendt, så man har svært ved at orientere sig, når man kommer akavet ind gennem køkkendøren. Man er længe om at få kirken på.

Rummet er romansk, men mistede tidligt sit flade bjælkeloft og fik murede krydshvalv. Idag, efter Professorens restaurering, står kirkens indre i rå røde sten, i sig selv smukt, men næsten altid alligevel et minus, rummet vil ikke samle sig helstøbt som *rum*. Kirken er rig, her er mange gode ligsten, meget inventar. Men det er i midtergangen man standser, ved en række flade sten, så stilfærdige at mange vandrer hen over dem uden at se dem.

Her ligger *Valdemar den Store og* hans hustru *Sofia*. Her ligger *Knud den Sjette* med hustru. Her ligger *Valdemar Sejr* imellem sine to Dronninger *Dagmar* og *Berngerd*. Her ligger hans søn *Valdemar den Unge* og svigerdatteren fra Portugal og måske deres lille barn. Her ligger, højere oppe mod alteret, under en pragtfuld graveret malmplade, *Erik Menved* og hans hustru *Ingeborg*, og pladen hvisker at »Jeg Erik, fordum Konge i Danmark i treogtredve år, en retfærdig dommer for fattige og rige, når de har haft ret, beder enhver, som jeg måtte have gjort noget imod, at de i deres godhed vil tilgive mig og bede for min sjæl. Jeg døde i Herrens år 1319 på den hellige bisp og bekender Brictii dag«.

Her i gulvet ligger kongesønner og hertuger, her ligger, et halvglemt minde om Nordens gamle slægtshelhed, *Kong Birger* af Sverige og hans dronning *Margrethe*, der var Erik Menveds søster.

Og her er *Erik Plovpennings* grav, for han blev ført fra sin første grav i Slesvig hertil, og siden taget op af graven og muret ind i en pille, som gravene i Roskildes højkor, og også her er der en synlig stenplade for hullet.

Men længst mod vest, altså længst fra altret, ligger *Knud Lavards* ligsten. Det kan undre, når man husker at han er den først gravlagte, og at han blev lagt foran højalteret, men det var i den ældre kirke, og den var så meget kortere mod øst, at dens højalter stod omtrent hvor Valdemar den Stores gravsten nu er. Knud Lavards grav er tom, og det er heller ikke mærkeligt. Han blev taget af graven og som helgen sat i et skrin på alteret, og det skrin er forlængst borte, men en helgens tidligere grav sløjfes ikke. Det sted, hvor en hellig blev dræbt, hvert sted hvor båren med hans lig hvilede, hver grav der blot en tid har rummet hans hellige legeme, er til evig tid hellig og fyldt af hans kraft. Det kendes utallige steder. *Thomas à Becketts* første grav i Canterburys krypt er stadig markeret, selv om han tidligt blev sat på højalteret i et skrin og stod dér til *Henry den Ottende* blev vred på Paven og smed det hellige skrin ud af kirken.

Her lå Knud Lavard. Idag kun en flad granitsten. Man sidder her og hører folk rode i hukommelsen, skolelektiernes tjørnegroede ruiner. En ung pige i lange bukser så stramme, som om pigen bare er malet rød fra bæltet til anklerne, på flade sutter, fedtet uvasket hår, hængende på armen af en ung mand i stor sweater og med hår i hele hovedet – hun standser og krydser de røde ben: »Knud La-va- (det kniber med stavningen, hun rækker ham den trykte vejledning og peger) hvem er det?« Hår-skæg-mennesket viser tænder og lukker øjnene, hans stemme er lysere end pigens: »Et overklasseløg. Folket kom ikke her ind.«

Det gjorde folket. I strømmende skarer, for at søge helse og styrke af helgenens grav. Kortene var givet anderledes dengang. Det må huskes, hvis man vil fatte historien.

I det sydligste af østkapellerne har kirken sit lille museum. Her er at se, hvad de kongelige grave rummede, da de blev åbnet, mens Frederik den Syvende var »højst nærværende«. Valdemar den Stores lig lå urørt, syet i et læderhylster som en mumie. Af de andre døde var der mer eller mindre levnet, flere af gravene var næsten sløjfet. Dronning Dagmars var tom. Eller Dagmar var ialtfald borte. Præsten Magister Blichfeldt lod ca. 1700 sin kone gravlægge, så Dagmars grav blev delvis ødelagt. Museet viser gravenes fattige hilsner, mønter, tøjstumper, blypladen fra Valdemar den Stores grav. Her ligger Dronning Berngerds fletning, tør som tovværk, skrumpen og lille, men engang en fyldig hårflom. Man ser på den dybt personlige stille hilsen, så er det ikke løgn og folkevise det hele. Hun var til, levende og kvinde. Hvem flettede hendes hår den sidste gang? På den fletning hvilede Valdemars øjne, da hun lå lig, den martsdag i 1221, for snart halvottende århundrede siden.

Man sidder i denne kirke og prøver at mane Valdemartiden til live, men det kniber. Kirkerummet stritter imod, de bor her ikke mere. Mærkeligt. Ved Magnus Nielssøns grav i Vreta sidder man ved siden af Magnus på stenbænken, skønt videnskaben tvivler om at han overhovedet ligger der. Men her, hvor alle de stærke og svage er gravlagt og ligger, ingen kan tvivle, her gir de nølende møde, og kun som ansigtsløse skygger. Man er dem ikke nær. Hvad det ligger i? Ikke til at sige. Blev der broderet for meget på den Valdemarstid? Man er dog både Absalon og Valdemar Atterdag meget nær i Sorø. Ringstedkirken blev besøgt igen og igen, men her var aldrig nogen hjemme. Var Professor Storck for hård?

Hvis kirken blev kalket og man fik lov at komme den rigtige vej ind, gennem vestdøren, så måske.

Men dermed ikke alt forgæves. Her er gode gravsten over Ringstedklostrets abbeder. Den rige sten over Mourits Olufsen Krognos. Vi klager stadig over at vor renæssances portrætkunst er fattig, se denne sjællandske jorddrot, lang, benet og vanskelig. Og i rigere stil, pilasterhegnet renæssance, Oluf Mouritsens og Anna Hardenbergs gravsten, han mere fredsommelig, lidt enfoldig, det er misforstået karneval at denne hyggeonkel er trukket i rustning. Fruen slank, og figurløs, så man sukker, for det er svært her at mindes lyrikken omkring Frederik den Andens ungdomselskede. De er mindet et sted til, i et smukt sorthvidt epitafium, hvor de knæler ved en bedepult, og så ejer kirken Hr. Olufs kårde. Den lå på hans kiste, en smuk oldenburgerkårde med det korte fæste af sølv. Kong Frederik slap håbet om at ægte Anna Hardenberg, og han gav, selv fraværende, Københavns slots høvedsmand ordre til at fejre sin ungdomskærligheds bryllup, en storladen gestus. Men da høvedsmanden fulgte den kongelige tanke op og lod slottets vogne køre brudeparret hjem med tjenestefolk, bryllupsgaver og gods, blev Frederik alligevel vred. Der måtte være en grænse.

Af klostret syd for kirken er der intet igen, det brændte i 1806, og resterne blev sløjfet. Et historisk minde, mens man går gennem græsset her hvor fratergården lå: Svenskerne var hårde ved Ringsted, som ved de fleste danske byer, skaden sattes til 26.000 rigsdaler, en stor sum regnet om i vor mønt. Men bitrere er det, at i klostret havde lensmand Jørgen Seefeldt sit kostbare bibliotek på henved 26000 bind. Datidens adelige var ikke så rå analfabeter som en senere propaganda har gjort dem til. Det var Corfitz Ulfeldt, der gav ordre til at den vældige bogsamling blev læsset på vogne og ført bort. Carl Gustav tog henrykt mod tyvekosterne og de uerstattelige bøger og manuskripter tælles idag blandt Stockholms bibliofile klenodier. Blandt bøgerne var en solid bunke islandske håndskrifter, som Islænderne mærkeligt nok aldrig har bedt Sverige om at levere tilbage.

Fra Ringsted vestover gennem det sjællandske agerland. *Sigersted.* Man mente engang, at her boede Kong Siger, her boede Signe, og her blev Hagbard hængt. Hvad der så ligger bag folkevisen, et romantisk ekko af en langt ældre saga, det er en lidt underlig vise at sværme om. Den er lyrisk, rå, hård, og uden illusioner i det menneskelige. Hvad syns man igrunden om en elsker, der lader sin kappe hænge først, for han vil se sin elskede Signe reagere, med andre ord: han stoler ikke på hende. Var det her? Der nævnes andre steder i det gamle danske land, oppe i Halland har de »Hagbards galge«, og sagnet hører også hjemme i Sverige og Norge. Var det »Sigersønnerne«, der sad her? Måske. Efter 1800-tallets lidt for salige tro på vort sagnstof har forskningen nervøst holdt fingrene fra det i flere slægtled. Man må håbe, der snart kommer unge forskere med mod til at risikere sig i det vanskelige stof, det kan ikke i evighed ligge brak, blot fordi man frygter kollegers skadefryd.

En smule vestligere, og de tvende kirketårnes små olme horn hersker i kimingen. *Fjenneslev*, Hvidernes arne, her boede Skjalm Hvide, der var så mægtig, siger Saxe, at han kunne byde ledingen ud uden at spørge Kongen. Det svarer til om en sjællandsk godsejer idag kunne mobilisere tropperne fra de sjællandske kaserner uden at ulejlige forsvarsministeriet. Det var ikke let at være Konge dengang. Skjalm Hvide stammede måske og måske ikke fra den halvt mystiske mand Toke Trylle, der var hedning. Skjalms søn var *Asser Rig*, næppe Ryg. Ryg betyder helligsten eller helligsted, Rig betyder »den mægtige«, som Hakon Hladejarl hiin Riige. Magt er penge. Idag er man »rig«, når man er økonomisk sikret. Af Hvidernes gård er en stensat kælder igen, mere lod sig måske finde ved ny gravninger med den teknik man råder over idag. Kirken ar gårdkirke, et lille tæt granitkapel. Det var ikke blot bønderne der byggede sig kirker, stormændene byggede selv. I hedensk tid sad høvdingerne »i viet« som det helliges vogtere, det gav myndighed, og den slap man ikke, man byggede gudshuse i den ny tro. Fjenneslev privatkapel var et lille tungt, ret højt hus, måske uden tårne, romansk, med små højtsiddende vinduer, også godt som et fast stenhus, hvis fjender stormede gården. I Kirkens vestende er der et muret galleri på to svære granitsøjler. Her var høvdingens kirkebalkon, hævet over folket, herfra så han det hellige alter og havde del i messen uden at mænge sig, og uden at det kom godtfolk ved om han var i kirke eller ej.

Kirken fik tidligt kalkmalerier, og en del er levnet, blandt andet et billede af Asser Rig og Fru Inge, der rækker Gud deres kirke. Mærkeligt nok har den på billedet to tårne. Mærkeligt, for tårnene er nemlig nyere. Sagnet om at tårnene er sat til ære for Absalon og hans bror Esbern er ikke rigtigt. Saxe kender det ikke, og Oehlenschlägers digt bygger på den senere legende. At Hr. Rig skulle ha foreslået Fru Inge at bygge spir, hvis det blev en datter, er ialtfald utænkeligt, spir var ikke opfundet endnu. Det er vistnok Absalon der gir sin fars kirke de to tårne, der er bygget i tegl. De er ikke bygget *til* kirken som senere kirketårne, men ovenpå den vestlige ende, og de gør kirkehuset meget kort, vælter de gode proportioner. Men tårnene på kalkmaleriet? Billedet kan være yngre, malet i Absalons tid, men der har snarere været oprindelige tårne, som Absalon bygger om af tegl. Iøvrigt er det ikke

Absalons tårne, der sidder på kirken idag. »Falden er nu det ene tårn« siger Oehlenschläger, det var sunket i grus, og de er begge idag næsten ny. Men rummet – her kom Absalon og Esbern til messe, da de var drenge, sjællandske storbondesønner vant til at se den gode jord som deres verden. Absalon glemte aldrig det syn.

Nord for Ringsted-Sorøvejen ligger en af disse øer mellem amtsveje, som man let glider udenom, bygderne omkring Langesø og Gyrstinge Sø med engene om Ringsted Å, ikke usædvanligt land, men igen det hyggelige, at selv om hovedstaden og købstæderne vælter hundrede tusind biler ud i landskabet hver sommersøndag – her kommer ikke mange, og det er dog det klassiske land. Her ligger, ved Langesøen, Haraldsted, hvor Knud Lavards kusine Cæcilia boede med sin mand, den gøtiske Erik Jarl, der var havnet i Danmark. Cæcilia er en af Knud den Helliges døtre. Dem tog den myrdede helgenkonges hustru ikke med til Flandern, da hun rejste bort. Den ene, Ingerd, blev gift med Folke og stammor til de navnkundige svenske Folkunger, den anden, Cæcilie, toner kun een gang frem af mørket, for det er hende, Knud Lavard gæster, da Magnus kommer og ber om en samtale »i skoven«. Det er fra Haraldstedgård, Hertugen rider ud ad den vej nordpå mod Valsølille, der stadig ligger her, og langt når han ikke. Den tyske sanger, der undervejs synger »hele visen om Krimhildes svig« har sunget hastigt, for der er kun godt fire kilometer til stedet. Her ligger, et stykke inde i ageren, ruinerne af kapellet, der blir bygget på stedet, hvor Magnus dræber Hertug Knud. Drabet, politisk set logisk og med gode grunde bag sig, får følger politisk, men også kirkeligt. Knud Lavard blir helgen. Af en eller anden grund blir han aldrig helt populær, man har vel haft svært ved at se den hellige mening i den såre politiske helgenkåring. Hvad helligt var der i grunden ved den mand? Men her flød hans blod, her sprang en kilde, siges det, her blev bygget kapel, for på væsentlige drabssteder byggede man kapel, som på stederne hvor Svend Grade og Erik Klipping døde. Stormænds og kongeliges blod gør stedet helligt. Skikken er ikke død. Der er kapel, hvor Dronning Astrid af Belgien blev dræbt ved en bilulykke nede i Schweiz. Kapelruinen her kan virke fremmed, men vi er fortidens tankegang nærmere end vi tror. Vi skal ikke til middelalder eller katolske lande for at finde parallellerne. Der er sten, hvor de elleve dræbte fanger blev fundet ved Roskildevejen, der er kors hvor Kaj Munk blev dræbt, hvor de enkelte frihedskæmpere faldt. Vi dyrker ikke stedet mere. Vi standser og lægger blomster, for det var her. Der er uvirkeligt, og alligevel virkeligt, bundet noget til stedet, som ikke kan slettes. Stedet kunne være ligegyldigt, men det er det ikke. Her blev Knud Lavard dræbt. Man kan diskutere sagen nøgternt idag, mens rugen drær, man kan holde med Magnus, det var ligefuldt her. Ruinen er ellers ikke fængslende, en grundplan af en lille kirke, dækket med cement, nærmest en bygningsmodel. Der er fundet skeletter under gulvet, antagelig stormænd, folk af Knuds æt, eller kirkemænd, der har ønsket at hvile her, eller som har passet tjenesten i kapellet.

Ad slyngede sogneyeje sydvest på, og over jorderne rager *Bjernedes* gråhvide spir, Sjællands rundkirke. Sjælland har haft flere, men kun Bjernede er tilbage, og den blev hårdt kalfatret. Man må atter og atter sørge over, at de rabiat henrykkede restauratorer i 1800-tallet kastede sig over det bedste i stedet for at øve sig på det ikke så herlige. De gik hårdt og lige på, voldtog katedraler og småkirker, men ikke de gængse landsbykirker, de søgte sig perlerne, og seklerne svandt i en sky af kalkstøv. Bjernede har muligvis engang set ud omtrent som den ser ud idag. Før Professor Storck fik øje på den, for ham var det, var rundkirken bygget om. Den havde fået almindeligt vinkeltag lagt over sin runde tromle og en lille firkantet tagrytter, meningsløst, men morsomt. Storck kom, så og knuste. Han »gengav« kirken dens »rejsning«, og den blev repareret så korrekt og tørt at alt døde, for alt døde under Storcks hænder. Han var en dygtig mand, samvittighedsfuld, vidende, korrekt, men han var tegnebordsarkitekt. Bygningerne selv, de levende mure, sagde ham intet, tegningen og teorien interesserede ham mere end huset. Det ses. Og så er det indre værst. Det mærkelige rum bæres af fire høje søjler, enestående i Danmark, for de er muret op af kvadre, der ikke er rå og heller ikke korrekt hugget til cylindriske tromler, de er underværker af granit. Men rummet døde i et tykt lag murmesterpuds, og det vældige vestvindue gir det et skævt meningsløst lys. Her er en kirke, der er skabt til kerter og små farvede ruder, og som dør uhjælpeligt, når den svigtes. Bjernede kunne bankes ren, vestruden kunne lukkes, rummet kunne blie et af den gamle danske arkitekturs dejligste.

Men rundkirken står, selv om den er mishandlet. Den tunge stentromle er atter en hilsen fra Hvidernes æt, en stentavle siger, at *Sune* har bygget stenkirken, hans far *Peder Skjalmsen* og moderen *Ragnhild* byggede den ældre, der var af træ. Peder var søn af Skjalm Hvide, altså Asser Rigs bror, og Sune er Absalons fætter. Hviderne sad solidt i egnen. Og så kaldte de sig ikke for »Hvider«, slægtsnavne var ikke i brug endnu. En senere tid bruger navnet for nemheds skyld. Kirken er langt tydeligere end stenkapellet i Fjenneslev bygget som gårdfæstning.

Fra Bjernede mod sydvest, Sorø ligger forude. For få år siden var byen borte i bredkronede træer, sovet hen i sin idyl. Nu erobrer den langsomt terrænet omkring sig. Som de fleste danske byer holdt den stort set sin middelalders omfang helt op til vor tid, så sprængtes rammerne af ny former for by, villaerne og industrien, men stadig hænger byen som en tung dråbe på hovedvejen, der går nord om bykernen. Sorø selv er ikke og var aldrig gennemfart og trafik.

Hviderne endnu engang. Her var ikke by fra urgammel tid, her var skove og søer, den frodige idyl som klostergrundlæggerne havde næse for. Det var ikke vandrende barfodsmunke, men *Asser Rig* og hans brødre *Toke* og *Ebbe*, der lagde et kloster her. Asser ejede og skænkede jorden omkring søerne og den isolerede Soer ø. Asser gik selv i kloster og døde, mærkeligt nok, kun tretten dage efter indvielsen. Den første prior, Thomas fra Odense, havde nær kørt det unge kloster i sænk, hans nærmeste efterfølgere var ikke bedre, og det er Absalon der genrejser det, hvis man kan tro den noget dramatiserede fortælling, der atter sender alt strålelys på Fædrelandets Fader. Absalon skænker klostret rige jorder, men det er dog med nogen syrlighed Abbeden skriver, at »på den tid gjorde den ærværdige fader Absalon mange godshandeler med dette kloster, såvel til klostrets fordel som til sin egen«. Det er her i Sorø, Absalon lever sine sidste år, træt, såvidt man forstår, måske på flere måder skuffet. Roskilde bispestol er han blevet tvunget til at afstå, men ærkebispeværdigheden gir han ikke fra sig, han passer den blot ved vikar. Her i sin celle gemmer han minderne om sit livs stærke stunder, ikke en udsøgt bogsamling, men sine ringbrynjer, økser og sværd, for hans kæreste syssel var ikke de stille studier. Saxe, hirdmandsønnen, fortæller stolt, at Absalons fritidssyssel var, når landet ellers havde fred, ikke at læse kirkefædrene, men at gå i skoven og fælde egetræer for at holde sig i form.

Klostret er rigt, men ikke fremme i historien, før Erik Menveds bror *Junker Valdemar* blir gravlagt her, i stedet for i konge-ættens gravkirke i Ringsted. Hans bror *Kristoffer* gir klostret rige gaver, og selv om han siden blir Konge, blir også han gravlagt i Sorø. Ganske vist blir *Valdemar Atterdag* gravlagt i Vordingborg slotskirke – hvorfor slægten svigter Ringsted, véd vi ikke – men Margrethe fører siden sin fars lig til Sorø. Her gravlægges også Margrethes søn *Oluf*, og hun blir selv gravlagt her, men som nævnt: så syns Roskildebispen, Margrethes ven Peder Jensen Lodehat, at bispekirken længe nok har været skudt til side, og han lader »med vold« Margrethes lig føre til Roskilde. Sorø glider atter noget i baggrunden, og 1536, med reformationen, er klostrets saga ved at være ude. Ikke brat og brutalt, for den danske reformation er mærkeligt elskværdig. Trods kirkeskiftet sidder der abbeder i Sorø, de to sidste ganske vist protestantiske, til 1565. Så længe er der munke i Sorø, 30 år efter at den katolske kirke officielt er knust.

Overgangen blir noget forvirret, men da timen i 1580 endelig slår, og klostret får en verdslig lensmand, er klosterskolen allerede ved at gro til noget selvstændigt. Kristian den Fjerde og hans bror Ulrik er en tid elever i Sorø, og 1586 blir skolen en kendsgerning, lensmanden afløses af en forstander, og i den »kongelige fri skole« skal der meget demokratisk være 30 adelige og 30 borgerlige elever, de sidste skal naturligvis navnlig studere teologi. De får fri kost, bolig og undervisning, de fattigste også tøj. Det kneb med at skaffe adelige, og 1623 lægges fundatsen fast for »Det kongelige ridderlige Akademi« der skal eksistere ved siden af den gamle skole. Mange elever slog siden deres navn fast, Hannibal Sehested, Niels Juel, og Kristian den Fjerde støttede akademiet. Her gik ikke mindre end 6 af hans sønner i skole. De boede i det hus, Kristian den Fjerde byggede til dem, og som stadig står i byen, »Herrehuset« eller »*aedes principum*«. Men så blev tiderne trange. Akademiet blev skilt fra skolen, aldrig officielt ophævet, men det døde i stilhed. I 1700-tallet eksperimenterede man med at få skik på den gamle skole og akademiet, og 1747 blev akademiet fornyet, og det er dette nyskabte akademi, der arver Holbergs godser Tersløse og Borup. Ved slutningen af århundredet dør det hele hen igen, og 1813 brænder hovedbygningen.

Atter blev skolen genrejst, og den får sit mærkeligste kapitel, da 1826 akademiet åbner som en studenterskole, der får en kort og stormende historie. Lederen var uduelig og kunne ikke styre lærerkollegiet, navnlig slet ikke den dynamiske og idealistisk uelskværdige Peder Hjort. Men det er i denne epoke, skolen kan nævne lærere som *Hjort, Wilster* og *Ingemann*. Igen, i 1800-tallets midte, bryder skolen sammen, men den genåbnes atter og er idag *Sorø Akademi*, der mindes sin lange brogede fortid ved stadig at ligge tæt ved Absalons gamle teglstenskirke, ned til munkenes sø, hvor man endnu i forrige århundrede kunne fange sagnagtigt store gamle maller, efterkommere af munkenes fede madfisk.

Mange anekdoter, muntre og triste historier, hvisker om den gamle skole. En helhed vil der ikke blie af dem, mens man vandrer rundt mellem bygningerne, i den lidt tørre stengård mellem hovedfløjen og kirken, hen om de noget ældre små pavilloner og det nyere byggeri, skolens historie er som husene hakket op i usammenhængende kapitler. Her er sket meget, men mest i det dæmpede. Mennesker har levet her, er gået itu, som den unge lærer Carl Molbech, der blev sindsyg. Hjort udleverer ham nådeløst i sin rystende indiskrete og så vægtige samling af venners og egne breve.

Holbergs forhold til akademiet spores ikke meget. Roslins portræt af Baronen brændte sammen med akademiet, vi har kun kobberstikket. Væsentligere blev det, at her levede *Ingemann*. Ror man rundt på søen, og prøver at stryge den evige durende motorlarm af billedet, kort: prøver man at se stedet som dengang han levede her, glider den lidt for tunge og stille idyl i eet med hans blide morgen- og aftensange. At den lille mand just her rejste sig på tå og galrede hele den danske middelalder frem af glemselen, nådeløst, med hor og drab, svig og rænker og krig og skuffelser, vil ikke blie virkelighed. Atter opleves det, at et digterværks sted siger så lidt, hvem kan få mening i at Adam Homo er skrevet i Kerteminde. Det er ældre romantisk litteraturhistorie at identificere sted og værk, en for naiv opfattelse af hvad inspiration er. Ingemanns romaner blev til i hans stue, hvor han så sine syner, mens hans kone malede de rædselsfulde altertavler, der kostede så mange af Sjællands kirker deres ældre og bedre tavler. De Fru Ingemannske lyserøde engle og rosenskyer er idag næsten alle borte, en del gled som kyniske gaver nordpå til færøske og islandske kirker. Men husbonden, den lidt forsagte lærer, der krøb ind i sit sneglehus, når Hjort blev skarp i replikken, men som ellers ikke selv var lutter vennesæl elskelighed, var han en så ufarlig nationalromantisk lærer? Hans ungdomsværker er næstendels ulæselige, Hjort har ret i at de er meget ringe. Hans historiske romaner skabte epoke. Her mødte det danske folk for første gang sin fortid lyslevende, for det blev Ingemann, og ikke historikerne, der gav fortiden tilbage til Danskerne. Romanerne blev folkeboger i en grad man sjældent har oplevet, førsteudgaverne er idag ikke til at få fat i, de er simpelthen slidt op. Deres mangler og fortrin virkede lige stærkt og æggende og skabte historie i dansk historieskrivning.

Men hans salmer? Som Grundtvig magter han det sværeste af alt: det ligetil og tilsyneladende naive, de lysende enfoldige klange, så enkle at det er på grænsen af ingenting. Til tider ud over den, men så lever de heller ikke mere. Men der er to lag, skilt ved et svælg, som skrevet af to mænd der ikke er på talefod. *I fjerne Kirketårne hist, Dagen gaar med raske Fjed, Fred hviler over Land og By,* alle kender dem, de er så klare og stille. Stærkere straks i *Nu ringer alle Klokker mod Sky* – men dog helt for sig pludselig de sange, hvor Ingemann kaster idyllen og teologien til side, blir tidløs, stedløs, træder ud af Kristendommen og spræn- ger sig selv, gir os sig selv, en livssanger og henrykket hedning: *I Østen stiger Solen op,* og alle Stjerner nejer sig hvor Østens Sol gaar frem, for Lysets Engel gaar med Glans gennem Him- melporte, til Ingemann storladent maler os sin lystro: Der staar et Slot i Vesterled, tækket med gyldne Skjolde, fra tusind Taarne funkler Guld, Porten skinner som Ravet, med Straalestøtter un- derfuld sig Borgen spejler i Havet, Guds Sol gaar i sit Guldslot ind, skinner i Purpurklæder, i Rosensky paa Borgens Tind staar Lysets Banner med Hæder. – Og højere stiger billedet, det slutter alvældigt, mens Solenglen svinger Lysets Flag og vandrer til fjerne Lande, ham følger Liv og Lys og Dag bag Nattens brusende Vande – så finder Ingemann pludselig sig selv, besinder sig og daler ned i hastigt at lime en firelinjet lignelse på, der redder ham frelst til- bage i barnetroen og den kristne kirke. Ingemann som hedning? Ja og nej, naturligvis, men aldrig når den lille mærkelige mand højere, end i sine lyshymner. Dér når han det største han nogen- sinde skaber og træder henrykket ind i raden af alreligiøse, fra

Nildalens solelskende Ankhnaton over Frans af Assisi til aftensolens sjællandske ildslotte over Sorøsøens guldglødende blanke metalspejl, Solsangernes evige syngende broderskab.

Absalons røde teglstenskirke. Nord for den står en rad af tunge granitsøjler fra klostret. Om de har stået i kapitelsalen, refektoriet eller et tredje sted kan ikke siges. Nationalmuseet fik efter lang palaver een af dem, og den blev ikke særlig godt brugt, for museet burde ha haft fire, så der kunne være bygget en virkelig stor og tung sal. Her bag kirken står søjlerne kun meningsløst gemt. Af klostret er der så at sige intet igen.

Kirken klarede sig bedre, og det er en anden følelse at gå ind her end i Ringsted Sorøkirken blev aldrig så brutalt sat i stand, århundrederne, kontinuiteten fik lov at leve, og kirken har meget at byde, fra Holbergs køligt fornemme grav tilbage til sporene af de ældste rundbuede portaler. Den står med hvidtede vægge, og rummet virker helstøbt. Først havde kirken fladt loft, men ret tidligt fik den gotiske hvælv. Rummet beherskes af Claus Bergs vældige lægmandskrucifiks, et af hans dygtigste, men ikke af hans følsomste arbejder. Det flagrende lændeklæde er skåret, så man har svært ved at tro at det er træ, tornekronen er lovlig voldsom og tar magten fra ansigtet, men kroppen er ikke udpint, snarere muskuløs, men endnu kendte kunstnere ikke så meget til anatomi at en nyere tid kan godtage den vældige brystkasses knudrede kraft i detaljerne. Stærkere er det ældre krucifiks, der idag hænger henne til siden.

I koret er alteret rykket frem fra sin oprindelige plads helt tilbage, for her som i Ringsted og Roskilde mistede koret sin arkitektoniske mening, da reformationen sløjfede det kirkelige kor og indlemmede det i kirkerummet. Det er i forbavsende mange store danske kirker man ikke har anet, hvad man skulle stille op med det store rum der blev tomt. På den måde er kirkens fornemste grave kommet bag alteret, det var de naturligvis ikke oprindelig. Her står *Valdemar Atterdags* sarkofag, sat hen i krogen som et møbel man ikke ved hvad man skal med. Grunden er, at sarkofagen mangler en af sine plader, så den gaber. Det er skjult ved placeringen, men virkningen er trist. Sarkofagen af sorte stenplader er idag ribbet og nøgen, den var oprindelig smykket omtrent som Margrethes i Roskilde, med Kongen hvilende ovenpå og siderne dækket af figurer. Idag er kun een stump levnet, en lille venlig og vinkende bisp på Nationalmuseet. Sarkofagen blev tidligt mishandlet. Lybækkerne brød den op og trampede rundt i Drottens skelet for at slette hans jordiske levninger, som retortion. Der er jævnligt talt om at sætte sarkofagen i stand, Kongens kiste står stadig inde i den, men til nu er intet sket med den barske ruin af et monument.

I den anden krog står et monument over *Kristoffer og* hans hustru og en datter. Som Kristoffers i Roskilde er monumentet her en uægte tingest. Der var levnet de tre broncefigurer og en kort og en lang støbt broncefrise, åbenbart fra sarkofagens ene langside og endeflade. Der blev så lavet en helt ny stensarkofag, og den blev gjort til stumperne. Oprindelig var der vistnok flere barnefigurer ovenpå, så den har antagelig været større – hvis der ikke har været flere sarkofager. Friserne har vistnok siddet i to bælter sarkofagen rundt, så der mangler altså i virkeligheden tre lange og tre korte friser, men man havde kun to, så sarkofagen blev meningsløst lav, den har været meget højere. Og da sarkofagen altså ikke kunne få billedfriser på den ene langside og endeflade, blev også den kørt op i en krog for at skjule fattigdommen, et latterligt arrangement, men de levnede broncer lader sig se. Alle tre figurer har mærkeligt nok mistet højre hånd. De er ikke stor kunst, men meget levende, modelleret friskt i ler eller voks, og broncen er ikke poleret grundigere, end at lerets levende flade endnu gir værkerne karakter. Ansigterne er naive, stupidt gloende med basedowøjne, og man skal ikke være sikker på at deres humor er så utilsigtet. Friserne er værd at gå i knæ for – det er man nødt til, hvis man vil se dem – for de er fra hele vor middelalder det eneste vi ejer i stil med de smårelieffer, der ses på mellem- og sydeuropæiske kirkeporte af metal, en uortodoks, sprælsk og enkel fortællende billedstil. De er på linje med helt moderne ting i plastik, med »Helenasarkofagen«, med de djærve rytter-aquamaniler, og da den sarkofags andre friser gik i smelteovnen, led vi et uerstatteligt tab.

Kong *Olavs* ligsten. Margrethes unge søn døde på Falsterbohus, og der er mørke om hans død. Hans hjerte og lever blev gravlagt under hovedalteret i Lund. Påstås det, men også det er dunkelt, for der kan ikke graves, der er krypt nedenunder. Hans grav her i Sorø er aldrig fundet, om den ellers nogensinde har været her. Hans oprindelige gravsten er borte, den nyere er fra 1500-tallet og nævner ham mærkeligt nok overhovedet ikke som Konge, hverken af Norge eller Danmark, men kun som Margrethes søn. Han har heller ikke fået det danske rigsvåben på sin gravsten, kun det norske. Om den ældre sten havde mere at sige, vides ikke.

Men kirkens hovedgrav, nu bag alteret, oprindelig foran –

Idag er det med bil en let sag at se de to kirker i Ringsted og her i Sorø, samme dag, endda flere gange, og det er ulejligheden værd. De er bygget næsten samtidig, de er oprindelig ens i stil, næsten ens i størrelse. I Ringsted bygger Valdemar den Store, her i Sorø bygger Bisp Absalon, som privatmand, så han har haft midler, for det er et millionbyggeri.

Hvad var Absalons tanke? Måske kun at hædre sin fars kloster. Men morsomme små træk samler sig til konturen af et billede. Valdemar bygger i Ringsted sin kirke over sin fars, Knud Lavards grav. Knud er den ny kongeæts stamfar, og han er helgenkronet, kirken skal være kongeættens gravkirke. I Sorø placerer Absalon sine forfædre i kirkens kor og mure, henter de gamle Hvider ind fra ættens bygdekirker i omegnen, for kirken skal være *Hvidernes* gravkirke. Men han placerer sine fædre i en smuk og hyldende kres om den fornemme plads foran alteret. På den lå i Ringsted Knud Lavard, i Sorø lader Absalon den stå tom, for den er til ham selv. Den tanke har næppe været Absalon fremmed, at Valdemar var en tronusurpator, Valdemars far var ikke Konge, og han var af halvrussisk afstamning. Absalon er nationalt dansk. For ham at se har det været lige så rimeligt at kronen gled over til Hviderne. De stærke jyske Trugotsønner er endeligt trængt ud af spillet, Eskild er den sidste, nu er Hviderne Danmarks stærkeste æt. Absalon selv blir bisp i Roskilde, ærkebisp i Lund med primatet over Sverige. Ved Valdemars død blir han rigsforstander og trænger Knud den Sjette i baggrunden. Det er Absalon, der radikalt bryder med Knud Lavards og Valdemars dødsensfarlige underdanige tyske politik og hævder Rigets selvstændighed. Selv kan han næppe blie Konge, men Hvideætten? Sorøkirken var ikke en ringere gravkirke for en kongeæt, dens store søn lå foran hovedalteret, omkring ham lå forfædre, der rakte længere tilbage i tiden, end Valdemars sølle ene forfædregrav, og Absalon har jo nok regnet med den mulighed, at han kunne vente at blie kanoniseret som helgen efter sin død. Det skal ses sammen med at Saxes krønike vel fortæller om Danernes gerninger fra arilds tid, men

67

dispositionen er underlig. Hele den dynamiske vikingetid er hos Saxe uheroisk og uden styrke. Ganske vist slog Knud den Store Valdemars stamfar Ulf Jarl ihjel, så der kan ha været nogen bitterhed i familien, men man aner at Saxe ikke har brug for en klimax så tidligt i sin bog. Den skal gennem kampe og uro og fiaskoer og borgerkrig stige og stige til sin kulmination, ikke Valdemar den Store, men Absalon, Fædrelandets Fader. Man læser bogen dybt fængslet, men med samme skepsis som en bestilt firma-jubilæumshistorie. Dette vældige værk, skrevet på latin for Europa, ikke på dansk for Danskere, ville være den smukkest tænkelige skammel til Hvidernes kongelige tronstol. To kirker i Midtsjælland, to stærke ætter i skarp konkurrence, hvad drømte de hver for sig? Valdemarerne holdt sig på tronen, Hviderne blev ikke kongelige. Til gengæld blev de fyldt med en aldrig glemt bitterhed mod den sejrende æt.

Her hviler Absalon, under en gravsten der blev lagt lige efter reformationen. På den tid har man »antikke« interesser. I Sverige blir adskillige gamle monumenter fornyet, her i Sorø får som sagt den unge Kong Olav sin sten omtrent på samme tid. Men måske har Kristian den Tredje og Sorøabbeden haft følelsen af, at det var værd at hædre den gamle bisp nu man styrtede hans katolske kirke i grus, for man véd aldrig. Absalon har ikke været nem, selv i graven, hvis legenden har ret. *Thura* fortæller, at Sorørektoren *Jens Dinesen Jersin* (han var rektor 1611–15) var en munter mand med et lyrisk sind. Han vandrede en aften ind i den tomme kirke og gik omkring i det store halvmørke kirkerum og nynnede og klimprede på sin luth. Da han kom op til Absalons gravsten, standsede han og sagde »i Skiemt«: Nu kommer der et stykke for dig, Biskop Absalon! Men i samme nu var Bispen af graven og efter ham med sin bispestav. Rektor Jersin stejlede panikslagen ned gennem kirken med luthen flagrende efter sig, og han nåede akkurat at slå døren i, da Absalon kastede sin stav og ramte døren, »så det skingrede i Kirken«. Efter den dag tabte »den gode Rektor« sit muntre væsen, og han trak sig så langt bort fra Absalons hvilested, at han endte som biskop i Ribe.

Der er lidt kludder med årstallene. Jersin var ikke rektor på den tid, da han fik sit religiøse gennembrud og gik over i det kirkelige, så man har sagt, at hændelsen skete »under et senere besøg i Sorø«, og at det drejede sig om et ikke nærmere skildret »syn«, der fik ham til at bryde sin verdslige løbebane. Men med al skepsis: myten om Absalon tegner ham århundreder efter hans død som ganske blottet for humor og lyrisk sans.

Hans grav har været åbnet flere gange, blandt andet fordi man ville se, om »Erkebiskop Absalons Hovedskal og Laarbeen« på *Det kongelige Kunstkammer* var ægte. Det var de ikke, hvad man kunne ha tænkt sig til uden at åbne graven, for med al sin usædvanlighed har Absalon næppe haft to højrelår. I graven lå bispens lår urørte, hans hoved var derimod næsten borte, men ikke fjernet, det var blot omtrent opløst. Der lå rester af rødligt skæg, og det stemmer med det samtidige portræt af ham i Stehag kirke i Skåne. Det hævdes at bispen har haft stærkt overbid, og at han trods sin jætteskikkelse var »uanseelig«, hvad en viljestærk og bydende mand godt kan være, Napoleon var en gnusling. Der lå rester af Absalons bispekåbe og hue, af hans stav og sko. I hænderne holdt han en enkel alterkalk af sølv, og på hans finger sad hans bispering. Tingene ses i en montre i nordsiden af koret. Man har idag prøvet at hædre graven ved at sætte broncekandelabre ved den. De er restaureret af et par kandelabre der stod på Kristoffers sarkofag, men måske virkelig hørte til Absalons grav, og man har prøvet at lade store kærter brænde i stagerne, men det var mere end turisternes dannelsestrin kunne bære. De skar navne i lysene, så de blev ødelagt.

Og så var det her, i denne kirke, at en sjældent nævnt, men sælsom ting hændte i 1428. Lybækkerne gik til angreb på København, og mens Dronning Philippa »med slotsloven til sin hånd« ledede forsvaret energisk og dygtigt (som siden Kong Hans' kone ledede forsvaret af Stockholm slot) lå hendes mand Erik af Pommern her i Sorø, foran alteret i Valdemar Atterdags og Kristoffers kirke, og bad om sejr for de danske våben. Og de sejrede.

Fra Tersløse Gård til Jammerland Bugt

Et søslag, en Jarl og en femtårnet kirke

Nordpå fra Sorø over Pedersborg kirke og borgtomt ved Tuelsø, og vejen går gennem Brommeskoven til *Tersløse*. Holberg toner frem, men først atter Hviderne. Den første ejer, vi kender, *Anders Knudsøn Grosøn*, var gift med Esbern Snares datter *Cæcilie*, men ellers er det en smuk rad af gamle danske navne, der er trådt ind gennem porten til Tersløse gård og atter er tonet bort i mørket, *Grubbe, Passow, Due, Bryske, Urne, Bølle, Krafse, Brahe, Bielke.* Så glider gården gennem et par mellemled til landsdommer *Johannes Christensen*, der sælger til professor *Ludvig Holberg*, og han gør Tersløse til baroni sammen med Borup og skænker som nævnt gårdene til Sorø Akademi, »til Publici Nytte og for at have et Monument efter min Død« og samtidig laver han, som et ekstralegat, fribolig for »en skikkelig Enke«. 1818 solgtes jorden fra, 1861 blev den forfaldne hovedbygning solgt, men samtidig blev enkesædet genoprettet. 1905 blev hovedbygningen købt af »Soransk Samfund« og den står idag som minde om Holberg med et lille museum. Nogen vældig herreborg var gården aldrig, og uden

71

Holbergs navn var den sikkert blevet revet ned. Meget er her vel ikke at se, men her sad han i flere somre. Man har hævdet at han, trods Jeppe på Bjærget, var hård ved sine bønder. Han selv siger det modsatte, og der er ikke grund til at tro at han var bondeplager, men han var en økonomisk natur og han har næppe været ligeglad med, om han fik sit landgilde til tiden.

Nordpå sænker det bølgende land sig mod Åmosens brede dal. Her har været en rad af søer, nu moser og enge, og få steder oplever man den sjællandske istid så nær på sig. Den vide moseflade ligger som en grøn stivnet sø, man ser den gro til, og åen slynger sig, noget reguleret, blank og stilfærdig gennem den gamle floddal, hvor smeltevandets lergule vælling har spulet frem mellem bankerne.

Der er stilhed over mosen en septemberdag, luften er glashård så man ser de fjerneste træer og gårde skarpt som de nærmeste. Græsset er frodigt. Langs grøfterne er urtejunglen gået i stå, har vokset sig færdig og står i stivnet venten på døden. En traktor lyner skrigende rød i det mørkegrønne og vender jorden i en dybsort dampende fure, og hvide måger står i en sky om motorplovens tunge færge. Seks næsten voksne musvåger, endnu med gult mellem fjerene, sejler ned fra det højere land, sammen, men ikke tæt. Køerne vandrer over engen, alle samme vej, det halvglemte flokinstinkt, køer græsser i timer spredt i deres indhegning, men pludselig vandrer de hen i et hjørne og står der og glor ud over hegnet, måske er det vandingstid. En sen lærke hænger under himlen og knirker triller af sig i det endeløse. Nattergalen er tavs for i år.

Åmosens sjællandske uendelighed, under græstørven sover årtusinder. Navnlig under sidste krig blev der gravet tørv i mosen, og man fandt bopladser fra den ældre stenalder. Jægerstammerne boede på mosens holme. Her var de udenfor storskoven, værnede mod naboer og vilde dyr. I mosen lå ikke alene deres flint, men også ben og træ, sporene af deres fattige hverdag for årtusinder siden. Det var væsentligt nyt om vore fædre, der kom til syne, våben, redskaber, slanke kanoer skabt til sejlads på åløb og stille indvande under storskovens bryn. Hundredtusind ting ligger endnu i tørven, men tiden er knap. Der er planer om at sænke vandstanden, så mosen blir agerland, men det er det høje vandspejl i tørven, der har værnet tingene fra at rådne bort. Nu vil det ske. Man vil grave desperat for at redde en del, tømme mosen for oldsager når man ikke på langt nær, og det er det æggende ved al arkæologi, det føles som prikken i fødderne mens man går hen over den bløde engbund: man tror altid, at det bedste, det endnu usete og eventyrlige, ligger her endnu, ufundet, måske lige her hvor man står.

Videre mod nord, op i Undløse sogn. Her ligger herregården *Kongsdal*. Absalon ejede jorderne her, Sorø kloster fik dem, og hvordan det så er gået til, kort efter ejer Hviderne det hele igen, »til egen fordel«. Hovedhuset er fra omkring 1600, en dansk renæssancegård, enkel og klar i sin plan, for det blir jo, på mærkelig vis, den danske firlængede bondegård, der egentlig gir planen til de jordglade herremænds solide gårde.

Her sad en Hvideætling, der placerede sig i historien, *Stig Andersen Hvide, Rigens Marsk*, udlagt som kongemorder i Finderup Lade. Gården gik fra hånd til hånd, den var en tid kongelig, og den har været ejet af *Christoffer Gabel og* af *Caspar Bartholin*. Den er med sin røde bygning, uden senere rokokkodekorationer, sluppet nænsomt gennem århundrederne, en af Sjællands seværdige herregårde. Her har Marsk Stig skrævet rundt mellem ladegår-

dens sølehuller for at se sine heste og køer, for med al ridderro-
mantik: bønder var de, og overalt i det stilfærdige Sjælland slår en
fortid ud af hver plet mellem evigt virkende landbrug og søfart.

Følg de små snoede veje videre, gennem småskove og ind mel-
lem agrene, rundt om duknakkede hvidkalkede kirker, gennem
landsbyer der på een gang er gamle og ny, de små overraskende
sigt hver gang vejen kryber til vejrs over bankerne eller glider om
et skovhjørne, Sjælland er utømmelig. Intet sted på Sjælland, hvor
man ikke kan lugte hav når brisen stryger over agrene, men det
mærkes, at nu er det nær, og i et blåt lyn åbner Holbækfjorden
sig forude mellem grønne bredder. Umuligt at standse ved alt,
men *Tveje Merløse* kirke ligger lige ved vejen, i stil med Fjennes-
lev og alligevel ikke, en kirke med tvillingtårn, vistnok bygget af
Asser Rig, for at sige det som det er, Hviderne er uafrystelige i det
midtsjællandske. Kirken er af granit og frådsten, og tårnenes hæt-
ter er af sten, de eneste af den art i Danmark. Indvendig er den
som Fjenneslev, en lille tæt gårdkirke med loge for stormanden.
Kirken blev restaureret af professor Storck, det vil sige dygtigt og
nådeløst, så den mistede sin ælde og vægt og blev stiv som en mo-
delkarton. Men den hører dog til professorens heldigere værker,
og vi har den, skønt den nær var forsvundet. 1555, efter reforma-
tionen, blev den dømt til sløjfning, og sognets folk skulle søge til
kirken i Holbæk, men det blev ikke til noget.

Det er Valdemar Sejr, der bygger en borg ved *Holbæk-gård*, og før
den tid var her ingen by. Her kom by og kloster, byen levede mest
af landbrug og handel med kom, og stort var det hele ikke. Refor-
mationen ramte den kirkeligt, dens kloster forsvandt, slottet gik
til under Svenskekrigene, som så mange af vore slotte, men byen
lå godt og trivedes.

1869 rev Holbæk sin sidste gamle kirke ned og fik en ny, der er uden interesse, kun lidt af det gamle inventar skånedes. Byen har heller ikke noget gammelt præg, selv om en del ældre huse står endnu. Mærkeligst er selve byplanen, det lange og brede gadetorv, der i dag er godt som bilparkering, men oprindelig gav torvehandelen sit eget præg, trafikken ned mellem torveboderne.

Der kan ikke standses ved samtlige sjællandske museer, selv om de små museer altid er oplevelser. Dels gir de, selv de dårligste, en viden om lokalhistorien, og dels ejer de den intime charme, kontakten med tingene, som de store museer så let mister. Man mærker at der holdes af tingene, i de museer der endnu lever og ikke kun er ruiner efter en død idealists livsværk. Holbæk museum har det nette og pilne, der findes på visse mindre museer, og så er, af uransagelige grunde, en ting lykkedes her, som jævnligt slår fejl selv for de bedste museer: kunsten at skabe troværdige interiører. Talrige museumsfolk led deres fallit netop i det vanskelige, men så fristende at skabe et miljø, en hel stue fra tiden før os. Her går man rundt i de små møblerede stuer og opdager, at selv lugten kom med. Her tror man på stuerne, her lever de ting, der jævnligt dør i de dyre arkitekttegnede montrer og ved den alt for kræsne udvælgelse. Her skabtes rummene nemlig ikke efter stort andre principper end glæden ved tingene selv.

Man går ikke gennem de danske købstæder uden at standse ved det der sammen med håndværket skabte dem: købmandsgårdene. Det er ikke mere provinskøbmanden, der ejer skibe og selv henter varerne hjem fra Holland, England og Kinakysten, men endnu findes de firlængede eller dobbelt firlængede gårdkomplekser med deres kældre og vældige lagerlofter og med kikkenborg på tagmønningen, det lille udsigtstårn der dengang ikke bare var et støvet tomt kammer på loftet. Her gik købmanden op flere gange om dagen, når han ventede på skib. Han så hen over de røde tage, ud over fjorden og kunne skelne sin skude mellem alle andre, når mastetoppen tonede frem ude i fjordgabet. Han løb ned ad trapperne, råbte til sin kone, der blev liv i kontoret og butikken, piger og karle kom fra køkken og kælder, fra lagre og lofter. Skibene var borte i år og dag, der var ingen telegraf, man anede intet før man så dem, og tabsprocenten var stor, det var et lotteri med skæbnesvanger risiko. Det var dengang da en otteårs dreng kunne skelne en galease fra en skonnertbrig på miles afstand, som vore unger idag har rede på bilmærker. Det var spændende år for købmænd, formuer hjem eller tab med hvert skib der stod havnen ind eller tyst gled til bunds i Atlanterhavet. Endnu har Danmark en småskibsflåde, men det kniber. De store rederier koncentrerede skibsfarten. Staten driver fragtforretning og er med til at knuse et af landets ældste erhverv. I byerne ligger købmandsgårdene endnu, bygget om til nyere brug, eller i forfald, med de gamle haver groet til eller raseret til benzinstationer, endnu ligger de gamle havepavilloner i rosenbedenes alt for sødmefulde romantik, endnu kan man gå hen over lagerlofter, hvis spær er gamle skibsmaster, og hvor tjæreforstenet tovværk, sammengroede taljer og sære stendunke ligger glemt mellem andet ragelse. Men købmandsgårdenes gamle *realitet* er fortid.

Nordenfor Holbæk et stort fladt land igen, men ikke med Åmosens varme ælde. Lammefjorden var en blå havarm, til den i 1874 blev spærret med en dæmning og pumpet tør, en af de store landvindinger i genrejsningsvejret efter 1864, en af måderne at øge det reducerede land på. For os kan slagordet om at »hvad udad tabtes skal indad vindes« lyde banalt, slidt op, vi fik det forsuttet af søde lærerinder i skolen, men dengang var det alvor som ikke ret meget er det idag, og der ligger en sejg sjællandsk alvor under Fammefjordens flade agre, et nyere landbrug med skarpe lige grænser mellem jorderne, grøfter og rationel afvanding, gårdene lagt strategisk ved deres jord, nær de fælles transportveje, og der er større styrke i Lammefjordlandet end i afvandingsprojekterne idag, bestilt ingeniørarbejde, økonomisk beregnet og udmærket, den lokale økonomiske profit eneste drivfjer og arbejdsgiver. Man hørte som dreng en ældre Lammefjordbonde fortælle, smilende, mens han lænede sig tilbage og så hen mod vinduet som om han talte om noget tilfældigt der ikke kom ham ved, at dengang, ja at det var jo så en aftale mellem os, alle naboerne, at det var den samme vårmorgen vi tog fat, og den morgen da vi trak de første furer over søbunden her, gik vi bag ploven og sang de sønderjyske sange.

De pløjende Lammefjordsbønder med højskolesangen som et lys om sig i det store rum, et stykke dansk kulturhistorie, som vi kan smile ved, det er nu slut, men ret enestående i Europa, med en vilje i sig til genrejsning, en fællessjæl som hos genrejserfolk idag i Indien, i Afrikas nyskabte fristater.

Man er over Sidingfjorden, der også er tørlagt, straks oppe i det gamle land, Egebjærghalvøen med Kongsøreskoven ud mod fjorden, et land fuldt af stengrave og høje, snørklede veje og fjordbreddens lune vand, fiskende terner og åleruser og en ufattelig stilhed, når man ikke lige kommer en sommersøndag. Landknuden nord for Lammefjord er endnu mærket af, at landtangen sydpå, ude ved Storebæltkysten, var smal, man havde ikke alverden med resten af Sjælland at gøre, her var en verden for sig.

Købstaden *Nykøbing* med den vel konserverede gotiske kirke, ikke nogen larmende stad det meste af året, men en af de byer der mærker byboernes feriehumør, landet heroppe er nok gammelt i trækkene, men alligevel ikke. Her bag Isefjorden fandt landliggerne op, og deres sommerhuse og knaldhytter ligger i striber, grupper og byer. Gamle sandede jorder, der ikke var en øre værd, røg pludselig op i sindsvage priser, der stadig stiger som jublende lærker og åbenbart aldrig skal ned, et eller andet må det vel ende med, men efter os syndfloden. Plantager groede frem, for at dæmpe sandflugten, og som ly for hytterne. Rørvigtangen var indtil for få år siden øde land, glemt af Gud og mennesker, »Bruden fra Rørvig« maner en ødemarkstemning frem fjernt fra menneskers verden, et Sjælland der ikke mere er til, og herude, i det engang øde sand, ligger en af de kirker, hvor Marsk Stig ganske sikkert er gravlagt. Herude, udenfor det idylliske gamle Rørvig færgested, blev der lagt et kolerahus i slutningen af 1800-tallet, for her var øde, hospitalet lå isoleret som et middelalderligt leproseri, de spedalskes St. Jørgensgårde. Huset er idag feriekoloni, men indtil 1930 stod det tomt og urørt og ventede, mere end halvglemt, på næste koleraepidemi. Sygestuer og senge, gamle lagner af svær ægte hør, tunge dejlige natpotter af tin, lægekittelen i skabet, og en journal i skuffen. Der var kun een patient registreret, en sømand der blev indlagt på mistanke engang i 1870-erne, og han har følt ensomheden mere end sygdommen, journalen melder lakonisk hans indlæggelse, og dagen efter lige så ordknapt: »Patienten er i Nattens Løb forsvunden ud gjennem Vinduet«. Han er hospitalets eneste gæst i 70 år. En dyr sygedag.

Men her ude, hvor Isefjorden tømmer og fylder sig i et løb lige ind på sandhagen så strømmen står som en hestemanke og man kan springe på hovedet i fra den bare sandstrand, her, man ved ikke præcist hvor, lå *Isøre Ting*. Det var flådens landsting, her i fjordmundingen, hvor skuder fra Skånelandene, Fyn og Jylland let kom hen og i læ bag odden. Her blev Harald Hén valgt til Konge. Her lå Absalon med sine skibe og satte dem i stand til togt mod Venderne, de blev kalfatret og fik deres stavnhoveders horn lueforgyldt, så rædsel kunne lyse af deres spilede gab. Idag er odden og stranden helt op om Korshagen og videre mod vest sommerhus ved sommerhus, blinkende biler, telte, sommergæster med sære hatte og med radio i bilen og i græsset, titusinder søgt ud i ensomheden, men angst for dens stilhed, larm medbringes for nervernes skyld. Når titusind mennesker søger til et sted for at opleve ensomheden, er det som når værten under et større selskab pludselig blir borte. Men ingen synes at savne ham.

Stranden mod Kattegat, ikke det lukkede fjordvand, heller ikke Vesterhavets havdønning, men en korthugget flaskegrøn krapsø, skarp salt blæst, solblegede sten, sødlig lugt af rådden tang og døde fisk, pilende små vadefugle, forstrandens brede lyngflade og bag den de gamle strandklinter, engang for tusind år siden lysende gule brinker, idag groet til, men tjørn og slåen må smyge sig op over skråningerne, svedet og slebet i form som snedriver af den evige blæst. Det er den strand, der fortsætter mod vest uden at man mærker, at landet i ryggen på een blir til Sjællands Odde, en lerås der rager 18 kilometer ud i Kattegat, selv knap to kilometer bred.

Herude, lidt mere end halvvejs mod Oddens spids, stod slaget, hvor de snækker mødtes om kvæld på hav 22. marts 1808. På stranden udfor stedet er intet at se, men på Odden kirkegård står monumentet over de faldne. Englænderne tog den dansk-norske flåde i reden, men Tvillingrigerne havde endnu eet linjeskib tilbage, *Prinds Christian Frederik*, det var ikke hjemme, da flåden blev røvet. Det krydsede siden i Storebælt og fik ordre til at trække de engelske vagtskibe efter sig nordpå, så *Bernadotte* kunne slippe over Storebælt med sine hjælpetropper. Ombord var 200 nybagte elever. Fem engelske krigsskibe fulgte efter. Det var først prøvet at lege med de engelske skibe omkring Sejrø, men så stod man nordpå, rundede Odden og ville prøve at søge hen mod Sundet, men Englænderne indhentede linjeskibet, der lagde til slag. Englænderne kunne afløse hinanden, »Prinds Christian Frederik« var alene. Kampen blev hård, og den varede i tre timer. Så var halvdelen af besætningen faldet eller ukampdygtig, og Jessen strøg flaget, søgte ind under land og satte skibet på grund. Englænderne prøvede at få det slæbt los, men det brød i brand og sprang i luften. Her faldt Willemoes, den unge helt fra slaget på Rheden. Han stak hovedet op over lønningen for at se ildens virkning og blev ramt.

De døde ligger i fællesgraven på den lille landsbykirkegård med det solvarme land omkring sig. Tanken om krig er meningsløs her, men det er den jo overalt. Grundtvig skrev mindedigtet over Willemoes, og han skrev monumentets gravskrift:

De Snekker mødtes i Kvæld på Hav
og Luften begyndte at gløde.
De leged alt over den aabne Grav,
og Bølgerne giordes saa røde.
Her er jeg sat til en Bautasten
at vidne for Slegter i Norden,
Danske de vare, hvis møre Ben
under mig smuldre i Iorden.
Danske af Tunge, af Æt og af Id,
thi skal de nævnes i løbende Tid:

Fædrenes værdige Sønner.

Man kan sige, at de ikke blot var danske, flåden var dansk-norsk, men man skelnede ikke skarpt dengang, mange Nordmænd kaldte sig danske før 1814, der ligger intet nationalpolemisk og ingen sjusket glemsomhed i ordet.

Og ellers? Skibsklokken hænger på Oddens lille museum, der kan man høre den klemte endnu. 61 lig drev i land. De lå i strandkanten lige her nede og de blev alle gravlagte her. Præstens amen i den kolde vårblæst over den åbne fællesgrav satte punktum for et århundredlangt kapitel i vor historie, og for 450 års samliv med Norge. Det er måske værd at standse bilen for et øjeblik.

Længst ude Oddens ende *Gniben*, lavet til militærbase af Tyskerne under besættelsen og siden stadig »militært område«, men dansk lov er stærkere, færdsel i strandkanten kan ingen hindre.

Sejrøbugten er sine steder opdaget af for mange. Der er intet at sige til at alle vil til kysten, men ensomheden – og her *var* ensomt, et stort sug af hav langs Sjællands kyst, et vældigt land med vide syn og store linjer i terrænet, mere jysk end sjællandsk. Det barske land lå under borgen *Dragsholm*.

Den var bispeborg, i sine mure har den minder om sin fortid, men den er ændret, idag en kompakt hvid torso skjult i puds, men solidt lagt i sit store land.

Bønderne heromkring var borgens »fæstere«, som bønderne omkring alle Sjællands herresæder. Der er skrevet meget om »fæstebønder«, men hvad siger det i grunden? Meget har været polemisk, først for at skaffe bønderne selvstændighed, siden for at løfte den gamle herreklasses syndighed i lyset, efterhånden blev det til, at »fæste« var en art slaveri.

Det er ikke rigtigt. Fra gammel tid var der forskel på bønder, en del var storættede, andre jævnere, mange var husmænd, kådkarle eller trælle, og træl er heller ikke altid det samme som slave. De danske bønders herremænd var ikke fremmede erobrere. Det var stærke mænd af deres egne rækker, det må huskes, når man taler om undertrykkelse. Da bønderne begyndte at gi sig ind under de store jordejere, at blie »vornede« eller frit oversat »værnede« havde det flere fordele for bønderne, og det var som sagt under storbønder, der først senere blir til adel. Enden blev, at en væsentlig del af bønderne havde givet deres gård ind under en herremand og var hans »fæstere«, det vil sige at de *lejede* deres hus og jord af ham.

At man betaler leje af det lejede er ikke urimeligt, det gør vi idag, og ingen bybo kalder sig træl, fordi han bor i en lejet lejlighed og har lejet sit kontor, sin butik eller sit værksted. Fæstebønderne havde endda i reglen deres gård i leje på livstid, hvis de ikke misrøgtede den, for så blev de sat ud, naturligvis, som hvis man ødelægger sin lejlighed. Det var endda almindeligt, at man havde sin gård i »arvefæste«, så ens søn garanteret overtog den efter ens død, det er forbudt ved lov idag at ha »arvefæste« på en lejlighed, og nu er det ikke engang ejeren der bestemmer farten, det er staten, så datidens bønder sad sikrere i deres. De ydede lejen i penge, i korn og i arbejde, fra gammel tid, hvor penge var noget sjældent, som man ikke brugte i det daglige. At livet til tider var strengt nok, er noget andet, men landbruget var efterhånden gammeldags. Der var kriser i landbruget dengang som nu, og når bønderne idag klager sig, er vi vanemæssigt skeptiske. Hvor meget hold er der i de ældre klager? Naturligvis var herremændene ikke interesserede i at bønderne ikke fik deres egen jord passet, det gik jo ud over fæsteafgiften. Pligtkørsel for kronen var en statsskat, og hvor ofte blev den egentlig krævet? At bønderne blev »stavnsbundne« var militært, heller ikke noget herremanden ønskede. Rekrutter til hæren skulle herremanden skaffe, og man indkaldte ikke overalt på een gang, så det var let at smutte fra distriktet når indkaldelserne nåede til egnen. Endelig havde det senere vornedskab og stavnsbånd en håndgribelig baggrund i flugten fra land til by, de unge søgte til købstæderne, og gårdene stod tomme, jorden blev ikke dyrket. Det var ikke alene for herremanden, men for landet en truende situation, og man prøvede at redde landbruget ved at tvinge bønderne til at blie ved jorden i en årrække, vel ikke en strengere lov end de fagforeningsregler, der forbyder en mand at arbejde udenfor sit fag. Idag nærmer vi os igen den situation at landbruget mister sine mænd. I første omgang har maskinerne klaret sagen, men den dag der ikke er folk nok til at passe maskinerne, hvad så? Det gamle landsbyfællesskab var ikke i sig selv galt, det var landbrugets former, der var afdøde og ikke effektive nok. Bondestanden blev genrejst, hovedsagelig da Højskolerne tog fat, og det er et godt kapitel i den danske jords historie, men tiden før var ikke den rene elendighed. Man nævner *Pebringegården* på Frilandsmuseet som eksempel på »fæstebondens elendige våning«. Det er nonsens. Gården er meget stor, rummelig, udmærket indrettet, og den er idag sunket i koderne, men den er vel ikke *bygget* så skæv. I virkeligheden var det en imponerende landbrugsfabrik, man kunne leje og drive. Og overfor stavnsbåndet må huskes, at man navnlig tidligere meget nødig flyttede, så tvangen har ikke været følt som noget uhyrligt. I nordjyske sogne har man helt op til idag set meget fjendtligt på udensogns der kom og slog sig ned i bygden, de var livet igennem »fremmede«, man regnede dem for sære, dumme, upålidelige, de og deres børn hed Per Falstring,

Hans Fynbo, man blev aldrig eet med dem, og helt op til anden verdenskrig var et ægteskab mellem en af sognets piger og en udensogns regnet for noget nær usædeligt. Stavnsbønderne har ikke følt sig spærret inde, og vel har Eckersberg malet et smukt billede af Frederik den Sjette, der hyldes af bønder ved Frihedsstøtten, men der er meget få bønder på billedet, og ikke uden grund. Frederik modtog adskillige adresser fra bønder, der bad om det hele ikke nok måtte blie som det var. At udstykningen og bøndernes selveje alligevel blev noget meget værdifuldt er en anden historie. *Molesworth* fortæller, at når de kongelige korteger på rejse skal bruge bønder, blir bønderne rædselsfuldt behandlet – men det er ikke af herremændene, det er af tjenere og lakajer. Træhesten? Stort set en myte. Man har fortællinger om at den er brugt, men mest vistnok til desertører der stak af fra rekrutteringen. De blir også idag straffet. Der er triste historier om bønder, der blir hentet til deres hjemgods, skønt de har skabt sig en god tilværelse et andet sted. Det ser hårdt ud, og det *var* hårdt, men heller ikke idag kan vi stikke af fra vore forpligtelser, det skal staten nok fortælle os. Og så er, op i 1700-tallet, en stor del af godsejerne indvandrede Tyskere og udenlandske handelsfolk der har gjort kronen tjenester. De var tit nok så uhyggelige herrer, og ialtfald blev de aldrig fortrolige med dansk tankegang og sind. Ikke få nyslåede godsejere har båret sig tåbeligt ad, men det blev ikke tolereret af Kronen, og bønderne var ikke retsløse. Også idag er det de nybagte godsejere, og ikke de gamle jordejende slægter, der spærrer skov og strand og sætter skilte op og tér sig afslørende. Det er psykologisk ligetil, den gang som nu. Herremænd og bønder har levet hver deres liv og i det daglige næppe interesseret sig stort for hinanden. Dragsholms bønder har ikke følt sig som trælle, og de var det ikke, de var bønder, som herremanden var herremand. I lange tidsrum har de været fattige, men *landet* var jævnligt fattigt. Socialhjælp var ukendt, den der tabte spillet var taber. Og så viser de gamle adelige godsregnskaber en forbavsende hjælpsomhed, ikke alene ved at eftergi fæsteafgiften i svære år, en tanke vore kreditkasser har vanskeligere ved at acceptere, men også ved hjælp og gaver. Alt var sandelig ikke idyl, men heller ikke een elendighed, sandheden er her, som næsten altid, et sted midt i.

Bønderne var bønder.

Men var Jarlen også Jarl?

Fårevejle kirke. En vejle eller vedel er et vadested, her en fladvandet fjord, der var en sidefjord til Lammefjorden og nu uden vand. Kirken har ligget på sin banke ud til fjorden, og den ligger stadig monumentalt, en lysende fakkel i solen.

Da Fru Inge byggede kirken, ville de underjordiske hindre byggeriet. Til sidst lod hun to okser trække afsted med den jernbundne kirkedør, og der hvor okserne lagde sig, blev kirken bygget. Det sagn går om mange kirker, og det er ikke den fantastiske egedør, der er fra omkring 1500 og væsentligt yngre end kirken, men Jarlen af Bothwell, der får folk til at standse her.

Her hviler nemlig, siges det, *Mr. James Hepburn, Jarl af Bothwell*, den utrolige *Maria Stuarts* elsker og ægtemand.

Maria Stuarts første mand *Darnley* blev sprængt i luften. Der var flere mord omkring den mandgale Dronning, hun selv blev fængslet og senere halshugget af *Elisabeth* af England, men hendes romantiske primitive elskede flygtede. En storm slog hans skib til Norge, han blev ført til Danmark, og *Frederik den Anden* lod ham fængsle, ikke fordi Jarlen havde krænket den dansk-norske Konge, men Frederik ville gerne tækkes Elisabeth, som han friede til ligesom *Erik den Fjortende* af Sverige og *Hertug Adolf* af Holsten, og med samme resultat, tre kurve på rad, plus *Order of the Garter*, Hosebåndsordenen. Hertugen fik devisen graveret på sit våbenskjold, der ses på Tøjhuset i København, Frederiks ordenskæde er på Rosenborg. Det er disse manøvrer, James Hepburn er så uheldig at komme ind i, hans fængsling er et kongeligt galant buk tværs over Vesterhavet. Men fangen blir ikke sendt til England, hvor han ganske givet havde fået hovedet hugget af, for i Englands historie er henrettelserne så uoverskueligt talrige, at få andre lande, slet ikke de nordiske, kan slå den bloddampende rekord. Jarlen blir sat i fængsel på Dragsholm, standsmæssigt, med opvartning, rideture, jagt, gode måltider, gode rum at bo i. Når fangenskabet ændres, er det ikke Kongen der blir vred, men Jarlen der blir sindsyg, han blir behandlet, som man den gang behandlede alle sindsyge. Han har åbenbart været rygende gal, for det hævdes at han må lægges i lænker. Man ved meget lidt, ikke engang om han virkelig blir lagt i jern, og heller ikke hvor længe hans tragedie varer, kun at han dør sindsyg og rimeligvis blir gravlagt i Fårevejle kirke, hvor ellers?

Det er ikke usædvanligt i gamle danske kirker, at ligene i de hvælvede »åbne« grave ikke rådner, men blot tørrer ind, og »Jarlens« lig er tørret som en ægyptisk mumie, huden er næsten hel, og sådan lader liget sig se. Tidligere steg man ned gennem en lem i kirkens midtergang, og i en snæver kælder stod man ansigt til ansigt med »Jarlen«. Han lå i sin enkle trækiste, der igen var sat ned i en større og yngre træsarkofag, hvis låg var savet af så den øverste tredjedel var åben. Der var glas for »Jarlen«, men i en lille kiste ved siden af lå et præstebarn fra syttenhundredtallet, der var blevet skoldet ihjel. Det lå i avner og hakkelse, huden var sejg, tørt læder, noget grynet, paphård, og under den var der tørre trevler af muskler på det lille skelet, så det indre hovedsagelig var hulrum. Præstebarnet er nu borte, og man må nøjes med at skue ned til »Jarlen« i hans ny snehvidekiste.

Iveren efter turistvaluta oversteg tænkningen. Nede i kirkens gamle kælder, der er tør og temperaturfast, havde »Jarlen« holdt sig godt, og han ville ha holdt sig uændret i århundreder. Man fik så den idé at bygge et sidekapel til den prominente person, blandt andet fordi det naturligvis var vanskeligt og til tider ret larmende at proppe turisterne ned gennem lemmen i kirkegulvet, og der var kun plads til to-tre ad gangen. Men ingen tænkte på at det var vanvid at flytte Jarlen lige op i et nybygget kapel, hvor kalkvandet vil dampe af væggene i mange år, og som har dør lige ud til årstidernes skiftende klima og fugt. Der skete det, som selvfølgelig måtte ske: »Jarlen« mugnede. Både langhåret silkeagtig mug og store skjolder af skimmelsvamp. Han blev sendt til Nationalmuseet og er nu renset og ferniseret, men skjolderne er der. Han ligger idag i en lufttæt glaskasse, et museumspræparat og ikke en gravlagt person. Det kan naturligvis være ligegyldigt. Man ser ham bedre end før. Han ligger strakt i døden, hans lille katteansigt stirrer tomt op i luften, og han er tørret til asketisk magerhed. Man har ment at et lille hul ved det ene øje er spor efter et »fægtear«, og at der er mærker af lænker, men det er ganske usikkert. Sporene efter »lænker« kan være efter bånd eller snøringer i ligdragten, der nu er så at sige borte, arret er vist bare et hul i huden. Det pudsige ved historien er nemlig, at her kan man andægtigt stå og tænke på Maria Stuart og undres over det sælsomme eventyr, at hendes vilde Jarl ender her i en fredelig dansk sognekirke, men om det tørre lig dér virkelig er Jarlen af Bothwell, aner man ikke. Lærde mænd har talt for og imod, som kun virkelige fagmænd kan præstere det, når de går lidt over gevind, som da anatomen professor Ibsen hævdede, at ligets hoved havde »et umiskendeligt skotsk præg«, og at en engelsk turist engang i 1800-tallet fastslog, at afdøde »godt nok ligner en skotsk grimrian«, er blevet citeret i faglitteraturen som noget nær et videnskabeligt bevis. Professor Fr. C. C. Hansen har hævdet, at hovedet stemmer med et lille, mildt sagt utydeligt miniatyrmaleri, der *muligvis* er et billede af Jarlen, men uheldigvis er Fr. C. C. Hansens mange dristige eksperimenter netop med sammenligninger mellem kranier og portrætter, og rekonstruktion af ansigter på grundlag af kranier, siden af fagfæller blevet kritiseret i stumper og stykker, også uretfærdigt hårdt, som det rene naive vrøvl. De seneste undersøgelser viser nærmest, at man ingenting kan sige om mumien i Fårevejle. Mistanken samler sig vagt om en anden og ret ukendt mand fra sognet. Sandsynligvis er det her sket, som så ofte: man havde en tradition om at den navnkundige Jarl var gravlagt her, og så havde man i kælderen et gammelt velholdt lig uden navn på, og de to ting gled i et, fordi traditioner søger holdepunkter. De fagmænd, der var kommet til det ny museumskapels højtidelige indvielse, klarede sig i talerne fri af skærene med adræt elegance uden at støde lokale håb ud i det pengeløse mørke, for man kan sige meget uden at sige et kvæk, og nu er kapellet her. Da ingen aner, hvem liget er, og da det hverken ligner den ene eller den anden, kan man gerne dvæle ved glaskisten og mindes, at i denne fredelige egn havnede, ved skæbnens underlige spil, *James Hepburn, Jarl af Bothwell*, Maria Stuarts elskede bandit.

Nexeløbugtens sydkyst er knap så opdaget endnu. Ved Tranevejle når man ud til *Ægholm* og *Stold*, og længere mod vest, udenfor *Saltbæk Vig*, der idag er en sø, ligger den nu landfaste *Store Vrøj* med *Krageø*, og her kan man gå et par af de lokaliteter efter i

sømmene, som *Axel Schou* lagde som grund under sin bog om
»Det marine Forland«, en væsentlig ting at ha rede på, når man
vil forstå dynamikken i Danmarks kystland og strande. Herude,
ved Saltbæk Vig er endnu et af de steder, hvor man må lade bi-
len stå, hvis man vil omkring, selv om der er vej. Man møder
desårsag ikke mange mennesker. Så mange flere fugle, og her lå
på stranden en stille solklar vårdag en snes sæler. Det kan gerne
være, de ligesom vi har den frækhed at spise fisk, men de dage i
sit liv, hvor man lå i marehalm eller under en strandbrink og så på
sæler, glemmes aldrig. Zoologien er fuld af uløste gåder, mange
flere end zoologerne vil være ved, og de enkle gåder lader man
endda jævnligt ligge. Der er stor forskel på pattedyrs intelligens,
og man ville gerne skimte visse regler, forskel i livsvilkår og krav,
der skabte den højere tænkeevne, men regler skimtes ikke. Hvor-
for er for eksempel de fleste havpattedyr, hvaler, søløver og sæler,
meget intelligente? At svømme rundt og fange fisk kan vel ikke
kræve alverdens spekulationer. Netop fordi de ikke selv er vidløse
fisk, men dyr der åndeligt står endog meget højt, oppe i nærhe-
den af hunde, er hensynsløse drab på dem et så gement svineri.
De skal måske skydes, men det kan vel gøres ordentligt. To gange
stod man ved en skamskudt sæl, der rullede hjælpeløst i hav-
stokken og stønnede som et dødssygt fortvivlet barn. Her udfor
Saltbæk Vig lå de fredeligt, tørre i solen så pelsen var silkeguld.
De mavede sig hoppende over stenene og legede, slog dovent ud
med en luffehånd, trillede sig om på ryggen, rejste sig, hoved og
hale i vejret i en spændt bue, så rygskindet lå som nakken på
en forretningsmand. Flere gange havde man alle de sorte runde
øjne på sig, vagtsomt, man havde rørt sig en anelse. Man trak sig
tilbage på maven for ikke at forstyrre, men da man en halv kilo-
meter borte endelig rejste sig, stod de alligevel til søs, ikke i panik,

89

de gled blot i vandet, og deres kuglehoveder lå i en flok hundrede meter ude i det blanke vand. Dér blev de liggende.

Røsnæslandet, igen det gamle og ny i eet, for man er atter i land, der gennem århundreder isolerede sig. Det træffes igen og igen i det sjællandske, Hornsherred, Odsherred, Asnæs og Røsnæs, partier sydpå, ja selv det relativt korte Halsnæs ved Frederiksværk, ud mod Hundested, at her kom trafikken ikke, man var udenfor, man var sig selv og fik sit præg.

Røsnæslandet, igen det gamle og ny i eet, for man er atter i land, har flade enge og jorder, gammel havbund, mod syd friske stejle klinter mod Kalundborgfjorden og Storebælt. Her er mange gravhøje og mange dysser, et af Danmarks rigeste landskaber, man vandrer i oldtid mellem ældre og nyere gårde, og her ude holdt *Thomas Lundby* til, Kalundborgegnen er hans barndoms land. *Røsnæs kirke* ligger yderst, længere inde, ved Roden, ligger *Raklev* højt på sin bakke, så man har udsigt over fladerne mod nord, Saltbæk Vig, Nexeløbugten, Dragsholm-alperne og Sjællands Odde som en grøn bjærgkæde mod nord ud i Kattegat. Ved søndenstorm har den blændhvid fodliste, og bugten er mere dybblå end Middelhavet nogensinde var. Her, om noget sted i Danmark, kroner gravhøje det grønne land, hvor skønt fortoner sig sø og strand.

Det var på Røsnæs, *Valdemar den Unge* blev dræbt under en jagt. Et vådeskud. Ja måske. *William Rufus* i England, på en jagt, et vådeskud, ja måske, dødsfald efter dødsfald i de højere krese. Det er i de trange tider efter Valdemar Sejrs hjemkomst fra fangenskabet hos *Sorte Grev Henrik af Schwerin*. Hans søn og medkonge Valdemar den Unge mister sin unge hustru *Eleonora*. Hun dør 28. august 1231. Tre måneder efter, samme dato i måneden, 28. november, dør Valdemar den Unge her ude på Røsnæs, man véd ikke præcis hvor, traditionen nævner flere steder. De unge mennesker blir gravlagt i Ringsted. Traditionen lyser forbandelse over Røsnæs, endeligt sat i poesi af *Laurids Olufsøn Kock*, sognepræst i Røsnæs 1673 til 1684. Det er ham, der til *Peder Syvs* visebog sender »Danmarks dejligst Vang og Vænge«, og om han digter eller omdigter visen om Valdemar den Unges død, kan ikke siges, men han har hørt om forbandelsen, egnen skal vorde ufrugtbar, intet skal trives, her skal kun vokse »Skarns Hundeløg«.

Man står ved Raklev kirke og ser mod vest ud over næssets nærmeste banker og landet mod nordvest, urgammelt bondeland. Raklev kirke er ikke spændende, den har trist fladt gipsloft, og dens bedste ting er altertavlen, men den er for stor til rummet, så af den himmelfarende Frelser er der kun tilbage figuren fra midten og nedefter, et stykke kjortel med bare fødder, resten af »lagt tilside« fomylig. Tidligere var der et firkantet hul i loftet, som Jesus var på vej op i. Det så sært ud. Men ude på kirkens gavl sidder et gammelt granithoved, groft i trækkene, højt til vejrs. Det er fra romansk tid, og det hedder *Ole Bulder* og skal være en herremand der var særlig slem. Hvem det egentlig skal være, kan ikke siges, rimeligvis Kristus, men »Ole Bulder« er Tor. Navnet Ole er ikke tilfældigt. I nordisk tradition blir Tor med hammeren afløst af Konning Olav med det luerøde skæg og hans økse. Tor fór østpå og slog jætter, legenden lader Olav fare samme vej og slagte trolde.

Det er heller ikke tilfældigt at den danske Kong Knud og den svenske Kong Erik som nationalhelgener har svært ved at hævde sig, og at den norske Olav erobrer bøndernes tillid. Han ligner mest det man var vant til, og hvem det så er, der fra Raklev hvide kirkegavl stirrer mod øst, ind i den opgående sol, kan man selv om.

Kirker med fem tårne er ikke almindelige. Danmarks eneste ligger i *Kalundborg*, borgen ved ka' ernes lund, og en ka eller kaa er en fugl, idag allike. Allikerne flyver stadig om den røde femtårnede kirke, man hører deres skrig, den snerpende lyse kragelyd man aldrig tar fejl af.

Det var – nu har Hviderne ladet os i fred en tid, men her byggede Absalons bror Esbern Snare. Saxe er ikke meget for at røbe, hvad Valdemar egentlig laver, men blandt andet sørger han for at få en rad af Danmarks byer mod syd og ved de store strømløb dækket med borge, og da han hverken har tid eller penge til at klare det hele selv, lader han en række af sine mænd bygge for Riget, og naturligvis »til fordel for sig selv«. Absalon får byen *Havn* ved Øresund, Knud Prislausøn bygger vistnok *Nyborg*, Valdemar selv *Vordingborg, Korsør, Sprogø og* andre, og ved det gamle havneog færgested *Hærvig* bygger Esbern *Kalundborg*. Hvordan den borg så ud, aner vi ikke, men hans kirke ligger her endnu. Esbern er »ridder« med hele en romantisk ridders trang til at vise sig, både i felten og hjemme, han virker mere som en rask gammel spejder, end som en mand med dyb indsigt, og det er næppe ham der personligt står bag byggeriet her, han har sikkert blot bedt sin bygmester om noget opsigtsvækkende, og det fik han. Hans borg eller gård lå rimeligvis hvor nu Lindegården (museet) ligger. Her boede han, og efter ham hans tredje hustru. Esberns endeligt blev trist og mystisk, han døde ikke her, men på Sæbygård, »og tales underlig Snak om hannem, at den onde Aand skal have taget hannem bort«, men hvordan det så er gået til, Esbern faldt ned ad trappen og brækkede halsen, og hans hustru *Fru Inge til Kalund-*

borg blev Valdemar Sejrs frille og skænkede ham sønnen Hertug Knud.

Esberns kirke er vidt synlig over landet og ud over fjorden. Kalundborgegnen er nu godt plastret til med elektricitetsværker og radiomaster, og mere vil komme, men endnu for en snes år siden lå byen roligt på sin grønne banke, husene næsten borte i træer, når man så dem ude fra Gisseløre, kirken var endnu hele fjordlandets stærkeste træk, og den har det, der ofte bor i god kunst og god arkitektur: den ser større ud, end den er. Set fra landet eller ude fra fjorden virker den meget stor, og man skal ind på livet af den, før man ser, at den er nærmest lille, som rimeligt er, for den er et privat borgkapel.

I middelalderen er der bygget sakristi etc. til, og kirken er restaureret, men den slap ret helskindet. Man diskuterer om vinduerne gik en smule længere ned, og tårngluggernes små søjler var til for nylig af cement, men nu er de af tegl. Naturligvis var der en tid, der ikke kunne finde sig i, at man ikke kan se for og bag på kirken, så tårnenes spir blev ensrettet to og to for at markere længderetningen, også det er nu ordnet. Hvordan tårnhætterne oprindelig var, ved man ikke, men de nuværende er ikke uheldige. Det er vejrhanen, en bliktingest der ligner julestads, og som ikke engang kan dreje. Her kan en ædel giver gøre en smuk gerning.

Hvor Esbern Snares bygmester har tanken om den femtårnede kirke fra, vides ikke, men korsformen er *måske* samtidig brugt i Absalons borg i København. Man har spurgt, hvor ideen kan komme fra, for Kalundborgkirken er nemlig mere enestående end man tror. Det er ikke muligt at hitte nogen bygning, den ligner bare nogenlunde, og man skal til italienske fire hundrede år ældre kirker for at skimte ialtfald grundplanens ide. En kirke i Orleans nævnes, og der var god kontakt mellem dansk og fransk arkitektur, men sandheden er rimeligvis at een eller flere nu komplet forsvundne gamle europæiske kirker har rummet forklaringen. Og så skal man dog ikke helt til verdens ende for at finde enkelte ligheder. St. Lars i Visby har de samme fire fri bærende hjørnesøjler, men unægtelig ikke ganske på samme måde.

Muligvis er kirken virkelig noget ganske for sig. Det ser nemlig ud til, at den egentlig skulle ha været væsentligt lavere, og måske i to stokværk, som Ledøje. Kalundborgsøjlerne har et granitbånd midt på. Højere var de ikke oprindelig, men det *kan* skyldes at Esberns bygmester har hentet dem fra en anden kirke eller købt dem på en byggeplads hvor de er blevet til overs. Konstruktionen er uhyggeligt dristig. Det tunge midtertårn hvilede kun på de fire høje granitsøjler inde i kirkerummet. Det gik godt til 1827, og det var ikke konstruktionen der svigtede, men man havde i århundreder gravet grave i kirkegulvet på alle leder omkring søjlerne, så de tilsidst kun stod på underjordiske fri søjler af ler, og i 1827 skete det. Med et dundrende brag og et bump, så hele Kalundborg registrerede jordskælv, sank midtertårnet ned i kirkerummet. Søjlerne var skredet ud. Heldigvis var der ingen i kirken. Den blev ryddet og stod i mange år med kun fire tårne, men så fik den sit midtertårn tilbage, og i dag er der på loftet konstrueret tværgående buer og spilere, så vægten ledes over i murene. Det ny tårn er lykkedes, det virker ikke rekonstrueret, og man havde de gamle mål at gå efter. En raffineret detalje: midtertårnet er firkantet, ikke ottekantet som de fire ydertårne. Til gengæld er det væsentligt slankere, for det ses nemlig aldrig fra fladerne, dér dækkes det af de ydre tårne, men kun fra kanten, og så ville det virke alt for kolossalt. Nu virker det, set fra kant, lige så bredt som de ottekantede.

Rummets indre står i røde tegl. Det var tidligere hvidtet. Kalkmalerier er der ikke meget igen af, men en pragtfuld altertavle i bruskbarok, af Mester Lorenz Jørgensen. Den er en gave fra lensmand Hans Lindenow og hans hustru Elisabeth Augusta, Kristian den Fjerdes datter med Kirstine Munk. Oprindelig har selvfølgelig kirkens sidefløje haft sidealtre, så hver fløj har virket som et kor. Kirken må, med farvede ruder og kerterne tændt, ha været meget intim og smuk.

På kirkegården ligger en god samling ligsten, der langsomt ødelægges af vand og frost, og i god mening har man samlet stumperne af de smadrede i store cementflader, men så irriterende galt, at det klør i fingrene efter at lægge puslespillet om, så det blir nogenlunde rigtigt. Her ligger skamferede søjlefragmenter fra katastrofen i 1827, og dens sørgeligste følge var netop, at de gamle granitsøjler i kirken blev dels »fornyet«, dels »frisket op« i hugningen, så de idag ikke er noget at se på.

I kirkegårdens sydøstre hjørne ligger kirkeladen, »Margretheladen«, nu koksrum og rodeskur. I det modsatte hjørne ligger den gamle latinskole, et af Danmarks få levnede middelalderlige huse, som man desværre har kradset al indmaden ud af. Når kirken får oliefyr, kan man vel lave kapel i laden og være mere øm over dette morsomme lille stenhus.

Men ømhed er ikke på tapetet. Byens middelalderlige rådhus er levnet, og det er nu endelig sat i stand, men kun nogenlunde, og komme ind i det kan man ikke. Syd for kirken ligger »Danmarks bedste middelalderlige stenhus«, og det er restaureret halvt færdigt og lejet ud som lager. Komme ind? Nej. For en del år siden ville man vest for Lindegården bygge villaer på den store hjørnegrund, og der blev fundet murrester. Her virkede straks, som så ofte, det pudsige, at finder man et sted murbrokker under grønsværen, blir de gravet frem, renset og forbedret og sikret og

fredet, så der knap er en stump af det originale igen, og man teg-
ner og rekonstruerer hvad det hele mon kan ha været, der søges
særbevilling og laves ruinpark, hvor der ikke er noget videre at
se, og er der noget, er det meste uægte. Det reelt levnede, huse
der virkelig står på deres grundmur efter århundreder, interesse-
rer ikke nær så meget. De kunne dog ellers sige os noget reelt.
»Danmarks bedste middelalderhus« og Kalundborg Rådhus
burde føres til Den gamle By i Århus.

Kvarteret om kirken er et af de bedste gamle i nogen dansk
købstad, for det er jo ikke bare sagen at redde et hus, det er
husets gade og miljø der først virkelig siger noget. Præstegade
(syd om kirken) er morsom, men endnu bedre fordi Algade nord
for kirken også er ret intakt. Svære fejl er gjort. Man sløjfede
den morsomme husklump østen om kirken, syd for Algade, skønt
den var så klart middelalderlig i hele sin placering. Husene var
gamle, men de kunne være saneret indvendig. Til gengæld lod
man »Husflidsskolens« kedelige kasse, der er klasket ind på kirke-
gårdmuren, stå. Det var den, der skulle væk. Strædet op bag den
gamle karré, der nu er borte, har en rad enestående huse, der nu
gaber ud i luften og ikke mere er væg i en gade, og efter mange
sælsomme eksperimenter har man på de forsvundne huses plads
ladet et havearkitektonisk geni lave det sælsomste arrangement,
af byens folk kaldet »hundekirkegården«, som nogen by har vovet
at lægge op til et af sine klenodier.

Kalundborg er i meget de spildte muligheders by i sit indre, mens
udenværkerne går deres sejrsgang ind i industriens tidsalder.
Næppe nogen anden dansk købstad kan prale med en arv som
»Kålund Kloster« eller Kalundborg Ladegård, en fornem anneks-
herregårdslænge bygger i 1750-erne af Kristian Lerche til Ler-

chenborg. Hovedlængen lå mod vest, og foran den, mod øst, lå som et stort trefløjet anlæg stalde og lader, alle udbygningerne, med en stor åben plads i midten. Endnu for årtier siden stod hele anlægget endnu, en af de morsomste og fineste overraskelser nogen dansk købstad havde at byde. »Klostret« gik over i byens eje, og her kunne Kalundborg ha slået samtlige danske byer ud, ved at lade sit mildt sagt ydmyge rådhus forsvinde og flytte byens kontorer og råd herover, sætte sidefløjene i stand, og her samle alt, rådhus, politi, samtlige offentlige kontorer, kulturcenter, bibliotek, foredragssale etc. etc. med en grøn plads i midten, et kompleks som samtlige andre byråd på besøg ville være vandret ind i med andægtig misundelse.

Men nej. Lader og stalde blev revet ned, og så stærkt gik det, at pladsen har ligget i ukrudt i årevis før man har hittet ud af hvad man egentlig skulle med den. Hovedbygningen blev prostitueret ved at en vej blev knaldet hen lige foran facaden, så jordsmonnet måtte hæves og den gamle fine længe er sunket halvt i jorden, helheden er sprængt, huset virker idag kun ødelagt. Nødvendigt? Naturligvis ikke, heller ikke spor nødvendigt af hensyn til vejen. Man må prøve sig med den forklaring at et demokrati med mindreværdskomplekser endelig fik has på den herremand, der havde maset sig helt ind i byens borgerlige verden. Men man kunne så ha hængt ham, og skånet huset. Det, en gammel by her har gjort, er trist og meget tåbeligt. At Kalundborg slot er udslettet blir så en selvfølge. Slotsvænget lå tomt hen til efter midten af 1800-tallet, så byggede man. Der er gravet i en del haver, der endnu ikke er blevet til huse og cementgård, og der er rige fundamenter af en af Danmarks vigtigste borge, men de er dækket til igen. En »letbygget« skole er placeret oven i det hele. Alle byer ønsker turister. Ikke Kalundborg.

Kalundborg er gennem hele Danmarks middelalder en af vore væsentligste borge, her er i lange tider Rigens arkiv, vigtige rigsmøder er holdt her, og fra tårnene *Fars Hat* og *Folen*, tårnnavne der går igen på mange nordiske borge, har der været holdt øje med trafikken ud og ind gennem Kalundborg Fjord og forbi fjordgabet ude på Bæltet. Også nogen humor hvisker under asfalten. På Kristiern den Andens tid havde Paven sat sig i hovedet at intet mindre end originalmanuskriptet til et af de fire evangelier var i Danmark og gemt i arkivet på Kalundborg. En eller anden må ha bragt den skrøne til Rom, og Paven skrev og krævede som Kristi Statholder på Jorden det hellige håndskrift sendt til Rom. Kongen kunne kun svare, at det lod sig ikke gøre, for det var her ikke og havde aldrig været her. Paven troede han løj og blev meget vred, og det kostede en del skriveri at få St. Peters stol til at fatte, at de himmelske skrifter virkelig ikke var her. Senere var Kristiern den Anden her. I 18 år sad han i Sønderborg, og i 1546 er der tale om at gi ham Kalundborg len med Samsø frit, men det trækker ud, og først i 1549 blir han ført til Kalundborg, men alligevel stadig som fange. Året efter får han lov til at ride, gå ture, og at gå i kirke. Han har siddet adskillige gange i Esbern Snares mærkelige borgkapel. Først i 1554 får han lov at gå på jagt, men under opsyn. På den tid er han 73 år, så angsten for den fangne Ørn har nået det komiske. Den gamle Konge morer sig med at skjule sig bag en busk, så de unge adelige, der skal passe på ham, blir forfjamskede, indtil han siger kukkuk og kommer frem. Der er bitter og resigneret afmagt i det pudsige, for selv om man ikke skal tolke en spøg op i en symbolik, som Kristiern den Anden ikke kan ha hæftet for hver dag, så var der dog tider, hvor den nordiske adel blev nok så panikslagen, når han dukkede frem og sagde kukkuk.

Slottet er borte. Om noget en gang får lov at dukke af jorden, er et spørgsmål. Muligheden lever. Men ude på landevejen mod øst, forbi den gamle accisebod, ved et glasforet busstoppested, står på vejens sydside en blankslidt granitstolpe, godt halvanden meter høj, omtrent af form som en bautasten. Der er hugget skrift i den, ret ulæselig, men man staver sig let til ordene »Kalundborg Fredsten«. Der var fredsten ved alle byer engang. De markerede, at herud rakte byloven. Kom man til marked, sorterede man under byens øvrighed og domstol, både med tyveri, ulovlig handel, slagsmål og drab, når man var her inden for. Sagnet siger, at da Kristian den Tredje var død, førte man Kristiern den Anden herud og sagde til ham, at han kunne flygte, men da han kom udenfor fredstenens værn, blev han dræbt. Sagnet er sagn, men de to konger døde så mistænkeligt nær hinanden, kun med et par ugers mellemrum, at man har spekuleret på om det ny Kongehus nu endelig havde gjort alvor af at slagte den gamle fange. Næppe nødvendigt, og hans død er intet mirakkel. Han var op imod 78 år.

Med alt dette ikke sagt, at Kalundborg ikke er værd at ofre lidt tid på. Har man i skolen læst Goldschmidts »Tømmerpladsen«: her var det. Den lå omtrent hvor rutebilstationen er, og strakte sig ned til fjorden over det nuværende jernbaneterræn. Sigrid Undset er født, ikke »på torvet i Kalundborg«, som en norsk litteraturhistorie lidt konsternerende hævder, men i det noble købstads-patricierhus *Gyths Gaard* på torvets vestside. Det hus er torvets bedste, man tør sige eneste gode detalje, ellers er det raden rundt, mest mod nord og øst, hjælpeløs arkitektur. Det er om kirken og nede i byens levende gader, Kalundborg by har sin charme. Hvis husejerne i den lave buede gade *Baggraven* havde samme tradition for at kalke og male deres huse, som så mange andre provinsbyer kender det, ville det gadestrøg være et af Danmarks meget smukke.

Kalundborg drømmer store drømme. Den gamle færgeby har levet i århundreder af sin handel og sin rute til Jylland over Samsø, man taler kalundborgjysk, for byen er forstad til Århus. Idag vil den selv. Asnæsværket, oliehavnen, den forrige krigs industritilløb, der fik akute triste følger, magnater fra første verdenskrig var ikke stabile papirer alle, men nu skal det ske, et olieraffinaderi. Hvad det så kan føre med sig for by og omegn, af arbejde, kapital og andet, kan ingen se endnu.

Og så blev byen verdenskendt, *København–Kalundborg*, radioens centralstation blev lagt her midt i landet, og de to første slanke eiffeltårnmaster er ikke mere nok. Da man lagde stationen her, i stedet for oppe i det solide land, var det ikke så meget radiotekniske hensyn som det enkle, at det øde stenede Gisseløre var billig grund.

Gisseløret er dannet af strøm og sø gennem årtusinder, materiale fra den skridende klint ud langs fjorden. Sten og grus vandrede her ind og dannede *hærvigen*, et ly for ledingskibene. Der tales om spor efter noget gammelt i krogen ved øret. Der står *ruin* på ældre kort, men ikke i terrænet. Odden blev valgt til radioområde, og så først tog man fat på at tænke. For en odde af den art er levende. Strøm og sø lader stadig materialet vandre, og det ordnede tidligere sig selv, men siden slutningen af 1800-tallet er der lavet høfder under skrænterne ud langs fjorden for at standse havets æden af landet, og for at standse »materialevandringen« langs kysten, og det vil sige at Gisseløret ikke får ret meget mere materiale vestfra. Så begyndte strømmen at æde af øret, flytte det østpå, kure sten og grus langs stranden, æde det bort og lægge det til indefter. Og så kom stranden nærmere til radiotårnene. Og så måtte man først lægge lidt sten, og så lidt cement, lige ud for tårnene. Og så åd havet ved siderne af cementen, så idag er glaciset kilometerlangt, og det vil ikke i det lange løb være nok. Allerede nu er det klart, at det havde været væsentligt billigere at lægge stationen solidt oppe i land, selv om grunden havde været dyrere at købe. Til gengæld havde man fået halvdelen af masternes højde foræret af terrænet.

Her var kønt på den øde odde, da den var urørt. Lune loer med fisk i det lave vand, og strandmalurten duftede døvende i den sitrende sol, mens dukkebyens huse stod på hovedet i det himmellyse vandspejl. Se halvthundrede hvide svaner her en vinterdag, når sommerblomsternes stive lig rager rimpudrede op gennem sneen. Sydpå *Lerchenborg*, det ædle slot fra 1742, nylig udskiftet næsten til skelettet, og syd for det *Storebælt*, der åbner sig i et voldsomt sus når man kommer fri af det duvende agerland. *Jammerlandbugt* hedder vandet mellem Asnæs og Reersø. Om det har med skibbrud, at gøre, som man mener at den jyske Jammerbugt mæler om, kan ikke siges, men både her og i det jyske kommer det snarest af jammer i den ældre betydning: larm, vel af brændingens torden. Navnet er dystert, land og kyst lige dejlige.

Turen Sjælland rundt langs kysten er en flerårsplan, med evigt skiftende variationer over de samme enkle temaer, hav, strand, klinter, skov, rundede banker med agre, en blæstnøgen strid og tør forstrand med malurt i det fugtige, timian og engelskgræs over de stenede tørre strøg. Langt ude i solflimret Fyn, en smal mørk bræmme i kimingen. Storebæltkysten er barsk og mild, på en gang upoetisk og idyl, den æggende bitre lugt af marehalm, den søde duft af strandkålens skøre blade, lyst irgrønne af voks, den tørre tang der knaser i sandet, de evige blålige strandrullede flintsten, forstenede sømus og søpindsvin i hundredevis vasket ud af istidsskrænternes roderi af brokker fra kridtlagenes geologiske museum. Havperler som på Fynskysten, med hul i, og rav, men ikke meget. Lægger man sig og studerer kvartssandets millioner af bittesmå ædelsten, finder man de flade skiver af søliljestænger, der for millioner af år siden svajede yndefuldt på kridthavets bund. Her ligger de, knækket i skiver, stænglen i tværsnit, bittesmå underskønne forstenede bellis. Når man da aldrig til ende med denne verdens dejlighed liggende plat for næsen af een?

Solskyer over Bæltet. Fra skyer over Fyn står bygernes skrå striber ned i det mørke land, de får vand i hovedet derovre, her er sommer og tindrende salighed, ikke et menneske i evige stille formiddagstimer. En hare. Der straks lunter væk. Måger vandrer i strandkanten. En løbebille kan ikke klare sig i sandet, den kravler og kravler og kommer ikke op af det hul den er kuret ned i. To røde myrer har det ikke bedre. Bitte små sneglehuse, skønne små ligkapeller med sneglen tørret indeni. Den femplettede mariehøne, minsalighed, den er sjælden. Og dér er den, der har givet familien navn, der står et brunt M på brystskjoldet. Den er meget lille. En pige på en tung sort plovhest rider sindigt forbi helt ude på sandrevlen. Vandet står i diamantkaskader om hestehovene. Hun løfter hånden til genhilsen, rolig og sikker som Venus og rider videre, vender hesten et stykke henne og lader den galopere tilbage, et tungt sprøjtende trav så hest og tøs er borte i vandkaskader. Intet menneske igen. Romsøs flade profil, og sydligt Sprogøs Grønlandshval med et fyr balancerende på kuplen. Grise grynter til havs, marsvinene slår sindigt kolbøtter, så de sorte rygge lyner blankt og vådt i den havskarpe sol. Terner styrtdykker, her som altid ved hav, står stille på piskende vinger, slår fra og styrter sig ned, går i søen i et sprøjt og dykker op med en lille sølvblinkende fisk i næbbet. Igen og igen. Søstjerner og vandmænd halvtørre i strandkanten, søgræssets saftige undersøiske skove med rejer og nålefisk, homfiskeunger og hundestejler. Grønalgerne blinker i solen ved ebbe, for helt ned i Bæltet mærkes ebbe og flod, fænomenet der er praktisk talt ukendt i Middelhavet, husk det og tænk, når Homér læses. Hvor lå Faiakernes land? Strandtussen, den lille fornuftige mand med de dæmpede dejlige farver og den skarpe gule stribe ned ad ryggen, ser med hovedet på skrå længe på en lille fed grøn larve, der heller ikke kan klare kravleriet i tørt sand. Så kaster tussen sig frem og det siger smæk. I hugget lukkede han øjnene, det gør tusser altid. Vil han ikke risikere sand i øjnene? Larven er væk, ned i madskabet, tussen stryger sig i mundvigene med de små klumpede hænder, synker flere gange og glipper med øjnene. Så vandrer han roligt videre.

Fra Tissø til Oringe

Solhøje, gravsten og gamle ruiner

Landet indenfor er stort og åbent omkring *Tissø*, den runde blanke sø som Guden Tir eller Ti gav navn. Søen var hellig. Der er fisket sværd op af den, og kunne man tørre den, fandt man vel mere. I Frøj-søer i Sverige er der ofret siden stenalderen. At se det ofrede blie borte mystisk og uigenkaldeligt, med et plump, har gjort ofret let fatteligt, ialtfald definitivt.

Ved sydenden ligger *Sæby kirke*, et af romansk sjællandsk kalkmaleris klassiske valfartsteder. Den ser ud som andre landsbykirker, og det enestående, vi ejer i vore kalkmalerier, er ikke gået op for os selv endnu, vi fik i for mange slægtled at vide, at kun hvad der er præsteret andre steder kan bruges. Malerierne i Sæbykirkens apsis – man går langsomt til dem op gennem kirken og står i koret og ser Majestasmaleriet i korrundingens kvartkuglekuppel. Kristus i mandorlaen, tronende som Heimdal på regnbuen, udenom ham de fire evangelisttegn, og yderst fire hellige. Kompositionen stor og rolig, farverne stærke, den perspektiviske à-la-grequebort er sikker. Billedet er restaureret flere gange, men sluppet ret vel igennem århundrederne. Sæby kirke lå under Sæbygård, som Esbern Snare ejede, og billederne er nogenlunde fra hans tid.

Vore kalkmalerier er endnu fulde af gåder, blandt andet har man ikke rede på om de ældste billeder udelukkende males af fremmede, og hvornår hjemlige malere tar fat, eller om de senere malere er sønner af de indvandrede. Det er ialtfald ikke bønderne selv der maler dem, så lidt som det er dem der laver folkeviser. Der er ikke alene skoler i maleriet, man skimter enkelte malere, som Hjørlundemesteren, der maler i flere sjællandske kirker. Apsismaleriet her i Sæby er ikke aldeles enestående. Kompositioner i Hagested og Alsted ligger meget nær, samme Mandorla-kristus, samme placering af evangelisttegnene og de fire hellige, men det er mere et fast skema, end en enkelt malers idé. At se malerier i et museum er godt, især når man går der for at se noget bestemt, men museerne er store, man skal komme der igen og igen, ellers er det nytteløst. Men idag, hvor alverden turer landevejene om, og adskillige ikke så nøje véd hvad man i grunden skal stille op med sine køremuligheder: Danmark rundt ligger de hundreder af kirker, og Sveriges og Danmarks samling af kalkmalerier er enestående i hele Europa. I kirke efter kirke romanske, gotiske malerier, billeder fra overgangstiderne, efterhånden skelner man tidsaldre indenfor de grove hovedgrupper, lokale stilarter, gentagelser, sjuskerier og vidunderligt værk, en middelalderlig billedbog som få lande har mage til.

Mod vest og mod havet igen, over *Ravnmosedalen og Gørlev*, igen ned over *Helsingeåmosen*, og just som man er ved at ramme *Hallebyåens* udløb, drejer åen vestefter og taber sig i Storebælt, vejen glider videre ud til *Reersø*, der ikke idag er en ø, men alligevel.

Herude ligger en landsby, der ikke interesserede sig for det nymodens. Da andre sjællandske landsbyer blev udskiftet, og mere end halvdelen af gårdene blev flyttet fra den århundredgamle lukkede landsby ud til deres jord, blev Reersøgårdene liggende, og de ligger stadig i en klump. Det vil ikke sige at samfundet herude går i tinknappede trøjer til hverdag, eller at der intet nyt er bygget siden Frederik den Sjettes tid, men alligevel er man ved at miste mælet første gang man kommer herud. Thorkild Gravlund boede her. Han har skildret sognet i Storebælt, og her har han vel hentet noget af sit livssyn, så han i mellemkrigstiden, nok halvt uretfærdigt, men vel ikke ganske uden grund, kom til at holde lyset som alt nationalromantisk bagstræbs og stagnationens urealistiske profet med feltråbet: »at alt må være som det er, og blive som det var.«

Slagelse er ikke den store oplevelse. Navnet tyder på at den oprindelig er landsby, men her er vistnok helligsted, og allerede i vikingetiden er her by, Knud den Store lader slå mønt i Slagelse. Så lever byen ellers af sit store opland, men den glemte sent sin fødsel. Endnu 1911, siger Trap, levede 359 borgere af landbrug. Markantest er byens to gamle kirker. St. Mikkels ligger på en banke, og her skal det hedenske helligste ha været. Kirken blev restaureret usædvanlig brutalt i 1870-erne, og det har navnlig slagtet dens ydre. Dens tagrejsning blev meningsløst lav, og tårnet fik et nygotisk spirarrangement, der virker latterligt. Samme skæbne ramte byens anden gamle kirke St. Peder, og de to kirkers nygotiske spir synes at være samme patent, det ser ud som om spiret står inde i tårnet og med pneumatisk tryk kan hæves og sænkes efter lejligheden. I det indre er de to kirker bedre faren, men de står meget højt på listen over købstadkirker, der må restaureres om.

Nordvest for Slagelse, hvor *Tudeåen* og *Vårbyå* løber sammen i i et »åmod«, ligger *Trelleborg*. Det er idag kendt, at her lå en gammel ringvold. Den var sunket og regnet ud til alle sider, og jorden inde bag volden var under plov. Nationalmuseet havde gravet lidt og ingenting fundet, så da en motorklub bad om at få lov at lave motorbane i den gamle borgtomt, var man – så utroligt det lyder – lige ved at sige ja. Man ville dog for skams skyld lige grave lidt igen, og så blev der ingen motorbane, for op af jorden steg et nyt kapitel af den danske vikingetids historie. Man havde efterhånden reduceret den danske vikingetid til romantisk legende og foræret Nordmændene det meste, de ville gerne ha det, og det passede bedst både med den danske nederlagsmytes historiesyn og med mellemkrigstidens foragt for fortiden at reducere den dynamiske vikingetid til »ikke noget særligt«. Men Trelleborg gav med eet en vej til forklaringen på det mærkeligste ved den danske vikingetid, endnu mærkeligere hvis det hele var så barbarisk sølle: hvordan det gik til at de danske magtede at erobre England? Trelleborg gav begyndelsen af svaret: det lod sig gøre, fordi den danske flåde og hærmagt var disciplineret og organiseret til at være Nordeuropas bedste flåde og hærstyrker på den tid. En forklaring der også er knap så uforskammet overfor Englænderne. Trelleborg afslørede sig som en kaserne, bygget med en næsten uhyggelig præcision, ringvoldens cirkelslag har kun fejl på centimeter trods det vældige format. Bag den var 16 kasernehaller lagt i 4 karréer, de 16 huse ens og placeret aldeles præcist med gader i korsform efter kompasset. Udenfor lå en forborg med yderligere 15 haller, gravplads og en ydre vold. Man gravede og undredes, og endnu idag er Trelleborgs gåder ikke endeligt løst. Skabte vi selv den lejrtype,

107

eller hvor lærte vi den? Der er fundet huse nede i Tyskland af næsten samme konstruktion, men ikke lagt i ringvold-hegnede præcise lejre. Der er masser af ringvolde i England, men de er ikke undersøgt ordentlig. Nye danske lejre er dukket af jorden: ved Limfjorden, ved Hobro og ved Odense har der ligget kaserner i samme stil, lige så imponerende præcise og dygtigt bygget, og der har været flere, som man først er ved at lede efter. Trelleborgs vold er nogenlunde genrejst. Den har haft planker og pallisader indvendig og på ydersiden, og dem har man ikke genskabt. Sporene efter de mange kasernehaller er idag markeret med cement i græsset, så på stedet ser man både hvor imponerende nøjagtigt og hvor stort det hele har været. Hvordan husene så ud? Ialtfald ikke som det, der er prøverejst udenfor voldene. Søjlegange har de ikke haft, de har sikkert været lavere, måske med tag af strå eller brædder, væggene muligvis støttet af stivere, der er mange gåder endnu, men hver ny vikingelejr, der dukker af jorden, gir mere viden. Der er gjort stort nummer ud af navnet »Trelleborg«, sagtens bare »Tralleborg«. Tralværk er værk af planker, rimeligvis borgvoldens plankedække. De andre borge hedder noget andet, og det var jo ganske tilfældigt, at Trelleborg blev fundet først, så dens navn kom i forgrunden.

Man skal sidde her en høstdag »udenfor sæsonen«, så man har den vældige cirkelvold alene. Det frodige Vestsjælland strækker sig blidt og fredeligt i aftensolen, vel ordnet, en landsbygd i balance og stilfærdig funktion, tusind år fra den tid og det samfund der byggede kaserne her. Så først rejser de lange lave haller sig af jorden. Der går mænd i de smalle træbrolagte gader imellem dem. Men ikke en lyd, ingen der kommer hen og sætter sig i græsset for at fortælle een det man gerne vil vide netop her: hvad var

meningen med det hele? træningslejr? vinterkaserne? distrikts-
garnison? hvem gav ordren til det strengt militære byggeri her?
Kan man da aldrig sparke den svundne tid til bare et øjeblik at
åbenbare sig som en realitet, en håndgribelig virkelighed, levende
liv og mennesker, andet og langt mere end teori og gætning og
anelser?

Vestpå mod *Korsør*. Et nor ved en by gør den gerne frisk og
hyggelig, mange danske byer har en lille saltfrisk indsø i ryggen,
og bruges den i byplanen, kan det gøres dejligt. Korsør har ikke
interesseret sig alverden for mulighederne.

Her var fra gammel tid færgestedet, hvor man satte over til
Nyborg. Det er Valdemar den Store selv, der bygger i Korsør, og
mens samtlige andre borge fra Valdemartiden er borte, står Val-
demars tårn her endnu. Alle færgerejsende har set det, få tænker
på at det tårn er bygget af Valdemar den Store, det er flere hund-
rede år ældre end *Kernen* i Helsingborg, ældre end *Gåsetårnet*.
Der har været planer om at »restaurere« det i stil med Helsing-
borg-tårnet. Man tør håbe det ikke sker.

I ældre tid kom man efter to-tre dages vognkørsel eller ridt
fra København frem til Korsør og fik at vide, at vinden var kon-
trær, så man måtte slå sig ind i kroen. Det kunne vare dage eller
uger før det blev farvejr, storm og is kunne spærre bæltet i en
måned eller mere, for Bæltet er ikke leg. Det er verdenshavets ho-
vedport ind til Østersøen, og det gir strøm. Først dampfærgerne
satte stopper for den helt usikre bælttrafik, og man husker endnu
hjulfærgernes melodiske dybe dunken, når hjulskovlene slog hul-
ler i det blanke vandspejl i den lyse nat. Idag er færgetrafikken så
at sige konstant, en halv times ventetid er utålelige tilstande, og
der er jævnligt fem-seks færger eller flere på Bæltet samtidig. De

slås for livet. Broen kommer, og færgefarten vil nødig gi op. Ikke af romantiske grunde, men den er ingen dårlig forretning.

Det rammer let færgebyer, Nyborg som Korsør, at trafikken gir gennemtræk, og ud over at der bor mange færge- og jernbanemænd, skaber den store trafik ikke alverden, den er mere ulejlighed og roderi. De menneskemasser der farer igennem ænser ikke byen. Idag er trafikken ledet udenom til ny færgehavne, og Korsør kan prøve at finde sig en rimelig fremtid. Her blir flådehavn, og andet sker også. Forhåbentlig får man en dag råd til et nyt spir til kirken, for talentløsere kan det ikke gøres, og netop det spir dominerer en af de byer, der under sejladsen ses i horisonten af hundredtusinder hvert år, indsejlingen er porten til Sjælland, øens ansigt, det første møde eller gensynet, og altid dette naive legetøjstårn, der får folk til at le.

Broen kommer en dag, og det må den gamle veltjente færgeby se i øjnene. Hvad den gør nøgternt allerede.

Kommer man ad hovedvejen fra Korsør ind mod Slagelse, domineres horisonten af de vældige Slotsbjærgby-høje. Domineredes. Med enestående stupiditet har det kongelige post og telegrafvæsen placeret et af sine sikkert gode, men mastodonte cementtårne »for fjernsynsdistribution« just her. Sjællands Jellinghøje er ødelagt for de næste hundrede år eller hvor længe det kan vare, inden fjernsyn etc. kan klare sig med mindre primitive apparaturer. Højene synede i landet, da det endnu var åbent og stort og ikke havde fået sin dimension slået itu.

Man mente længe, at i en af de høje var Svend Tjugeskæg gravlagt. Rygtet ville vide at han døde som hedning, og de danske krøniker er ikke glade for ham. Det var dog også noteret at han var gravlagt i sin fars kirke i Roskilde. Hans grav er aldrig fundet, og den ene af de vældige høje ved Slotsbjærgby blev undersøgt til bunden, uden at han kom frem. Højen åbenbarede flere gåder end løsninger. Øverst var der hilsner fra senere århundreders bødler, skeletter af hængte og halshuggede. Længere nede røbede højen at den var bygget større flere gange, at den til tider var en jættestor stenrøse, og at der havde været plantet en mast oveni højen, som i så mange af vore høje. Der var spor af askegrave, brændte døde, men ikke nogen egentlig »centralgrav«. Antagelig var de to høje ikke gravhøje, men helligsteder, »stavhøje«, med funktion i årfester og blot. Fra toppen af dem er der sigt til andre storhøje i det åbne land. Hvad lavede de gamle Sjællændere her? Vi véd det ikke. Højene er de sidste ruiner af deres hellige teater, mærkesteder i gudekøringer, processioner og hellige handlinger. Der var tung alvor om højene engang, da de *var* alvor. Nu er det borte med blæsten. Ad vejen mod sydøst til *Boeslunde*, og det var her, Absalon havde sin første kamp med Venderne 28. april 1158. Står man på Borgbjerg banke vestenfor Boeslunde kirke, har man sigt ud over egnen ned til Storebælt, og dér nede fra kom Venderne vel. Saxes skildring er svær at tro. Han hævder at Bispen kommer med kun 18 huskarle, og med den flok slår han *fireogtyve vendiske skibes mandskaber* på flugt, det vil med de normale 40 mand pr. skib plus styrmænd sige, at 18 mand og bispen banker en landgangshær på over tusind mand, hvoraf en del til hest, og selv om Venderne har spredt sig for at plyndre og et hold har passet på skibene, må det være løgn. Der er måske kun 18 huskarle, men så må der være et opbud af bønder fra egnen eller andet mandskab med – eller der er knap så mange Vender. Det siges at »kun få af fjenderne reddede sig«. Hver af Danskerne skulle så ha slagtet eller fanget henved halvtreds mand?

Men Boeslunde banke, *Borgbjerget*. Da man i 1800-tallet gravede grus, trillede der en dag et par guldkar frem. De blev sendt ind til det »oldnordiske museum« hvor man så, at de var fra broncealderen. Andet gjorde man ikke. Man sendte ikke folk ud for at grave i banken. Og så en dag 32 år efter, i 1874, trillede der igen et par guldkar ud, og de blev sendt til samme museum, der igen så at de var fra broncealderen, og nu fik man en smule at vide om banken, blandt andet at den »vistnok« havde en gammel processionsrampe, der snoede sig omkring den fra fod til top, eller måske var hele banken gravet af i terrasser, omtrent som et babylonisk tempeltårn. Undersøgt blev sagen ikke, man gravede grus, og for få år siden hulede man hele banken ud til et »friluftsteater«. Endnu på den tid var så meget af bankens oprindelige top tilbage, at man kunne ha undersøgt om der var spor af huse eller andet. Men intet blev gjort. Den gamle solhelligdomsbanke ved Boeslunde, et fortidsminde så vældigt som Jellinghøjene, er ødelagt totalt.

Man står på randen af »friluftsteatrets« gabende sår og ser, at den kristne kirke har lagt sig tæt ind til det gamle helligbjærg. Fra bankens top ser man langt, til andre helligbjærge, man ser i aftensolen en lysende rad af kirker mod øst ind i landet. Set herfra går solen gloende ned i Storebælt. Man ser Slotsbjærgby-højene. Man står her og véd, at der har spændt sig et net af hellige højder over hele landet, også over det vestsjællandske. Vi ser en del af punkterne, men helheden er ruiner, år for år går mere til grunde, vi når næppe at rekonstruere hvad dette var, ingen interesserer sig for at gøre det inden det er for sent. Det var dog, når man nu tror på, at der er en mening i at studere fædrenes verden og liv, nok så væsentligt som at ha rede på deres kasseroller og neglerensere.

Gennem *Skelskørs idyl*, hvor mange Danskere har været i den by?

Sydvestsjælland er agre og skove, blæsende kyster, et vandsystem ind til Skelskør Nor, Gammelsø og moserne, der næsten gør *Stignæs* til en ø, der igen er dækket af *Agersø* ude i Bæltet. Sydvendt er hele Basnæs Nor, en vandvej indenskærs, her ligger *Basnæs*, længere mod øst *Holsteinsborg*, overalt storgårde og kirker, umuligt at nævne dem alle og repetere deres historie. De store sydsjællandske gårde, Borreby, Bregentved, Gisselfeld, bygningerne selv, malerisamlinger, parker og haver og gartnerier, det store landbrug og en linje tilbage, her sad den danske adel rigt og solidt, og her sad siden de udenlandske indvandrere og enevældens yndlinge. Gårdene er kendt, fotograferet, alle håndbøger har rede på dem, det er let at finde, deres historie er Danmarks historie helt op til Grundlovsrevisionen under Ørsteds auspicier, og jo, Peder Oxe blev sjofelt behandlet, men han var ingen sart natur.

Men går ind til landsbykirkerne. De sjællandske kirkegårde har deres eget ansigt, anderledes end kirkegårde på Bornholm, på Fyn, i Jylland eller det sønderjyske, en gammelgroet lukket hvile, nussen med jorden, de dødes små kolonihaver. Det er på en vestjysk kirkegård man standser og ser en dusk blomster sat på en grav, og på blomsterbøtten et farveskrigende pigehoved der spiser bajerske pølser, man spildte ikke tid med at ta papiret af konservesdåsen. Det sker næppe på Sjælland.

Gravsten, ældre grønmossede, og nyere monumenter, det er de ældre der har noget at sige. Ikke fordi de er gamle, men fordi de ny kun er kartotekkort i sten. Her ligger en »*værdig Moder til sexten Børn*«, en »*elskværdig Ven og Fader*«, der var »*omgængelig og mild*«, Anna Louise »*elskede Dyden og sang derom de faa Stunder hendes flittige Hænder hvilte*«, og Carl Ludwig var »*sine Venners Ven, deres Hielp og Veileder, savnet, men ventende i Lengsel os alle udi Himmelen*«. Overalt en mild vemod, romantikken og dens efterklange, Drachmanntidens knappere ord, men også den dog hvilende i landsbygdens sluttede verden og dens tænken. Kun sjældent det eksalterede, et tyst skarpt skrig: »*Hun råbte høit Iesus tag mig og blev bønhørt!*« Det er mere drama end almindeligt på de grønlige eller sortladne sjællandske gravsten, der stille synker i den ene side og får lov at synke i fred.

Men inde i kirkerne er altid et og andet at se, og ikke alt museum. Gravstenene over den gamle danske adel, man finder dem een efter een, her er de stærkere til stede end ved gårdene, der blev bygget om, restaureret vel hårdt, eller revet ned. Her er deres sten, i reglen stilfærdige, Frederik den Anden forbød prunkende monumenter i mangefarvet marmor »for Rigets penges Skyld«. Vi kender argumentet. Han var vel navnlig bange for at adelige skulle gravsætte sig selv kosteligere, end hans egen pengekasse magtede. Det kan overrumple, på en søndagstur i det sjællandske land man kender så godt, at historien er så nær. Oppe i Tersløse kirke var den barske sten over Erik Bølle og Sofie Rud, en hidsig krigskarl, og så i samme kirke den fine portrætsten over Kirsten Bølle, skikkelsen traditionel, men et dejligt portræt af den gamle vidende dame. Valløby kirke, Oluf Rosenkrantz, halvt vendt mod Fruen som om han skal sige farvel så uventet, og i Svinninge kirke den pragtfulde billedsten med brødrene Walckendorff, Jacob, Kristoffer og Axel, tre lange hårdkogte krigere i rustning, ingen er her »elskværdig, omgængelig og mild«, det er adel, krig og jord, hærtog, endeløse processer om skellinjer og ålefiske og tørveskær. Ikke for pengenes skyld, processerne koster hundrede gange hvad de mudrede ål er værd, men man står på sin *ret*, om man så skal gå fallit eller får et sværd hugget i hjernen. Der er mildere adelige andre steder, lærde, enfoldige, sindige, de er her alle, Juel, Basse, Vind, Lunge, Skave, Rud, Bielke, Rosenkrantz og Krognos. En anden adelig verden end den, der hviler strakt på sarkofager i engelske og franske katedraler og landsbykirker, en dansk hjemmegroet bondeadel, bønder der tog sig op og placerede sig, for med al klage var det jo ikke så galt med landbruget i eet væk, adel groet ud af Sjælland, vokset sammen med det, herrer over landsbyernes bønder, men kommet fra dem selv, med en dyb viden om hvad dansk sind og dansk tanke er, noget helt andet end tysk, svensk og norsk. Her ligger de under gulvene i kirke ved kirke, uden voldsom pral, mellem deres egne. Herremænd og Fruer, og dog i hjerterne, i hver tanke og handling i levende live: bønder. Den ny kongeslægt måtte skyde den gamle danske adel til side, da enevælden blev virkelighed. Man måtte vente en reaktion som den almene europæiske, men den kom ikke. Tyst siver den danske adel ud til sin jord, det var jo den det hele i virkeligheden gjaldt, og tyst dør de ud, æt efter æt, men ikke alle. En del sidder på gårde endnu, efter 300 år, andre gled i baggrunden i den halvt germaniserede adelskalender, men slå op i telefonbogen. Dér blinker de, ikke så få af dem, lunt og velbjærget.

Fra kirken ud over den duftende kirkegård igen. En sød lugt, mættet og vammel i den dampende sol. Blomster? Nej. Her lugter af lig. Naturligvis. Hundrede gange blev jorden vendt, den er gennem tusind år gennemsyret af de døde, og hvad der var nede kom op. Men her er kønt. Og dog. Ikke alle kirkegårde holdt stillingen. Mange steder måtte der gøres noget. For mange gamle træer gjorde det hele slimet og surt. Andre steder fór man hårdt frem, alt blev raseret, fældet, ensrettet, og den gamle danske kirkegårdskultur fortjener sit storværk nu, inden det er for sent. Formerne er i forfald, de ændres meget rask, alene fordi folk idag ikke gider ofre tid på at passe et gravsted, grus og sten passer sig selv, og lidt græs som »vedligeholdes af Kirkegaarden«. Det værste er ikke de steder der får lov at passe sig selv, heller ikke dem, hvor noget måtte gøres, men de ikke få, hvor sagen er delikat. Idag lader man ikke en stedlig mand klare sagen. Man henter en havearkitekt, og hvad han præsterer, kommer an på hvor dygtig eller hvor dum han er. Men han skal leve af sit arbejde, og her ligger en risiko, for det vil aldrig ske, at han kommer til en landsbykirkegård og siger: »Her må overhovedet intet gøres, tak det er titusind kroner.« Han må gøre noget for pengene, og så sker det.

Næstveds navn er dunkelt. Måske er det Næs plus tved, der er en rydning, eller dyrket land med åløb eller udyrket land omkring sig, Bregentved har navn af det samme, og det findes endda i England, Danskerne tog det med derover, Brackenthwaite, så tved-navnene er ialtfald så gamle. Byen toner frem, da Peder Bodilsøn lægger sit St. Peders kloster her. Det har et lille forspil. De danske præster var danske og tog en del af de sydlandske idéer ret let, blandt andet den underlige, at præster ikke måtte gifte sig, hvad skulle det dog gøre godt for. Kirken krævede, og præsterne giftede sig alligevel. Peder Bodilsøn var ivrig i troen og fik de sjællandske bønder hidset op, så det endte med tumulter, mange præster blev dræbt eller lemlæstet, ikke i ondskab, men når præsterne ikke holdt sig til troen, turde bønderne ikke ha dem, præsten var bygdens garanti for at man stod sig godt med Vorherre. Kongen var ikke glad for den historie og fik den ny Roskildebisp til at snakke med Peder Bodilsøn og forklare ham, at man kunne arbejde i troen også på anden vis, for eksempel ved at bruge de rige midler, man ved Herrens miskundhed havde fået i hænde, til at grund-lægge et kloster. St. Peders i Næstved er bogstaveligt bygget til de sjællandske præsters frelse.

Næstved er byen ved Susåen, og idag er det næsten glemt, at der var færgetrafik langs den brede sydsjællandske vandvej, trækfærger med hø, korn og andre varer, her havde indlandsognene kontakt med den sejlende handel. Susåen var dyb nok til at den tidlige middelalders skuder kunne sejle op til byen, og idag prøver den at hænge ved sin gamle mulighed, havnekanalen tar nu ret store skibe. Byen er industrikvarterer og handel, en livlig by og dens fortid, usædvanlig mange huse fra middelalderen, og mange fra renæssancen og senere.

De to kirker, *St. Peders* og *St. Mortens* ligger tættere end Slagelses kirker og gir en anelse om de danske katolske købstæders kirkevæsen, de dage da byerne havde kirke ved kirke, klostre og helligåndshuse. Det var om klosterkirken, byen groede op. Idag har kirken, blandt meget andet, et landskendt kalkmaleri, fundet i 1880-erne, da kirken blev restaureret, et billede af *Valdemar Atterdag* og hans Dronning *Helvig* – og en lille skødehund. Billedet var alt for opsigtsvækkende til at man kunne nære sig, det blev malet over, og nu ser Valdemar og Helvig ud i ansigtet som samtlige de hundreder af kalkmalerifigurer, Kornerup har restaureret, een kæmpestor sødladen spillekortfamilie. Billedet er oprindelig malet få år efter Valdemars død.

Kirkerummet er levende, epitafiernes solide borgerminder, og henved 70 ligsten. Af Peder Bodilsens kirke er næppe en sten igen. Som huset står idag er det gotisk. Næstveds anden kirke, *Mortens*, er stilfærdigere, og det ses i dens indre, at i mange år var den ikke selvstændig sognekirke, det er egentlig mest dens funktion i byplanen, samspillet med den middelalderlige by, der fængsler.

St. Peders kloster ligger ikke mere inde ved kirken i byen. Hvis det nogensinde har ligget der, dets ældste historie er dunkel, uagtet der er levnet usædvanlig meget arkivstof. Ved reformationen kommer klostret under kronen, og da *Frederik den Anden* vil ha sine nordsjællandske vildtbaner mere sluttede, mageskifter han med *Herluf Trolle* og får hans godser ved Hillerød, og Herluf får det gamle kloster, men ikke det hele. Klostret ejede 440 ejendomme, Herluf får klosterbygningerne plus Maglemølle, 126 beboede, 5 øde gårde og »lidt småhuse«. Det sker sommeren 1560. Fem år efter laver Herluf og hans kone *Birgitte Gøje* fundats for en skole for adelige »og andre ærlige« børn, og en måned efter dør Herluf Trolle. Han var blevet hårdt såret i slaget under Fehmern. Det er Birgitte der fører tanken videre, og hun er en myndig dame, absolut ikke dummere end Herluf. Skolen, *Herlufsholm*, er til endnu som kostskole, og indtil slutningen af 1800-tallet stod det gamle kloster sjældent fint bevaret. Så tog arkitekt *Herholdt* fat på at restaurere og »ombygge«, og da han var færdig med det, var af hele det store trefløjede klosterkompleks (kirken er fjerde fløj) kun noget af nederste stokværk af østfløjen tilbage, resten er nyt, i forloren »halvklosterstil«, en meningsløs vandalisme. Kostskoledrenge skal ikke idag bo middelalderligt, men ajour-føringen kunne være gjort ikke så lidt finere. Syd for er ældre, nyere og helt ny bygninger, skolen er meget stor, men af det oprindelige er så at sige kun kirken tilbage, og den er i sit indre endnu skæmmet af den ældre restaurering. Det egentlige er, indtil kirken blir renset, bag alteret. Her er Gøjernes og Trollernes gravkapel med Herlufs og Birgittes pragtsarkofag i sort og rødflammet marmor og alabast, af *Cornelis Floris*, Kristian den Tredje-monumentets mester i Roskilde. Det var mindesmærker af den art, Frederik den Anden forbød adelen at lave. Her er Herluf Trolles og Børge Trolles rustninger og deres sværd, og enkelte små gravfund. Rustningerne er smukt arbejde, værdifulde fordi vi har så lidt levnet, efter at Tøjhusets samling forsvandt ved branden 27. februar 1646, hvor ialtfald 171 ældre harnisker gik tabt. Men i dette lille kapel, der virker lidt bagvendt, er det bedste gipsbysten af *Pernille Gøje*, en statue i halvfigur, legemsstørrelse, levende som romerske forfædremasker, en ganske stram husfrue, livagtig så man hører hendes stemme. Den er ikke behagelig. Måske har *Kinck* lavet den, men ansigtet og måske mere er støbt dødsmaske.

Herlufsholmkrucifikset er et romansk arbejde, fransk eller i fransk stil, et af Europas store elfenbensarbejder. Kristusskikkelsen følger i en myg bøjning elefanttandens krumning, hans arme er en hilsen fra Nordbokolonierne i Grønland, hvalrostand. Korset er borte, lændeklædet af sølv er nyt, Kristusfiguren er meget hyldet. Man må imellem revidere de fastlagte hyldester til bestemte stykker. I menneskealdre har man hyldet et bestemt lerkar på Nationalmuseet (Skarpsallingkarret) som »det smukkeste fra Danmarks Oldtid«. Hvem siger det? Karret er nydeligt, pertentligt og pillent arbejde, og med den smag, der herskede i slutningen af 1800-tallet, måtte man bryde ud i glæde. Idag vil man foretrække langt djærvere keramik, og det er let at finde lerkar fra oldtiden, der langt overgår den pæne, men fornørklede og kedelige Biedermeyer-julekortskål. Man plejer at nikke anerkendende andægtigt foran Herlufsholmkrucifikset. Det er djævleblændt håndværk, dygtigt arbejde, meget følsomt, men igen kåret af 1800-tallet smag. Krucifikset er sødladent, vammelt i sin bevidste lyriske smerte, teatralsk krukket. Det er efter vor tids syn nobelt og dekadent arbejde, der drukner aldeles ved siden af langt stærkere og ærligere kunstværker fra både vor og Frankrigs tidligere middelalder.

I Næstved låner man en båd og sejler fra Næstved havn ud gennem kanalen og åen til Karrebæk Fjord. Herregården Gaunø har lagt sig her, på Gaunø. Det er sjældent, herregårde blander sig i det bystrategiske. Haraldsborg prøvede i den tidlige middelalder at dominere Roskilde. Hakon Jarls »Hlade« var jo en ladeplads, og her havde »Hladejarlerne« krammet på noget nær hele Trøndelagens handel, til Olav Tryggveson smed dem ud, grundlagde byen ved »Nidaros« og selv bjærgede fløden. Gaunø ligger tankevækkende, ved indsejlingen til åen. Men gårdens historie siger intet om at placeringen skal lege med trafikken på Næstved. I Valdemars Jordebog er noget af øen, og et »hus«, Kongens, noget af øen hørte under St. Peders kloster i Næstved. Dronning Margrethe stiftede et nonnekloster her. Næstved har ikke været truet.

Man kan glide ud forbi Lindholm, videre gennem Karrebæksmindes evige søndagsidyl ud i bugten og Smålandshavet, eller man kan stå ned i Dybsø Fjord, hen under Jarskov og mod Kostræde og Vejlebrohuse, vesten om Svinø, mellem den og Dybsø, tværs over Avnsøfjorden, og en blank stille høstdag, når de gule træers fakler står langs det tunge blanke fjordvand og man lugter de faldne sødlige våde blade ud over vandet, er den sydsjællandske lille fjordverden tidløs og stor, årerne drypper melodisk, man nænner knap at skære dem ned i det stille spejl. Rusernes garn er slået op over pælene, til tørre. Garnene er slimede af brunalger, og der sidder en sort skarv på hver stolpe. De sorte fugle med de slangekrogede halse og det lange næb rører sig ikke. Man er ude af det smalle sund, i Avnsfjorden, og på den anden side ligger Knudshoveds lange odde. Man kan komme til den over land, men ikke hele vejen ud i bil, og det er den ydre ende der skal opleves. Odden er 14 kilometer lang, næsten 2 danske mil, men gennemsnitlig kun ca. 1 kilometer bred, og på det smalleste er den knap 100 meter.

Et urørt land. Godt halvt ude hører husene op, og man går videre ud i en uventet verden, var her da aldrig mennesker? Lave voldninger i græsset røber gamle hustomter, som så vidt vides ingen har set nærmere på. Har fædrene haft et eller andet kultisk for herude, er det ikke ufatteligt. Her er sine steder så øde, at man tror man er landet på en ukendt ø, der er gledet uden om myndighedernes viden. For dem der mener, at Sjælland er ved at være for kultiveret, er her stedet. Herude ser man hvad forfædrene gik i gang med, da de lavede Danmark til bondeland. Her ligger stenene endnu. Herude pløjede Danmarks sidste studespand, ikke to timers kørsel fra København, og det er kun tredve år siden.

Vordingborg, romantik, Volmer og Tove, men de ses ikke på hovedgaden. Byen er nøgtern, og det er hver gang lige overraskende at nå frem til resterne af byens store middelalder. Vordingborg og Kalundborg var Rigets to stærke borge, og i tiden før København blir hovedstad vakler centraladministrationen mellem de to steder. I Kalundborg har man konsekvent slettet hvert spor. I Vordingborg er mere tilbage.

Det er Valdemar den Store der bygger her, og det er muligt at her er en ældre borg på stedet, der er svage spor af en rund borgbanke, men intet sikkert kan endnu siges. Vi véd meget lidt om vor middelalders borgbyggeri, og når en amerikansk skribent, *Fletcher Pratt*, hævder, at *Vauban* fik idéen til sit navnkundige »tredje system« ved at studere de danske middelalderborge, så kan han hævde det, for vi véd så lidt, at det ikke er muligt at sige ham imod. Vauban er ikke ukendt. Han er fransk ingeniørofficer, han lever 1633–1707, og han »deltog i 140 slag og træfninger, ledede helt eller delvis 53 belejringer, byggede 33 ny, og moderniserede ca. 300 gamle fæstninger«, så har Valdemartidens borge spillet en rolle i hans værk, der får virkning i hele det europæiske militærbyggeri, var det interessant at vide lidt mere. Til da bør man måske være skeptisk.

Der findes ikke noget videnskabeligt værk, der blot nogenlunde grundigt gør rede for vort ældre borgbyggeri. Indtil videre hviler alt på den gængse myte, at »alt kom udefra«, og spørgsmålet, hvorvidt en del af Østersølandenes tegl-borgbyggeri henter inspirationer *her* i de levende perioder, kan der endnu ikke svares på. Hammershus, Vordingborg, Kalundborg, Skanderborg etc. etc., man kan finde skriveri i tilfældige tidsskrifter, intet grundigere værk. Vore byers og vore borges ældre historie er to af de mest gabende huller i vore fagfolks arbejde på at dække vor fortid.

Vordingborg fik ikke straks fuld størrelse. Valdemar Sejr bygger på borgen, senere Konger bygger, vi véd ikke præcis hvem og hvad, men tilsidst er borgen meget stor. Det er for så vidt mærkeligt at man stadig bygger, for strategisk spiller den sin største rolle i sin barndom. Den er ledingsflådens tilbagetrukne base under Venderkrigene, her kan der sejles fra og til i alle retninger i ly bag øerne, skibe fra hele landet kommer let ind fra Storebælt og Øresund, flåderne kan manøvrere gennem sundene, ned mellem Låland og Falster og mellem Falster og Møn.

Senere, da Venderfaren er væk, da skibene blir større og trafikken stryger ned gennem Øresund og Storebælt, ligger Vordingborg gemt hen, militært har den egentlig ingen funktion, ud over at Kongen har en solid borg at trække sig ind i, her kan han ha en stærk styrke liggende til brug, og når Kongerne bygger borgen større og stærkere, må der være en mening med det. Vordingborg ligger ved den gamle nord-sydgående vej over Gedser, allerede tidligt en fast rute mellem Danmark og Tyskland, men så meget har borgen dog mistet sin funktion, at da der uventet blir brug for den, da Carl Gustav mod al sund sands virkelig invadérer Sjælland her syd fra efter toget over Bæltets is, er borgen noget nær ruin, ubrugelig, har ingen stor besætning, og her blir, på selve borgen, kun et kort møde mellem Svenskekongen og de danske forhandlere.

Så sent som under Kristian den Fjerde blir den repareret, men nærmest for at det ene ikke skal ramle ned i det andet. Da Prins Jørgen, siden engelsk prinsgemal, får Vordingborg som residens, må der bygges et rokokkopalæ til ham. Det får en mærkeligt kort skæbne, det blir revet ned til grunden få år efter at prinsen er rejst, og af det er der så at sige ikke spor i græsset. Ruinerne blir, som alle vore ruiner, stenbrud, til man endelig tar sig af dem. Der er gjort lovende fund i et lille stykke af voldgraven, men de har ikke inspireret til at grave videre. Her ligger en del og venter. Endnu er langtfra hele den vældige banke gravet ud, men nogenlunde har man rede på det store borgkompleks. Gåsetårnet er den eneste af borgens bygninger, der endnu står, og det gamle dybrøde tårn siger os, hvordan mange danske tårne så ud, der nu er borte eller kun en lav fredet grundmur. Tårnets indgangsdør er nyere, hugget ind i muren i 1820-erne. Oppe i tårnet står en hel væg af et tidligt middelalderligt træhus, ingen véd hvornår den er sat op herinde, og hvordan tårnet har set ud foroven, aner man ikke. Det sære kobberkræmmerhus, der nu står på toppen, er ialtfald romantik. Gåsetårnet fik sit navn, må man tro, da Valdemar Atterdag satte en gylden gås op som vindfløj for at håne de 77 Hansestæder, »Hansaen«, den store hårdkogte handelstrust, datidens »amerikanske kapital«, der borede sig ind alle vegne, men som Danmark dog tilsidst snoede sig fri af. Valdemar skal ha sagt, at »seven und seventig Hensen hefft seven und seventig Gensen«. Det er muligt. Een lille drillende tanke blir tilbage: hvorfor kalder han Hansaens stæder *gæs*? Indernes hellige gås hedder nemlig *Hansa*. Tilfældigt måske. Eller rettere: hvad betyder igrunden stædernes og handelsforbundets navn?

Ruinparken er idag en kuperet grøn slette med murrester, ret få når man står inde, de fleste vender ud, resterne af ringmurene om borgbanken. Det er vanskeligt at se borgen for sig, men den har været stor. Herfra blev Danmark styret i lange tider, her blev møder holdt, skøder skrevet, fremmede udsendinge kom, Lybækkerkøbmænd med evig duft af spegesild i de fede pelskåber, Romerkirkens legater, norske og svenske, adel fra landsdelene, og her har Kongerne haft tid til privatliv.

Har borgen været lidt skummel? Hvad er grunden til, at da Valdemar Sejr skal forhandle med de tyske riddere om Estlandproblemerne, rider man ud til den lille fredelige Stensby halvvejs ad vejen mod Kalvehave. Var det en yndig skovtur, eller ville man ikke ha de høje riddere og deres folk indenfor Vordingborgs mure? Det kan ikke siges, men på Vordingborg gav Valdemar Sejr »Jyske Lov« et par dage før han lagde sig til at dø, for her på Vordingborg døde han. Her døde hans far Valdemar den Store. Her blev Valdemar Atterdag gravlagt, hele den danske middelalder er inderligt knyttet til borgbanken her. Idag en ruin, en banke endnu mere end halvt fuld af ukendte hemmeligheder.

Oringe er stedets gamle navn, det betyder noget i retning af »øen nær land«.

Her var fra gammel tid færgested. Idag rækker broen tværs over Masnedø. Den ældre bro med middelalderlige pyntetårne, var et af 1800-tallets storværker, man lærte om »Masnedsundbroen« i skolen og så billeder af den, vidtrejste lærerinder fortalte, at her kørte hele toget ud over vandet, de havde selv prøvet. Idag rækker broen tværs over Storstrømmen, et langt smukkere ingeniørarbejde end Lillebæltsbroen, der har sin skønhed i landfagenes cementbuer, mens stålkonstruktionen er mastodont legetøj. Storstrømmens bro har en fin spænding i sin linjeføring, og man er fri for, det meste af vejen, at færdes i en stålæskes ribber. Køreturen kan være lidt kedelig, vognstyreren får ialtfald ikke meget at se. Turen over Storstrømmen: stil bilen og gå. Så ved De også, hvor lang den bro igrunden er. Navnet, »Stor-strømmen, skal jo fattes på dansk, som Himmelbjærget, vi har altid de små mål i lommen.

Fra Storstrømmen til Stubbekøbing

Lålandske Svenskere og taxter på kvæghøveder

Man glider i land på Falster og er i en anden verden og dog ikke. Sjælland, Låland, Falster og Møn med småøerne er fra gammel tid eet land, *Videslet* kalder Lejrekrøniken det. Det var eet Kongeland, når Riget deltes (Knud fik det få dage før Blodgildet i Roskilde) og det var eet bispedømme langt op i tiden.

Og dog, fra Vordingborglandets duvende lerbanker når man bogstaveligt ned på Falster, landet er fladt, og vejens streng slynger trafikken sydover eller mod sydvest, man er ved Guldborgsund, og atter brat i en dansk idyl. Broen er rørende, det gamle færgested har ikke vænnet sig til den, og man skal sidde her en vårdag når isen løsner og i hvide flager og skodser flyder sydpå gennem strømmen. Aprildag ved Dnjepr, hvis ikke husene derovre var så danske. På Lålandsidens odde ligger de sidste rester af en skanse. De vil skride i søen om få år, for strømmen æder, men her var et af stederne hvor man afmægtigt prøvede at standse Svenskerne.

Laaland eller Låland, meningen med øens navn ikke helt klar, måske er det et gammelt ord for »sø« eller »bølge«, måske ordet »lo«, der navnlig kendes i det vestlige Danmark, vandgrave og søer i marsken for eksempel. Låland har vistnok navn efter de mange indvande og strandsøer der prægede øen før dæmninger og tørlægninger ændrede dens kystlande.

Øen er fed, næsten flad, i grå tunge dage er den trist, ved vårsol en have, mønster-bondeland, og de stråtækte gårde har deres egen stil.

Gennem Sakskøbings lille venlige gade, og man er ude igen før man fik sundet sig på en by, vejen går mod øens gamle center Maribo ved de stille søer, igen klostergrundlæggeres sans for godt land, fiskeri og skønhed.

Maribo, Marias hjem, som Mariager er hendes jord, her byggede Birgittinerne et kloster. Det er borte, men kirken står endnu, en af landets smukkeste. Den vender galt, for det gør Birgittinernes kirker, og den er præget af den svenske helgenindes sære planer. Som nævnt under Mariager: tanken var et kloster for både munke og nonner, ikke i romantisk blanding, strengt hver for sig, men i eet kloster, med een kirke. Den dybere tanke er det vanskeligt at fange, Paven havde også meget svært ved det, og helt til sin ret kommer idéen vel kun under gudstjenestens sang. Men gudstjenesten var heller ikke »kun«, den var det egentlige, en virkelighed, som selv religiøse mennesker af idag har svært ved at fatte realiteten i, så stærk som den dengang var. Man sang jo bogstaveligt for Gud.

Moderkirken i *Vadstena* er større, men ikke meget, den ser større ud, fordi dens piller er slankere, og det er de, fordi de er af kalksten, ikke murede af tegl. De maribo'ske er imod Birgittas regler, hun kræver natursten, hvad en Svensker sagtens kan kræve, men skaf dem på Låland. Maribo-kirken er stærkt restaureret, men den gamle helhed lader sig dog se. Rummet står hvidkalket og er meget smukt, den voldsomme altertavle er morsom, men en gylden gotisk tavle ville klæde rummet bedre. Her var ingen stolerader, så den store søjlehal med hvalvenes hvide palmeskov har været en åbenbaring. Kirken havde selvfølgelig sidealtre ved vægge og piller, og selve det birgittinske patent langs ydermurene, en slags balkon båret af lave piller med hvalv, så der blir to løbende gallerier, et øvre og et nedre. Her vandrede munke og nonner og sang uden at se hinanden. Vor tankegang af idag vil mene at det var et djævelsk arrangement for det spægede kød. Datiden har næppe sanset pikanteriet, eller rettere: vi aner ikke hvad de unge munke har tænkt, mens de vandrede under balkonen med en rad syngende usynlige piger lige over hovedet. Igen: hvad var Birgittas mening, lige ud? Noget i retning af, at det er minsandten ikke meningen at nonner og munke, mænd og kvinder, skal glemme hinanden, slette hinanden af hjernen, for deres frelses skyld. Det er alt for let. De skal tvært imod huske, de skal ha deres afholdenheds sår flænget op igen og igen hver eneste dag, de skal leve i evig »aktiv« forsagelse, de skal ikke udslette, de skal huske bittert, livet skal være en evindelig ståen imod, et evigt smerteligt afsavn, vejen til frelsen skal være uhyre vanskelig. Ligger det i hendes tanke, er den i stil med hele sengotikken. Sagt det rent ud har hun selvfølgelig aldrig, måske har hun knap gjort sig det klart på den måde. En mærkelig åndelig leg. Lidt perverteret, som så meget i den sene gotik, der endeligt sprænges af reformationens revolte.

Maribokirken er sat i stand i 1800-tallet, og det ses. Den høje balkon for processionerne er hovedsagelig en rekonstruktion, og navnlig dens træstakit trænger til en bedre løsning. Men går man gennem den søndre gang op i sideskibets ende, står man på en ligsten. Indtil for få år siden sad den skjult i en murniche, galt sat sammen og halvglemt, nu er den lagt i gulvet, og teksten siger, at her hviler Leonora Kristina.

Hendes skæbne og person skal ikke analyseres her, hun mistede meget og gav sig selv mere, at skrive erindringer så man placerer sig er også en kunst. Sine sidste år levede hun i Maribo kloster, eller vistnok i et hus i byen, for på den tid var klostret ved at falde sammen. Her blev hun gravlagt. For et par slægtled siden blev hendes gravhvalv ødelagt, da kirkens varmesystem skulle graves ned, så hensynsløst bar man sig ad så sent. For et par år siden gravede man resterne frem, det lykkedes at identificere Leonoras sidste skeletrester nogenlunde sikkert, og idag kan man gennem en lille glasrude i gulvet se ned i hvalvet til det skrin, hvor hendes rester ligger. Man kan iøvrigt vurdere Leonora som man vil, efter som man læser og tolker hendes livs hændelser og hendes egne rapporter, men at hun var en af dansk histories usædvanlige kvinder kan man vel enes om.

Bag alteret er et lille museum af kirkens gamle inventar. Her er en fængslende samling af relikvier, den ses ikke bedre og mere illustrerende på noget dansk museum, Nationalmuseet svigter aldeles her. Men væsentligere: bag Mariboalteret hænger bag glas Danmarks ældste maleri på tøj. Man diskuterer om det skal være Maria eller Birgitta eller en tredje kvinde, det turde være mindre væsentligt, men der nynner en fin tone ud af det lyse maleri af en sødmefuld kvindeskikkelse. Billedet er naivt, men med en raffineret lykkelig lethed, som kinesiske silkemalerier, det pompejanske Florabillede, de bedste etruskiske i gravene ved Tarquini. Her, stærkere end noget andet sted, er man i kontakt med de små nonner i Maribo og deres syngende kloster. Men vil man se billedet, skal man ikke vente for mange årtier. Det sarte maleri hænger fremme i dagslys året rundt, og det vil falme, det er vel allerede bleget væsentligt. Kalkmalerier har vi masser af. Dette maleri er i Danmark helt enestående, et af vor middelalders fineste klenodier, det alene er turen til Maribo værd.

Maribo er indlandsidyl som Sorø, men 5-6 kilometer nordpå er man ved stranden i Knuthenborg Park. Det flade fede Låland har umærkeligt skiftet ansigt, parken blir et levende landskab, der rækker ned mod kysten ved Bandholm. Ude i vandet sejler Askø, bag den Femø og Fejø, Smålandshavets rige verden, »Smålandsfarvandet« kaldes det på nyere kort, hvorfor vides ikke. Men parken ved kysten – her er en del biler om søndagen i sommertiden, ellers god plads. Det er ikke så meget hvad her gror, det må enhver studere som man har lyst til, men det er svært at nævne et sted i landet, hvor det lige så heldigt er lykkedes at hjælpe naturen diskret. Vi kender stadsgartneres naive forsøg på at lave kunstnerisk effekt, »naturlig beplantning« håbløs unaturlig, »bede i naturlige former«: amøbeformede arealer med sirbuske, en småborgerlig smags misforståelse af lidt ældet funkis. Nu er der forskel på at lave 5000 kvadratalen bypark og at få lov til at lege med et areal som Knuthenborgparken, men der er også en dyb forskel i legen selv. Knuthenborgparken en soldag i april, i kølig september, en oktobermorgens første rim i græsset, mødet mellem park og hav, ærligt talt, man havner her og har svært ved at komme ud og i gang med resten af Låland.

Det er synd, for Låland har sine hemmeligheder. Noget vestligt langs kysten den gamle borgtomt *Ravnsborg*, idag volde og murrester, engang en strategisk væsentlig borg. Det er navnlig det man har så svært ved at fatte, for hvad magt var der i at holde en borg her? Borgbanken, idag solvarmt sommerland, er et minde, som de tyske cementbunkers ved Vesterhavet. Ravnsborg blev bygget af Grev Johan, da Lålikerne gjorde oprør mod hans holstenske besættelsestropper. Idag romantisk idyl, som de sidste spor af den tyske besættelse engang blir det.

Langs stranden rundt om Lålands øverste knude og man når ned mod *Frederiksdal* og *Stensgård*, idag sol over spirende agre, men her fik man det første stød, da Carl Gustav kom fra Langeland over isen. Gården blev plyndret, og så fulgte de svenske styrker efter og marcherede i land.

Just her viger kysten indefter i Nakskov Fjord, der på kort ser ud som om Låland er sprængt, flået op af vilde naturkatastrofer, men det er blot fredelig leg mellem hav og land. *Nakskov* ligger dybest i fjorden med sit skibsværft, en ganske stor by, lidt svær at se for og bag på, og kirken er et af landets særeste bygværker, ialtfald Danmarks skæveste. Ser man plantegninger af den, tror man, der er målt galt, for sådan kan ingen mennesker bygge. Men det kunne *Bertel Murmester*, der i 1650-erne skulle sætte skik på den brøstfældige kirkes korparti. Han lovede endda skriftligt at hvælvingerne *ikke* skulle blie»skæve eller krumme, kirken til vanheld og uanseelighed«, men mere svinsk arbejde har ingen murmester nogensinde lavet i noget *større* dansk bygværk. Han skal sætte to ny piller i koret, der er 13 meter dybt, og så placerer han den ene ca. 2 meter længere østpå end den anden og ca. andre 2 meter for nordligt, han har bare sat et par mærker i gulvet på øjemål, og da hvalvene jo skal hvile på pillerne, blev resultatet underligt.

Iøvrigt er kirken svær at få rede på, men her inde, mere end andre steder, mindes byen sine hændelser i 1658–60. Det er ikke så meget en bombe, der ligger oppe ved alteret, som det er tavlen over de mænd, der holdt byen, notabene: i anden halvleg, for da

Carl Gustav gik over isen, spurgte han høfligt byen, om den ville kapitulere. De noble former var ellers ikke hans program, men han stod på Låland med så få mand, at han ikke kunne risikere hvad som helst, det gir høflighed. Byens kommandant svarede brovtende – og kapitulerede dagen efter. Byen gav sig for at slippe nådigt. Nakskov var fæstning, der var volde og skanser om hele byen, der var ofret en del på dem, så det var både en flov og skæbnesvanger historie. Da Svenskekongen samme år i august brød sin egen fredstraktat og faldt uventet over Danmark igen, var det via Korsør direkte mod København, og øerne sydpå lå udenfor hændelserne. Først efter nytår 1659 kom der Svenskere til Låland igen, men denne gang lukkede Nakskov portene, og kommandanten *Joachim Körber* arbejdede sammen med byens råd. Svenskerne begyndte en regulær belejring med bombardement, men byen nægtede at overgi sig. Først hen i juli, på en tid da krigen alligevel egentlig var afgjort, kapitulerede byen mod at besætningen fik fri udmarch. Det fik den, men til gengæld blev byen plyndret grundigt, og Svenskerne blev der til sommeren 1660, så først drog de bort, og så havde borgerne dårligt skjorten på kroppen. Nakskov måtte ha skattefrihed i flere år, men trods al støtte og hjælp var byen *halvandet århundrede* om at komme på benene efter ødelæggelsen.

Idag er der ikke mange spor af de gamle volde, havnen er moderne, og her som så mange steder går en lille motorbåd daglig sin tur ud til småøerne.

Fjorden er åben mod Storebælt, og med vind af vest kan den rejse i stejl sø, men *Slotø* ligger i læ bag *Vejlø, Rommerholm* og *Enehøje*. Slotøen har en enlig gård, og strømmen kan gå hårdt forbi dens nordlige næs, for her er dybt vand ind på kysten, så dybt at store fragtdampere var lagt her lige under land i sidste krig. Det dybe strømløb er ikke nyt, og idag ligger der skibsværft inde i Nakskov, engang lå det her ude, eller rettere, det ligger her endnu, men i ruiner.

Det er *Kong Hans*, der bygger den første flåde i Europa. Tidligere klarede man sig med at armere handelsskibe, man lånte, lejede eller tog private skibe, når der blev brug for det. Det er Kong Hans der bygger skibsværft på Slotø i Nakskov Fjord, og hvor mange værfter han har haft, kan ikke siges, her er et af dem. Idag ses det som ruinerne af et rundt tårn med kanonporte. Fra det går der to mure ud i vinkel, ned mod vandet, og her, i ly bag mure med kanonporte, lod Kong Hans sine flådeskibe bygge. Ind mod land er det armerede borgværft dækket af en voldgrav som en herregård. Hvordan værftet har været dækket mod søen, det vil sige om fremmede skibe har kunnet skyde ind i byggeriet og skibe på bedding, eller der har været en dækning af svære plankeporte, vides ikke. Et eller andet må der ha været, ialtfald stolpespærringer ude i søen.

Ruinen er en af Danmarks mest romantiske og maleriske. Den er næsten ikke restaureret. Selv om her er gravet og ryddet op – tårnet var halvt fyldt af brokker og jord og tjørnekrat – så står ruinen som det der blev tilbage, og så har den dejlige farver. Murene er groet over med lav og lyser i morgensolen i kraprødt, i okker, sølvgråt, irgrønt, isblåt, nepalgult i et tæt lag hen over de dunkelrøde smuldrende mure.

Ellers er intet at se, voldgraven er en sumpet lavning, de skrå dækmure er sunket sammen, de taber sig og blir borte ned mod vandet, men navnlig nordover er strandbredden brolagt med teglstumper. Strømmen skærer sig ind, og man kan regne ud, hvor lang tid ruinen endnu vil stå her. Mellem de to skrå mure stod skibene på bedding. Stor plads er her ikke, her kunne med kniberi bygges en skonnert, men skibene var heller ikke store. Man sidder blot i det dybe mossede græs og ser, at værftet har været gennemtænkt. Her er godt sejlvand lige udenfor, og en fremmed flåde skal ha god rede på strømløbene for at vove sig herind. Man gad vide om der noget sted i Europa findes et værft bare nogenlunde mage til. Slotøværftet har ikke vakt stor furore i dansk middelalderhistorie. Dets navn er levnet: *Engelborg*. Men det var altså ingen borg, det var et befæstet værft, og da Kong Hans er den første der bygger krigsskibe, tør man vel for en gangs skyld vove sig ud i at tro, at værft-formen er skabt her. Det er mere end et smuldrende gammelt tårn man ser, når man på sommer-sejlads stryger gennem det fjordblå vand forbi Slotøen.

Helt ude på spidsen af *Lålands Albue* ligger *Lodshuse*, en lille klynge huse der har en dansk mil til nærmeste nabo. »Albuen« er den lange krumme odde, der sydfra prøver at lukke Nakskovfjor-den, men inden det er halvgjort, angrer den og krummer tilbage i sig selv, en kluntet hånd med fingrene ind i fjorden. Lodshusene skal muligvis falde. Det kniber med vand herude, her er friskt, når det ikke er vindstille, og den lange spinkle tange (den er ikke stort mere end 100 meter bred de fleste steder) er en kold tur ind »i land«. Men her var ikke altid øde. Man vandrer indefter og véd hvad man skal se, men det er ellers tydeligt: under græsset ligger hustomt ved hustomt. De ligger her i klynger og rader, overalt. Nationalmuseets Direktør Nørlund har sagt, at første gang han kom her, var det i lav aftensol, så hustomterne rejste sig af jorden, en skyggeby manet frem i få minutter, før den atter sank hen i af-tenmørket.

Man går mellem tomterne i det stride græs. Enkelte er der gravet i, de fleste er urørte. Her lå ikke nogen egentlig by, men her var, som ved Skanør og Falsterbo, sildemarked i middelalderen, og det var i århundreder næsten glemt. Historien havde vænnet sig til den nemmere form, at sildefisket var Øresund, Skanør-Falsterbo, Malmø, Dragør og lidt til. Men det var mange andre steder, blandt andet her, og når sagen er væsentlig, er det fordi sildemarkedet i Malmø også kaldes »Albuen« eller »Ellenbogen«. Tidligere har man glat væk regnet med, at alle dokumenter, der snakkede om »Ellenbogen«, mente Malmø, men det er galt. *Lålands Albue* har spillet en væsentlig rolle, hvor stor véd man ikke endnu, for endnu har man ikke for alvor prøvet at hitte rede i dokumenter og breve. Det vil vise sig, at en del af det materiale, der tidligere er regnet for malmøsk, i virkeligheden er lålandsk, og da Skånemarkedernes fiskepladser ikke mere ligger i Danmark, er det noget værd, at vi her kan grave vort eget sildemarked frem. Der er gravet, men ikke meget, mere venter. En dag vil National-museet og Kronborg fortælle os om noget bærende væsentligt i Danmarks middelalder: sildefisket.

Man sidder her, som man sidder ovre i Skåneørets strandenge, på et sted der engang var liv og stemmer, bod ved bod, skuder ind på stranden, salt og tønder, krotelte, gællepiger, slagsmål og en livsalig lugt drivende over hele odden, saltede sild, sildeindmad, sildeolie, og en syngende metalsky af milliarder af fluer. I det store Søndernor bag odden har vandet været lovlig lavt, men ude på Albuens spids, hvor Lodshusene ligger idag, er der naturlig havn, en fjord, et par kilometer dyb og een bred, her har skuderne lig-get og ventet på last. Langs hele den smalle tange gror fortid op med græsset, ikke romantik, men realitet, mennesker før os, med givne vilkår, et barskere liv, men med mere dvælen, masser af tid, den vi ofrede på køleskabe og fjernsyn og gode sygehuse. En dag kalder man vort ustabile hysteri »det gode gamle«, fordi man véd for lidt. Som vi véd for lidt om de mennesker der levede her, ikke for lidt om deres dørlåse og fiskekroge, men om deres måde at tænke på. Kommer os ved? Det er en meget lang historie, men det gør det. Gennem Lålands sydland, en frodig landsbygd, ikke chokerende oplevelse, men med en tone i sig som ikke findes noget andet sted. Man kan følge vejene fra landsby til landsby ned imod *Rødby Fjord*, gennem landet der oplevede den store stormflod 13. november 1872. Man er vant til at stormfloder er drama på Vestkysten, navnlig i marsken omtrent fra Esbjerg sydefter, men stormfloden 1872 i Østersøen pressede vandet op til tre en halv meter over dagligt vande. For at det kan ske, skal en lang række faktorer passe sammen, derfor sker det så sjældent. Østersøen er indhav, kontakten med verdenshavene er kun Bælterne og Øresund. Vinden skal i lang tid stå nogenlunde i nordvest og presse vand ned i Østersøen. Endda skal vinden i Østersøen hjælpe til med at stemme vandet op i den indre Østersø, så der kan strømme endnu mere vand ned gennem Bælter og Sund. Så skal vinden pludselig slå om. Den skal helst i en fejende drejning først tømme Bottenhavet og så stemme flodbølgen foran sig vestpå forbi Bornholm, og så skal vinden slå om i syd, gerne lidt sydøst og samtidig stige til storm eller orkan. Falder det sammen med en normal springflod, altså en flod der trækkes op ikke alene af månen, men af måne og sol, så blir det alvor.

På Låland havde man i slægtleddet før så småt arbejdet med at bygge diger, for der var mange lave arealer, og mange lavvandede vige man gerne ville lægge tørre, men digerne var bygget efter daglige erfaringer, de var for svage og blev spulet væk øjeblikkelig. Hele det sydlige Låland blev sat under vand. Rødby lå truet, kun en stor ø syd for Nakskov var tør, og så højt i land stod vandmasserne, at Rødby og Nakskov Fjord flød i eet tværs over det sydlige Låland. Havet sank, og det skal dog siges, at inden der var gået et år havde rigsdagen vedtaget loven om diger på Låland og Falster. Efter stormflodens erfaringer blev de bygget til 3,8 meter vand, og var tabene store, var vindingen større. De vældige lavvandede fjorde i det sydlige Låland blev tør eng bag digerne, og siden har ingen stormflodskatastrofe taget det vundne tilbage.

Man har svært ved at tro på katastrofer i det trygge land, svært ved at tro på andet end ubrudt skift af såning og høst slægt efter slægt. Alligevel gemmer Låland, Falster og de andre sydlige danske landsdele deres skæbne, anderledes end landets iøvrigt.

Lige nord for Rødby ligger Sædinge. Her fandt man i 1854 Sædinge-stenen. Den lå i jorden og blev hamret i 9 stykker, før man fandt ud af at det var en runesten. Så blev stumperne samlet sammen og lagt op ved Nebbelunde præstegård, og herfra kom de til museet i Maribo og blev klistret sammen med cement, så kluntet at man siden måtte hugge det hele skilt ad igen og sætte stykkerne bedre sammen. Et lille stykke er blevet borte. Det var ikke en almindelig runesten, man kludrede sig til at slå itu. Den siger, at »*Thyra lod denne sten gøre efter sin husbond Krog, og han var da(?) den allerstærkeste(?) af Særsveer og Syddaner. Kval tærede høvdingen(?) den bedste af Nordboer (?). Han var ... Særsveernes ...*«

Som det ses: selv om de fleste stumper er reddet, har indskriften ikke haft godt af mødet med muggerten. Men klart er, at her tales om Særsveer det vil sige, må man tro, en gruppe isolerede Svenskere. Man har gættet at ordet skal læses »Sydsveer«, Sydsvenskere, andre fagfolk siger at det lader sig ikke gøre, og meningen blir dybest set den samme: der har siddet Svenske på Låland i vikingetiden. En anden Lålandssten siger det samme,

137

selv om det er mere gætteri, og det skal ses sammen med, at i Skånes sydøstre hjørne står to svenske runesten (alle Skånelandenes andre runesten er klart danske) og at der vistnok er svensk herredømme i Hedeby i Sønderjylland. Det er det store handelsstræk i Østersøen på langs, øst-vest, fra bunden af Slien til den finske bugt med stationer på de danske øer, den danske Skånekyst med Bornholm, og videre over Øland og Gotland. Det er her, den senere jernalders og vikingetidens guldfund kulminerer.

Når der kommer Svenskere til de sydlige danske kyster, er det fordi det er her det sker, og (noget vi gerne glemmer, når vi taler om den sene jernalders og vikingetidens historie) fordi enorme udvandringer fra Danmark har ladet vældige arealer tomme tilbage. Her er plads. Det må ses sammen med et andet fænomen, hvis man vil fatte de sydlige øers særpræg: den vendiske kolonisation. Den er gerne nævnt i danske historiebøger med vemod, så sølle var vi, at Venderne ikke alene lå i viking heroppe, de kunne endog gå i land og tage bo. Saxe siger at store landstrækninger ligger øde på grund af Vendernes togter. Det er et spørgsmål om Saxe har ret. Store arealer kan ha ligget øde af andre grunde, navnlig udvandringerne. Der skal i det sydlige ialt være fem vendiske byer: *Binnitse, Kobelitse, Korselitse, Kuditse* og *Tillitse*, de andre mistænkte skal være falske, *Diernisse = Dier-næs.* Dertil enkelte »*Vindebyer*«, Venderby, navnet siger, at her bor Vender mellem ikke-vendiske bønder, der har givet byen navn. Men når den nationale fallit har fået sit, var det måske værd at sætte *de fem* vendiske stednavne (plus Vindebyerne) *i relation til ca. 2000 nordiske stednavne, helt overvejende danske, i England, og ca. 800 i Normandiet.* Dem har nederlagsmyten aldrig brug for. Når mindst 3000, i realiteten langt flere, nordiske bosættelser har skaffet sig navn vestpå, må der ligge tom jord tilbage, og det er vel den, både svenske og vendiske bønder har taget. Der rejses meget i Norden i de år, og vore snævre nationale følelser har intet med den ting at gøre. Der drager danske til Norge, både til Viken, Jæderen og Trøndelag, der drager norske til Nordjylland, muligvis til Bornholm, der rejser danske til Sverige, en by i Uppland hedder den dag i dag *Danmark*, mindet om en dansk koloni, hele folket sejlede, alle tre folk fór til søs, og de førende ætter var i een forvirring dansk-norsksvensk-vendisk-baltisk-angelsaxisk indgiftede så al tale om nationalitet blir vrøvl. På den tid får vore sydlige øer en invasion, der er lille, men dog har sat sig spor. Næppe nok til at det kan ses i øernes særkultur, og alligevel – men det ved vi endnu for lidt om til at kunne dømme præcist. Hele det gamle sejlstrøg fra Sønderjylland over Sydfyn og øerne med Langeland, videre over Låland-Falster og Møn, Sydskåne, Bornholm, Øland etc. og samtidig den tyske nordkyst med Rygen og Fehmern, med mange nordiske navne langs de tyske kyster, har et fællespræg i små mælende træk, almindelige husformer, kirkernes klokketårne, mange andre ting, og hvor meget der skyldes vandrende håndværkere, vandrende bønder, eller blot det fremmede set og lært, når man selv sejlede (de sydlige øbønder sejler helt op forbi renæssancen, skønt købstadsprivilegierne prøver at hindre det) alt det kan ikke siges, for den vestlige Østersøs gamle fælleskultur er ikke undersøgt endnu, man har i hvert land haft for travlt med at dyrke sin egenart. Her ligger et spændende emne og venter.

Vendisk og svensk invasion, det svenske kan man ikke vente at spore i Lålikerne idag, det vendiske knap. Det var en romantisk tro i 1800-tallet, at Venderne var sorte asiater, det har de næppe været. Slaverne er jævnligt lysblonde, blåøjede, lidt brede i ansigtet, og endelig véd vi, at Venderne *talte* slavisk, men om de

139

virkelig var slaver, kan ikke siges. Det sorte i Låland-Falsters bondetyper – de polske roearbejdere har vel sat sig spor, for med dem fik øerne en ny invasion, uden tvivl talrigere end Svenske og Vender tilsammen i vikingetiden.

Sukkerroerne blev et nyt kapitel i Danmarks »kulturgeografi« eller husholdning. En af *Fritz Jürgensens* lærere (eller fædre?) siger irriteret: »*Taabelige Dreng! ligger Rom i Vestindien? Rom er jo Hovedstaden i Italien og Pavernes Residents.*« Unge mennesker har idag svært ved at se det morsomme, for danske børns fædre får ikke mere rom fra Vestindien. Vi fik rom og sukker fra tropekolonierne i Atlanten, de københavnske unger rendte i havnen og kravlede ind i de tomme sukkertønder og slikkede dem, og *St. Croix-rom* havde man i ethvert hus, den kostede ikke meget og holdt nogleoghalvfems procent sprit (mod snaps idag nogleogfyrre) så en tør rom rev i halsen. Så fandt vi ud af at sukker kan dyrkes i Danmark, ikke som sukkerrør, men som roer, og at den danske jord er god til roer, og een ting til: med det ustabile danske klima må landbruget altid holde på flere heste, og i en sommer hvor kornet drukner har roerne en chance. Det værste er, at roer sås i rader der skal tyndes og luges, og det er et bandsat arbejde, op og ned mellem rækkerne. Det var ikke så svært at få ageren pløjet og harvet og sået, men den skulle passes, og dels kunne man ikke skaffe arbejdskraft nok, dels var den for dyr. Så importerede man polske karle og piger. De kom rejsende i sæsonen. De var nøjsomme med bolig og føde, og de var ikke vant til lønninger som de gængse danske. I mange år kom de store invasioner af polakker år efter år, et stærkt kapitel i de sydlige øers liv. Man var glad for arbejdskraften, noget vagtsom, for de talte ufatteligt, og med en dansk landsbygds mistillid overfor alt fremmed kunne det knibe med et alt for hjerteligt forhold. Men alt ordnede sig, roerne blev tyndet og luget, og polakkerne rejste hjem. De fleste. Enkelte blev trods alt hængende heroppe, de fik fastere arbejde, eller de fik sig et hus. Det var en vildfremmed kultur der kom til øerne, ud til alle i hele landsbygden, fremmed dragt, fremmed folkekunst i snitværker og hvad de ellers morede sig med, underlige som de var i ord og vaner.

Nu skal de tre invasioner, vendisk, svensk og polsk, og det østersø'ske, ikke gøres væsentligere end det kan være i øernes kulturverden, men et særpræg er her. Gå blot kirkerne efter, de er, trods nærheden, ikke sjællandske. De ligner ikke kirker andre steder i landet. Lad være at de påfaldende stejle tårngavle kan findes i Sydsjælland, de lålandfalsterske kirkers rejsning, hele formen på et kirkehus, er noget andet. En kirke som *Tirsted* er, selv om den er hårdt restaureret, noget helt uden for det sjællandske, det korte høje hus, det brede tårn, der til gengæld er meget tyndt på den anden led, som flere bornholmske kirketårne. Kirkerne har jævnligt klokkestabler af tømmer, der står endnu fra middelalderen, som i Sønderjylland og i Skåne, et af de østersøske fællestræk. En enkelt lålandsk kirke præsterede for et par år siden at rive sin klokkestabel ned, og trods præst og degn: ikke ét mælende tænkende væsen i sognet, der dels kunne protestere, dels dog ialtfald redde tømmeret, det blev savet op og brændt. Man tror ikke på at det kan ske i dag. Det er hændelser af den art der gør urolig ved, at et menighedsråds tilfældige mennesker har magt nok til at ødelægge, for vel er de i reglen ikke tåber, men garanti har man ikke. Det er århundreders arv, landets ejendom, de, hvis uheldet er ude som her, kan sidde og pjatte med uden at fatte et kvæk af det hele. Andre uheld er sket hernede. *Dannemare* kirke brændte i 1895, koret stod urørt, et stykke af vestgavlen var styrtet ned, ellers kunne murene let være brugt igen, og den øverste byggemyndighed gik ind for at sætte den gamle kirke i stand. Det lod sig bare ikke gøre, for i mellemtiden havde »de stedlige« revet kirken ned til den nøgne jord. Hvorved murene altså ikke engang blev ordentligt undersøgt, det kunne man dog ha fået ud af skandalen. Men bortset fra det tabte: de lålandske og falsterske kirker er sig selv, de ligger anderledes i landet, Tirstrup er nævnt, Herredskirkes kompakte tårn og hus, Skovlænges kapelagtige sognetempel, Græshave, Gloslunde, Arninge, Branderslev, Bregninge, Lillebrænde, overalt på Låland og Falster ser man kirker, der virker fremmede i landet af mange grunde, en del har mistet tårnet, andre er mere gotiske end kirkehusene i det ørige land i almindelighed, radikalere ændret eller helt nybyggede. Mærkeligere er, at selv om kirkerne kan være meget rige, med gravsten, krucifikser, epitafier, snitværker, døbefonte, kalkmalerier, så har mange af kirkerummene en grå tomhed, der kan virke vestjysk, overraskende her i det mætte bondeland, hvor jorden er fed så man kan smøre den lige på maden – sagnet fortæller om en lålandsk herremand der *åd* jord, forståeligt, når man har set landet en fugtig soldampende majdag, selv om man lader Hans Nåde ene med delikatessen. Fra dette nordisk kølige Kanaan går man ind i klamme tomme kirker, der fik deres eneste, rummet selv, ødelagt, Ønslev, Kippinge, Horbelev, selv om et par af dem så har andre kvaliteter. Maribo stift, som det hedder, er en kirkeverden for sig. Utroligt at et så lille land kan variere sig i det endeløse.

De låland-falsterske herregårde: det var på god jord, Elisabeth Friis byggede Berridsgård i 1580-erne, Rudbjerggård er mærket

1606, der er nobel landlig barok i baron Jens Juels Christianssæde fra lige før 1700, straks mere middelalder i Bramsløkke stenhus, men det er falsk, huset er bygget et par år efter Christianssæde, der var vel bare knap så mange penge. Frederiksdal – det lålandske, ikke det nordsjællandske – er fra midten af 1700-tallet, men siden ændret, Corselitze lidt yngre, et stiligt palæ i det grønne, Engestofte fra fredstiden mellem englænderkrigene. Gård efter gård: man sad solidt. Men det er sydpå ved Nysted, Låland gemmer *Ålholm*, endnu med middelalderborgens karakter og placering, selv om en brav del er kulisse fra 1800-tallet. Uægte er borgen dog ikke.

Den ligger ved Nysted Fjord, og den var fra første færd kongelig. Her boede Grev Johan, mens landet var pantsat, Valdemar Atterdag får borgen tilbage, og her er holdt en række møder. 28. juli slutter Valdemar Atterdag på Ålholm traktat med Kong Albrecht af Sverige, siger historiebøgerne. Men Kong Albrecht er bare ikke her, han er langt oppe i Sverige. I hans sted er *Hertug Albrecht af Mecklenburg* her, og det dokument, han går med til at underskrive i sin frændes navn, kan nok undre. Skal man tro det skrevne, har Valdemar her sveget ikke alene sin gamle ven Kong Magnus af Sverige, men også sin egen svigersøn Kong Håkon af Norge. Derudover lover Hertugen i den svenske konges navn at store dele af selve Sverige skal gives til Valdemar. Begge de høje kontraherende parter véd, at den sælsomme traktat ikke kan realiseres, de svenske råder vil aldrig gå med til den, Håkon vil ikke, den svenske Kong Albrecht vil ikke, og så vidt vides har heller ingen samtidig nogensinde fået et ord at vide om den underlige aftale, som man skulle tro var en krønikeløgn. Men selve originalerne ligger den dag i dag i arkiverne, henholdsvis i Mecklenburg og København, der er ingen tvivl. De to trænede rævepelse har haft brug for at sætte hinanden skak, begge har fået et farligt dokument i hænde. Albrecht er i øjeblikket tilfreds, Valdemar véd at dokumentet rimeligvis ikke er det pergament værd, det er skrevet på. Med mindre spillet skulle flaske sig, så det for ham alligevel pludselig er noget værd, for som sagt: det er givet ham i den svenske Konges navn – uden at samme Konge åbenbart aner et ord om hvad der står. Det er diplomati »på højeste plan«, for os ganske nutidigt.

Gården var stor. Den gik i forfald, Svenskekrigene ødelagde den, og i 1800-tallet måtte den restaureres. Det gik som vanligt ret hårdt til, og kun langsomt toner resterne af det gamle Ålholm frem, men med alle ar er borgen en af vore bedste, idag i en glemt yderkant af landet, engang et væsentligt strategisk punkt. Det er sværere end man tror at føle sig tilbage til en fortids syn på Danmarks geografi og helhed. Idag er landet København med opland. Dengang var intet sted afsides. Riget var i sundere balance.

Vejen fra Ålholm og Nysted nordover drejer i Kettinge mod øst, og på Frejlev Mark, mellem Frejlev og Østermark, står »Skalkekorset«. Det er højt og hvidmalet, det ser ikke gammelt ud, og det er det heller ikke. Det er et af disse gamle kors, der, som korset på Helliganders' høj, blir fornyet når de rådner. Der står 1533 på korsets arm og Frejlev-korset er ikke en tradition fra katolsk tid. Omved år 1533 var Frejlevbønderne uenige med lensmanden på Ålholm om retten til skovene, og de slog lensmandens foged ihjel. De blev stævnet for herredetinget, og traditionen siger, at Kristian den Tredjes dom var underlig: bønderne blev ikke hængt for mordet. De skulle bøde tolv par hvide øksne med røde ører. De kunne ikke skaffe mere end elleve par, men »Sorte Ellen« malede det sidste pars sorte ører hvide. Desværre blev det regnvejr, så farven løb af, og det var som straf for den skalkestreg bønderne fik ordre til at rejse det høje kors på stedet hvor fogeden døde. Han blev, siger sagnet, ikke slået ned med økse, han blev dræbt »på en sten«, der ses endnu og hedder »Knækkerygsten«. Historien er en sær blanding af en reel retssag, der er tingbogsført, og langt ældre sagnstumper og mindelser om ofre på store helligsten. Der er jo nok slagtet mennesker på Knækkerygstenen engang, men næppe fogeden. Der er gammel bygdekultur og en lun styrke i at det kors stadig blir holdt. Det er træk af den art man ellers tror hører hjemme i afsides bygder i Norge og Sverige.

Den smalle dal fra Saxkøbing Fjord til bugten ved Guldborg Sund syd for Nykøbingbroen er spor af en istidselv, som dem der har spulet renderne dybe nok til Guldborgsundet og Grønsund, og her i sit østland prøver Låland svage bølger i terrænet, alvor blir det ikke, og det er lavland, der på begge sider kranser Guldborgsundets friske vandløb mellem Låland og Falster.

Falster er ikke væsentligt anderledes end det lålandske, og alligevel mere sjællandsk i trækkene. *Nykøbing* er vel de to øers verdslige hovedstad, selv om visse øvrigheder holder til andet sted.

Byen virker ny. Der er enkelte ældre huse, men dens ansigt er 18- og 1900-tallene, ikke mindst nutiden. Af byens slot er intet spor synligt. Her blev det gjort så grundigt som i Kalundborg, slottet blev revet ned til den nøgne jord.

Der blev tomt efter det, for slottet var et af Danmarks smukkeste, til tider overdådigt udstyret. Det var rasted, når fyrster rejste sydeller nordpå over Gedser. Marsk Stig har stormet og brændt det. Valdemar Atterdag har, man havde nær sagt selvfølgelig, holdt møder her, for hvor har han ikke det? Margrethe forhandler her med Rostock og Wismar om fælles krig mod fetaljebrødrene. Her møder kejserlige udsendinge og kræver af Kristiern den Anden at han skal kvittere Dyveke, og han modtar dem i jagtdragt, klædeligt stænket af ridt gennem skovene, og ber dem hilse hjemme. De søger hans unge hustru Elisabeth og gør sig fortrolige, de kommer fra familien for at støtte dem. Hun ber dem passe sig selv, så skal hun nok klare sit, de kan hilse hjemme. Den dag gad man ha været til stede. Samtlige Konger har boet her, talrige Dronninger får slottet som livgeding og enkesæde, Carl Gustav movérer sin lille trampende corpulence i salene – og så ender eventyret. Slottet blir naturligvis stærkt ødelagt af den svenske besættelse, men er det forklaring nok på at samtlige vore slotte går til i midten af 1600-tallet og fremefter?

Nej, og der er en forklaring, bare sjældent nævnt: fra arilds tid bor Danmarks Konger ingen steder. De rakker land og rige rundt for at hente deres underhold og lede tingmøderne, det er deres hverv som Konger. Så sent som i første halvdel af 1600-tallet, da Danmark ellers har vænnet sig til tanken om København som hovedstad, *bor* Kristian den Fjerde ikke i København. Han bor dér, og på Frederiksborg, på Nykøbing slot, Koldinghus, Antvorskov, Skanderborg, Haderslevhus, Sønderborg, Glücksburg, Malmøhus, Kronborg, Nyborg, Odenseslottet, Riget rundt, han bor overalt og ingen steder, evigt på rejse med vogntog, med tjenere og piger og køkkengrej og møbler, tønder med rødvin, gobeliner til salene, musikanter, jagthunde og alt hvad nævnes kan. Derfor er Riget fuldt af slotte. Han må kunne bo overalt. Husene er kostbare, det kongelige rakkerliv middelalderligt og forældet, men det er givet med kongemagtens funktion. Så kommer svenskekrigene – og enevælden. Kongen blir fjern, en menneskegud, hans tingvirksomhed koncentreres til højesteret, groft sagt, han er alt for ophøjet til at holde tingmøder i købstæder og flækker, det må hans stedlige embedsmænd klare. Det er ikke en hoven, men en praktisk og rimelig ordning, gældende den dag i dag, højesteret styrter ikke til Mors eller Tønder for at dømme i lokale hverdagssager, sagerne må komme til København, hvis de ikke kan klares lokalt. Kongen bor nu på Københavns Slot, der bygges ud til Kristiansborg. Han får nyere tidssvarende sommerresidenser i nærheden af København. Alle de gamle borge og slotte blev ødelagt af svenskerne, og det vil sige ikke alene tømt for indbo. De stod uden vinduer, gulve og tage, tømmer og alt var pillet ud. Det var milliardformuer at sætte dem alle i stand på een gang, og både som boliger og militært var de alle håbløst forældede, strategisk var de fleste uden fjerneste værd. Derfor – fordi flere vægtige grunde arbejder på een gang – mister Danmark sine gamle borge og slotte, og derfor dør også det pragtfulde Nykøbinghus. Indboet blir solgt, slottet revet ned, det er idag borte.

Det er kirken ikke. Her ses, at byen var slotsby, og at kirken også var kirke for de kongelige. Lidt voldsom virker den dobbelte mecklenburgske ahnetavle i koret, Enkedronning Sofias forfædre og frænder malet i tidens yndede stil, de kedsommelige »stamtræ-tavler«. Morsommere er de diskretere minder, et epitafie over hofpræst Wismar, Dronning Sofias rentemester Obenberg, hendes livlæge Anders Schytte, og en kunsthistorisk overraskelse i den fredelige falsterske købstad: i Anna Sophia von Bauns epitafium sidder minsandten et originalmaleri af *Lucas Cranach den Ældre*. Nu er Cranach ikke den europæiske kunsthistories morsomste kapitel, men alligevel, det er dog lidt i stil med når man i spanske sognekirker står overfor billeder af *el Greco* og *Goya*. En hofapoteker og to livlæger fortæller endnu engang om byens slot og det livsglade hof. Historien i kort glimt, hændelsen inde på livet: Eberhard von Puttkammers kisteplade siger at han blev »in ein occasion auf Langelandt geschossen« i 1659.

Kirkerummet får kun lys fra syd, det nordre sideskib er ikke alene lavt og mørkt, det har også stjålet alt lys nordfra, så kirken blir usædvanlig, og ikke af den grund ringe. Man sidder i det svale rum en høstdag med sydsol ind gennem de store ruder, og man er alene. For godt 300 år siden var kirkerummet en dag fyldt, så det var ved at sprænges, af fortvivlede og rædselslagne mennesker. Svenskerne var rykket ind i byen. Borgernes huse blev systematisk plyndret for alt hvad der kunne kantes ud gennem dørene, den der mukkede fik prygl, en kårde jaget gennem låret eller i maven. Gæsterne gav sig lige tid til at voldtage hustruer og døtre i det ribbede hjem, før de gik videre til det næste. Alle, der kunne, søgte kirken. På prækestolen, den prækestol, der sidder på kirkens sydmur endnu (den var 18 år gammel den dag) stod præsten Hr. Jes Jessen. Mens han prækede, trængte en lille skare svenske officerer sig ind, og præsten »fór fort udi sin Prediken som han var fangen an, at tale mod Krig og Hor, Ondskab og Skammelighed mellem Guds børn der bør at være som Brødre«. Han talte uden hensyn til de høje fjendtlige herrer, lagde sin præken an på at tale netop til dem, men alligevel klogt. Han fråsede ikke i had, der kun ville ha skadet, men talte frit og hårdt mod det der skete i krigen, mennesker uværdigt.

Det var vistnok først da han var færdig, at han fik at vide, at en af de svenske var Carl Gustav selv. Det siges at Kongen ville høre mere af den modige præst og bad sig selv til middag hos ham, men Hr. Jes Jessen skal ha svaret, at han havde kun en smule ærter og flæsk i sit hus, resten havde Svenskekongens egne folk taget.

Men Kongen kom alligevel, spiste hos Hr. Jes og lovede at skåne Nykøbing for mere, end der allerede var sket.

Sådan fortælles det, og Hr. Jessens billede »på rådstuen« med familie minder stadig om byens redningsmand. Dér oppe stod han, på dén prækestol. Nationale kunstnere har selvfølgelig forsøgt sig, og de har tegnet Hr. Jes som en hvidskægget gubbe. Han var den dag kun 32 år, og han havde været byens præst i tre. Vistnok, man ved ikke præcis, om det er det ene eller det andet år af svenskekrigene episoden sker. Og endelig véd man ikke, hvor meget der er broderet på historien, men rent digt er den ikke. Skånet blev byen dog heller ikke. Efter krigene gjorde den sine tab op til 160 000 rigsdaler, tabt ved ubetalte leverancer af naturalier, ulovlige skatter til de svenske, og ved plyndring og indkvartering. Svenskerne blev også her i Nykøbing til hen i juli 1660.

Syd for byen søger vej og bane lige målbevidst *Gedser*, vejen sydpå med færgefart over Østersøen, før krigen og nu igen det østlige Danmarks kontakt med Tyskland, til tider hårdt trængt i konkurrence med den skånske Trelleborg-Sassnitz-rute. Fremtiden, de tyske grænser, og problemet om bro over Øresund, vil spille med i Gedsers skæbne. At sydspidsen hedder *Gedser Odde* er dobbelteffekt, den hedder egentlig Geds-ør, og øre er en odde. En ged er en ged, måske noget med en gedehyrde, måske et mandsnavn, væsentligere er, at odden er bygget af det grus og sand, som østlig strøm har høvlet af Møns sydkyst gennem årtusinder og skyllet her ned. Til op imod århundredskiftet var halvdelen af Falsters sydlige smalle ende vand, der stadig hedder *Bøtø Nor*, selv om det er tørlagt og der kun er fugtige lavninger tilbage. Stranden er god, og sommergæster har opdaget det.

Falsters eget navn er vanskeligere end gedeodden. Man gætter at det hænger sammen med ordet »fjæle« at skjule, men også at det kommer af et ord der betyder noget i retning af »bleg«, øens lyse lerjorder.

Midt på øen ligger byen *Tingsted* og siger med sit navn hvad her var, Falstringernes gamle landsting. Her er ikke meget at se, og dog lykkedes det *Einar Dyggve* at vise, med gamle kort og svage spor i terræn og byggeri, at her lå ikke alene et ting, men også et vældigt helligt *vi*, en trekant som i Jelling. Tingsted kirke må så ligge på hov'ets plads.

Men det er østpå, Falster har sin gave: skovene langs Grønsund og sydpå. Østerskoven er den dybeste, og her er sine steder ret langt mellem skovvejene. Man er alene med skoven. Selv rige sommerdage møder man ikke et menneske, når man går bort fra de gængse strøg, og dem er der ikke mange af. Det er skov under kultur, ikke urskov, og alligevel skov. Rovfugle letter tungt fra rederne og glider tyst bort gennem solpletterne. Mus smutter i de visne blade, syren flokkes om bøgens fod, og rævens unger leger røddunede udenfor hulen, mellem hvide fjer og øgleagtigt stive hønsefødder i det lyse sand. Hindbær, brombær, bjørnebær, sorte mosehuller med de store gule sværdliljers lysende sole, tropisk mangrove. Dunhamre lader fnuggene løsne sig, og de driver i skyer mellem skovens stammer. Igen og igen standser man ved grave fra stenalderen, stengrave der aldrig blev rørt. De sank sammen i fred, groede til med krat og lav. Her var bygd engang, nu er skoven groet hen over det hele, man aner ikke hvad fædrene egentlig lavede her. Var de af samme slags som Sjællænderne i det hele taget? De havde allerede i oldtiden deres eget særpræg. Andre steder i landet ligger oldtidens høje ret jævnt spredt i oldtidens bondeland, de kan følge de gamle vejlinjer i striber, de kan søge ind på linje efter bakkehæld eller kravle til vejrs på højderne. Men på Lolland og Falster ligger de i tætte grupper og klynger, og udenfor dem næsten ingen. De ligger som dødebyer, højene tæt ind på de gamle landsbyer formentlig, her var åbenbart virkelig landsbyer, og man har haft sine egne vaner hernede. Østerskovens stengrave ligger tæt som højene, og mod kysten rager trærødderne ud af de lave lerskrænter, en stenalderstrand som man så dem på barneskolens naive og alligevel så levende billedtavler. En vældig sten i strandkanten, sprængt, men oprindelig en af Danmarks store, hedder *Ølkarret* og er en gammel offersten. Falster har flere af dem, som Knækkerygstenen på Låland.

Nordligere ved Grønsund er færgestedet til Møn, hvor den unge Holberg så hende ligge på alle fire i kartoflerne, en gammel hærget kone, ikke megen romantik mere om den vilde adelstøs fra Tjele, der endte som færgemandens kone. Borrehuset er borte nu. Her står en sten, der siger at her stod det, og hvad var *Marie Grubbes* livseventyr så, nøgternt set?

En ikke alt for dydsir adelsmand får to døtre, der »næppe have nydt nogen god Opdragelse hos deres letfærdige Fader«. Marie, eller som hun mindre poetisk egentlig hed: *Maren* Grubbe blev gift med Frederik den Tredjes uægte søn, og Monarken hædrede brylluppet med personligt at skrive et digt. Marens søster ægter Hr. Stig Høg, der er »en god Ven af Gyldenløve, men snart endnu bedre Ven med hans letfærdige unge Frue«. Skilsmisse. Gyldenløve returnerer loyalt medgiften, 12000 rdl. plus jord, og med pengene i lommen turer den unge Frue ud i Europa og solder det hele op. Hjemkomst, anger, en svag fader, der ikke gir pigen en endefuld, men en ny medgift. Atter et pænt borgerligt ægteskab, som Fruen er sjofel nok til ikke at flygte fra, men at latterliggøre ved at ophøje kusken Søren Sørensen til ægteherre af gavn, mens hun iøvrigt behandler sin aldrende far hovent og uartigt. Gamle Erik Grubbe ber Kongen om lov til at »hensætte Datteren på Bomholm«, hvilket i et glimt røber resten af Rigets datidige syn på den fjerne ø. Ægtemanden blir bedt om en udtalelse til myndighederne og svarer med at bede om skilsmisse. Maren Grubbe får nu sin Søren Sørensen Ladefoged »hvis Duft af Tjære og Gjødning hun saa gjerne gad lugtet«. De flakker om, hun spiller på lire for at tjene til føden, de havner i Borrehuset her ved Grønsund færgested, hvor hun dør 1718. Man ved ikke, hvor gammel hun blir, men hun har dog mindst været ca. 15 i 1660 da hun blev gift, så hun har ikke været under 73 ved sin død, måske lidt mere, så livet har ikke svækket hende. En pige robust i hormoner og helbred, ganske givet en for stærk dosis til de to hæderlige, men mere sindigt kørende første ægtemænd. Hvad *Blicher, H. C. Andersen* og *I. P. Jacobsen* får ud af den historie hæfter de selv for. Hun var brugeligt stof. Men i 1711, da den unge Ludvig Holberg er flygtet herned for at undgå pesten i København, fortæller konen i Borrehuset ham, at skønt Søren Ladefoged på den tid er tre år i jern for et drab, og skønt han er ret brutal at være gift med, er han dog langt den bedste af hendes ægtemænd. Var hun så satan til tøs, eller en stakkels misforstået pige? Eller bare et tankeløst sjuskehoved med sit liv? Hun har nok ikke været så sart. Overført til idag: en datter af et lidt frønnet overklassehjem løber grassatt, og man har hørt så galt. Det rygtes blot idag ikke over det ganske land. Her ligger noget væsentligt. Vore medmenneskers skæbne rager os ikke. Deres vanskæbne går os ikke på nerverne i vort glatte, isnende fælles, småborgerlige velfærdssamfunds angst for at implicere os, at leve og at *medleve*. Det samme dengang? Så var Maren Grubbes privatliv ikke blevet husket i mere end to hundrede år. Den tid var hård, barsk, stærk, også fattig og ond, men den var ikke umenneskelig på vor måde. Det medmenneskelige var ikke stivnet i forsorg og agitationsprogram, det var umiddelbart, båret af at alle endnu havde ansvar for sig selv, risiko, angst for at tabe spillet, fordi det kunne tabes af enhver. Man ligger på ryggen i det dybe septembergræs, her hvor Maren Grubbes hytte stod. Den forsigtige I. P. Jacobsen i sovekammer med Maren Grubbe? Han var kommet ud i en ruf. Og Blicher ved aftenvindvet, som når han studerede sine tatere? Det går ikke. Her må skelnes mellem litteratur og virkelighed. Hendes tilfælde er næppe så sælsomt. Trold kan tæmmes, men ikke af Hr. Hvemsomhelst. Dér tog hendes far fejl. Det kostede faderen meget, datteren mest.

Stubbekøbing, købstaden ved strømmen mellem Falster og Bogø, var engang livligere. Sin solide kirke fik den finansieret da den var med i sildefiskeriet. Den kan i sin statur minde om en anden af sildefiskekirkerne i det gamle danske, kirken i Simrishavn, Skånes sydøstlige hjørne. Byen er hyggelig og stille, men vil man i eet sug inhalére Stubbekøbings atmosfære, går man til havnens færgeleje og studerer Bogøfærgens taksttavle, og man undres over at denne vidunderlige skrivelse er forfattet af Præstø Amtsråd, for intet andet sted er man Frederik den Sjette og et længst svundet Danmark så nær. Det knirker af diligencer og herrer med kalvekrøs, damer i rejseslag og deres livréklædte tjenere blander sig med handelsfolk og markedsbønder, mens den lille by nynner tidløst i solen. Man skulle tro det kunne være gjort lettere. Der er *tolv* poster alene for hvad biler i alle tænkelige udstyr koster, der er takster for »en person med håndbagage«, for personer med cykle, for en hest, for et *kvæghoved* eller føl, for en kalv, et svin, et lam, en gris, hund, kalkun, gås, et par ænder *eller des-*

lige. Der er særtakst »for handelsreisende«, for en drittel smør, og for en tospændig arbejds*eller rejsevogn med påværende rejsetøj*, samt for hest og kusk. Hvornår passerede et rejsekøretøj med to heste og rejsetøj sidst strømmen her? Fritagne for betaling er »heste- og kreaturtrækkere«, og »for børn under 4 år samt for nødlidende betales intet«. Hvem afgør i en fart ens nød ved billethullet? For barnevogne *og trillevogne* betales intet, *men de må følge med personen*. Til gengæld har »*alle ordentligt klædte personer* adgang til kahytten *for så vidt pladsen tillader det*. Og hvad er en *trækkevogn?* Man står i den sollyse formiddagshavn med Fritz Jürgensens smilende skygge under armen og hvisker vidunderligt, vidunderligt!

Fra Kosterland til Fanefjord

Kalkmalerier og skridende ål

Man kan tage til *Bogø* og over den ny dæmning til Borgsted Hage, men man bør gå til *Møn* ad hoveddøren, fra Vordingborg eller nordfra over *Kallehave*, på nyere kort dansklærerpedantisk noteret Kalvehave, som det københavnske Kallebodstrand er blevet korrigeret, vi lever i den åndelige knækflips tid.

Indtil for få år siden sejlede man fra Kallehave i en færge, der stod ud i Ulvsunds strømme som en træsko i en rendesten. Den svajede noget, vendte for og bag, tog kurs af Møn, truede med at stå mod Vordingborg i stedet for, ændrede mening og fik mod på Køge Bugt, men havnede altid med mange bums i færgelejet på Kosterland. Idag rækker en af Danmarks smukkeste broer over Ulvesundet, Mønbroens spænd står stærkt tegnet, skrævende tværs over strømmen. Læg mærke til, på farten over broen, at der går et rør langs vejkanten. Det er et sukkerrør, ikke som de vestindiske, men en rørledning. Fra saftstationerne pumpes sukkersaften til sukkerfabrikken i Stege.

Fra Kosterland ser man mod vest en banke, Borren, der hæver

sig over det flade terræn. Der ligger et hus på toppen, og da det blev bygget, kom der mærkelige murrester til syne uden at det interesserede nogen. Vejen sender os blidt østpå langs Stege Bugt, over Tjørnemarke og Lendemarke, forbi sukkerfabrikken og ind mod Stege, Møns købstad.

Møn hører ikke med til »Låland-Falster«. Den regnes for halvvejs landfast med Sjælland, og dog er den både kendt og ukendt. Man ved alt om Klinten og Liselund, måske. Ellers ikke meget.

Man kunne tro at Møn ialtfald er en filial af Låland og Falster landskabeligt og kulturelt, men øen er hverken Sjælland eller de vestligere øer, den er en verden for sig igen, i det utømmelige Danmark, der vel ikke har de grelle kontraster som Floridas palmbeach kontra den mexicanske ørken, men de fine chatteringer i variationerne, som det danske sprog, noget man skal vænne sig til og leve sig sammen med før man hører akkordernes spænding.

Møn selv, navnet er uklart som mange danske stednavne. Man gætter på noget med *mo*, som mo-leret på Mors, det hvide kridt i grunden og i klinten. Andre gætter, at det er *møn*, mønning, tagryg, den vældige klinteryg i øens østlige ende, kort sagt: vi aner ikke hvad ordet Møn betyder. Det er muligt at navnet er så gammelt at vi ikke kender sproget, og at det er suttet til i årtusinder, så det alligevel ville være ukendeligt. Øerne har jo heddet noget allerede i stenalderen, det skulle være sært om de alle har fået nyt navn.

Stege er måske lettere. »Stik« skal betyde »i vandet nedrammede pæle« og det brugte man udenfor havnebyer, som forsvar, skibe kunne ikke løbe ind hvor som helst. Om det er »stik«, der har givet Stege navn, er så en anden sag. Pæle af den art var der jo udenfor så mange byer.

Byen ligger ved sit nor, og der lå muligvis en ældre by, iatfald en ældre borg østpå i noret. Der er en borgbanke, idag tom (og mere end halvt gravet bort) men Stege lagde sig ved norets indløb, som Korsør og Skelskør.

Stege er livligere end Stubbekøbing, men ikke meget. En dvælende solskinsby, her er god tid, man vandrer i gaderne, her bygges ny huse, men ikke febrilsk. Som den eneste af samtlige byer i Danmark har Stege endnu bevaret sin middelalderlige grav og vold. Graven er ret dyb, volden ikke høj, der stod engang palisader på den. Hele byhalvøen var skåret af med en halvmåneformet vold og grav, og her ligger »Mølleporten«, en af vore få levnede byporte, i tegl og kridtsten, den sydøstdanske byggeskik som Nyrop brugte til sit rådhus i København uden at tænke på, at de lyse kridtbånds effekt må blie borte i en storbys skidt. Stege by, købmandsgårde, haver ned til noret, en aldrende tepavillon, og en fredelig stilhed overalt.

Stegehus, der lå ved indløbet til noret var Kongens faste borg på Møn, for Stege var med i sundfiskets øre orgie, det er silden der har skænket Stege både borgen og den kolossale kirke. Stegehus blir bygget, da landet strategisk dækkes af borge i slutten af 1100-tallet. Erik Plovpennings halvbror Knud af Bleking er fange her et års tid. Lybækkerne er interesserede i Stegehus, så både den og byen er væsentlige i Østersøens handelsstrategi. Valdemar Atterdag sætter borgen i stand, høvedsmand efter høvedsmand holder den til Kongernes hånd, Moltke, Rud, Bydelsbak, Walckendorff, Thott, Dyre og Gøje. Anders Bille gør sit navn udødeligt for alle Mønboer ved at holde borgen mod Lybækkerne og natten til 1. juli 1510 slå dem så grundigt at de må rømme øen. Anders

Bille er ellers en vanskelig herre, der har en sag løbende, fordi han et par år før på Helsingborg »kom for skade« at slå Niels Hak til Hækkebjærg ihjel, og vel værner han Møn mod Lybækkerne, men ingen værner Mønboerne mod Anders Bille. Af Stegehus er intet tilbage. Det lå ved havnen, hvor der siden har været tømmerplads, og at fædrenes blod flød i kamp mod svenske og lybske, at de holdt ud og satte livet ind, det havde virkning i sin tid, idag er det glemt. Hvor mange aner, at her er en del at huske, og at her skete meget? Fare hen, fare hen, idag sol over Steges blinkende nor.

Stege kirke er som sagt meget stor. Dens tårn er, som byporten, bygget i striber af tegl og kridtsten, og det ses over den halve ø, en kolossal murblok. Kirken blev restaureret af professor Storck, strengt, korrekt og tørt, for ham var arkitektur *huset* og intet andet. Man har talt med ældre Stegeboer, der som børn eller unge så kirkens gamle inventar, helgenfigurer og andet, smidt i en dynge på kirkepladsen, og Professoren lod byens fattige hente det hele som brændsel. Kun få stumper blev reddet til byens lille museum.

Kirken fortæller sin historie, hvis man gir sig tid. En ret stor romansk kirke blev udvidet. Man kan idag over kirkens hvælvinger nå ned så man kan se det øverste af kirkens gamle ydermure, og længere agterude på kirkeloftet ser man den gamle gotiske gavl, endnu med hvidtning i blindingerne. (Nøglen ligger på elektricitetsmåleren til venstre). Denne gamle tunge kirke fik sideskibe, der stjal dens lys, og så fik den, som kirken i Skanør, et højt og let gotisk kor, der ikke så meget som prøver at »stå til« den ældre kirke. Det lyse festlige kor har haft kalkmalerier og farvede ruder. Det virker idag sterilt, men alligevel er det dejligt. Kirkens kalkmalerier er morsomme og vel Danmarks naiveste (en høne i orgelhvalvet i Gammel Haderslev kirke gør dem rangen stridig).

Midt i kirken hænger kirkeskibet, en smuk stor model af orlogsskibet *Justitia*, skænket kirken af en Nordmand, *Hans Larsen Bergen*, der var med ombord på skibet i slaget under Rygen 8. august 1715. Flåden blev ført af *Raben*, med *Just Juel* som næstkommanderende chef på Justitia. Juel blev dødeligt ramt i hoften af den kanonkugle, der nu hænger i Roskilde domkirke, og den norske sømand skar skibsmodellen og skænkede den til Stege kirke i 1718. Siden er den hvert tiende år blevet taget ned og gjort ren, gået efter i takkelagen, malet og sat i brav stand, flag og sejl fornyet hvis det var nødvendigt, og ialtfald fornys det røde broderede silkebånd agter, der melder årstallet for sidste gang, skibet var i dok. For tiden lyder det på 1958. Skuden bæres tilbage til kirken i højtideligt optog, båret af sømænd, og tidligere kom der bag efter det en vogn med en båd på, en af vore sidste gamle søfarerprocessioner.

Kirken har en overraskelse i nordre tårnkapel. En indskrift på væggen siger, at amtmand Moltke har givet 50 rdl. til kirken, 100 rdl. til vedligeholdelse, een gang for alle, for at hans og hans hustrus kister kan stå her ukrænkede til evig tid.

Amtmand Moltke døde i 1728, og hans kiste med forgyldte blyornamenter er hele Den store nordiske Krigs bombast, sin tid hver tomme. En indskrift siger at her hviler han, og at han var Kongelig Majestæt til Danmark og Norges højt betroede Etatsraad og Amtmand over Møns Land og Bågø. Han blev fød til Verden den 13. May Anno 1668 og døde den 31. October Anno 1728 udi Hans Alders 62. Aar – hvilket ikke lader sig bringe i overensstemmelse med vor tids regnekunst, vi må nøjes med at tage det til efterretning.

Men ved siden af står hans hustrus sarkofag. Dens indskrift siger, at Her hviler den høyædle og velbaarne Frue Ulrica Augusta von Moltke Fød Huusmann. Denne salige saae først Verdens Lius Aar 1688 og blev med dend i Herren allerede salig hensovende højædle og velbaarne Herre Her Etatsraad og Amptmand Caspar Gottlob von Moltke Gift Aar 1704. Efter 24 Aars kjærlig Egteskab uden Livs Arvinger udgik igjen af Verden den 14de December Aar 1759 udi hendes Alders 71de Aar.

Det siger, at Hr. Caspar ægter sin hustru, da han selv er 36 år og hun 15 eller 16. Døden skiller dem i 1728, da han er 60 og hun er 40, og så sidder hun enke i 31 år. Mens man varsomt stryger hånden langs det grå kølige marmors klare profiler, og mens man tænker på den 15–16-årige brud og af hjertet under hende de 31 års frihed efter gemalens *sortie*, ser man på sarkofagen og glædes. Idag, eller i vore fædres tid, havde hun fået en kiste der »stod til« gemalens, som da Prins Valdemar blev bisat i Roskilde Krypt ved siden af sin mangfoldige år før døde hustru Prinsesse Marie. Her i Stege står amtmandens ærlige kobberhudede rokokkoskrin, og ved siden af er hans tredve år senere døde hustru skrinlagt i en monumental sarkofag i norsk marmor i ren klassicistisk stil, Frederik den Femtes kapel, en ny tid oprunden i løbet af de tredve år, og ærligt følger man med tiden. Her lagde den gamle enke sig til hvile sammen med sin tid, den hendes husbond ikke levede længe nok til at opleve. Det er dette, den levende løbende tid, der ikke er lagt skjul på, og som man her ikke har løjet sig fra, og derfor virker det stilfærdige og tilfældige provinsadelskapel så ærligt og så stærkt.

Men Stege iøvrigt, gader som i Kalundborg, i Skelskør, den danske provinsby der ikke for brat blev kørt ud i det ny, en mild charme, tiden går langsomt, man sludrer undervejs, nikker smilende, alt nås, det tar lidt tid, men hvorfor må det ikke det?

Det fortælles, at den morgen da det danske politi blev taget af besættelsesmagten, kom *Die Wehrmacht* også til nøglestillingen Stege. Ved broen over indløbet til noret gik de i formation, og for herfra at nå politistationen på torvet skulle de op ad Storegade, vel godt 400 meter når alle bugter regnes med. De faldt ned og tilbagelagde strækningen mavende sig frem på albuer og knæ, med geværet i hænderne, gennem skidt og hestepærer, mens tidlige morgenvandrere stod på fortovet og så på den underlige trafik. De svært væbnede landsknægte kravlede videre frem til torvet, hen over det og ind gennem politistationens pivåbne dør. Der var ikke en sjæl. Byens to betjente stod i civil mellem de andre borgere på fortovet og så på den besværlige *attaque*. Man skal ha vandret en del i Stege og sludret med Mønboer for at fatte historiens dybde, hvadenten den er streng realitet eller lidt mytisk i enkelthederne. Det kan gribe en Københavner, et sug af længsel efter at vandre langsomt gennem en solrig lavhuset gade i Assens, Stubbekøbing, Skelskør eller Stege. Bo her skal man være født til, men man kommer her igen og igen.

Østpå ved Stege Nor ligger en lerbanke, gravet af og halvt ødelagt. Her lå vistnok den ældste borg. Banken hedder *Gamleborg*, og for få år siden blev den ryddet for de sidste murrester, uden at de blev undersøgt eller målt op. Omtrent når man er på højde med den, dukker Keldby kirke frem, rødmende af gode tegl, duknakket og tæt, kendt for sine kalkmalerier. Navnet – eksperter har foreslået Keld = kedel, kilde eller mandsnavn. Flere muligheder øjnes heller ikke i hast. Kirken er en skole i dansk kalkmaleri. Her er flere årgange romanske malerier og senere gotiske, og vil

161

man det danske kalkmaleri ind på livet, undgår man ikke en tur til Møn. I tilgift har Keldby bag på sin altertavles fløje middelalderlige oliemalerier, der ganske vist er skadede, men her er dog atter de stærke klare farver, som restauratorer er så bange for at bruge. Videre går vejen til *Elmelunde*, der ligger højt på sit bakkedrag, hvid og tilsyneladende almindelig, men nordvæggen har sildebensmurværk som stenmuren i Danevirke og normanniske borge. Norddøren, nu muret til, har vistnok haft noget så sjældent som en udskåret tympanon af tømmer, og så har den engelske blomsterrosetter, som de ses i Ely-katedralen. Det er atter spor af flygtningestrømmen fra England, danske eller sønnesønner af danske, der drog til det gamle land, da William Erobreren efter 1066 kuede landet med sine brutale metoder. Elmelunde har i sine gotiske hvalv en serie fortællende kalkmalerier malet af »Elmelundemesteren«, der også har malet hvalvene i Keldby og i flere andre kirker. At han hedder »Elmelundemesteren« er tilfældigt. Man fik for alvor først øje på ham her, han hører ikke mere til ved Elmelunde, end ved de andre han har smykket.

Bag Elmelunde kirke, på kirkegården, ligger en gravhøj. Det gør der ved mange danske, norske og svenske kirker. Skønt den har ligget i vejen i århundreder, har man aldrig sløjfet den. Her ligger et emne og venter. Kirkehøjene er i reglen flade. Er de gravhøje, og hvem ligger her så? Er de ældre gravhøje siden brugt som hellighøj eller stævnehøj? Lige syd for vejen ligger Bavnehøj. Man savner rapporter om snit i en række kirkegårdshøje, klar viden om hvordan de ligger i forhold til kirke, til andre høje og til terræn i videre forstand, for her er en ende at ta op i det spegede spind der hedder overgang fra hedensk helligsted til kristen kirke. Emnet er flere gange strejfet, aldrig undersøgt til bunds.

Næste kirke, *Borre*, ligger i en bred dyb dal. Her rakte Borrevig ind til byen, der var købstad, men idag er en landsby. Man har svært ved at tro at den var Steges hårde konkurrent op gennem middelalderen, men Lybækkerne fandt det ulejligheden værd at ødelægge den i 1510, så de ved freden måtte love at bygge kirken op igen. Østligste kirke er *Magleby*, navnet er idag helt parodisk. Kirkens svære tårn var engang et tvillingtårn. Man har gættet på at Stege kirke i romansk tid havde to tårne, og så er det ikke mærkeligt at finde det gentaget her. Det ses endnu klart i murværket, at rummet mellem to tårne er fyldt ud, og i loftsrummet står murene endnu, så man går på en indre bro mellem de to tårne. Her oppe hænger en af Danmarks meget gamle kirkeklokker. Den har lydt ud af glamhullerne i 7-800 år. Den må være lykkedes usædvanlig godt i støbningen, ellers var den revnet forlængst.

Østenden af Møn er Klintekongens rige. Det er ikke blot eventyr, det er en gammel realitet, der nu snart kun eksisterer på tryk, i værker om sagnforskning.

Møn er ikke mere hengiven til overtro og trolddom end Sjælland eller Falster, men i et lille sluttet ørige er det lettere at få hold på hvad den gamle bygdetro egentlig går ud på. *Klintekongen* bor naturligvis i Møns Klint, men han hersker ikke over hele øen, kun over »Høje-Møn«. Vestpå hersker *Grønjætte*, og de to slås ikke, man har snarest indtryk af at Grønjætte er Klintekongens lensmand. Grønjætte har slået syv kæmper på Falster, siges det, og det må minde om gamle kampe mellem landsdelene, Mønboerne elsker ikke Falstringerne i deres sagn. Grønjætte hviler i *Grønsal* på Hårbøllemark, han har hvilet sig på *Hvilestenen* i Frenderup, og på hans grav ligger en *Klingresten*. Den østlige vætte, Klintekongen, hedder egentlig *Kong Opsal*, og »Opsal« betyder egentlig noget i retning af det høje helligsted. Han skal holde fronten mod

Klintekongen ovre i kridtklinten på Rø, eller som det hedder på tysk: Rygen. Rø-kongen hedder *Grap*. Opsal har en Dronning. Hendes navn er glemt, men en klinteknude hedder Dronningestolen. Grønjættens hustru hedder *Fane*. De to gamle bygdeguder, der deler Møn imellem sig, færdes ridende, Kong Opsal kan finde på at køre, men begge er de på gejl jagt efter ellepiger og havfruer. Man dyrker de to jætter med drikofre, en skvat øl, og Grønjættens hest får det sidste neg, det lader man stå ude.

Det er ikke hele historien. I Østmøn er der en mystisk jætte der hedder *Huno*. Hans helligsø er Hunosø, og han er sandsynligvis oprindelig en søvætte der bor netop i den sø, der nok skal ha været helligsø. Han kendes ellers også på Falster. Til gengæld har Østmøn endnu en lokal vætte, en *Geddekonge* med *tyrehoved*. Han bor i Borresø og har en sunken kirkeklokke hos sig. Vestmøn er ikke helt snydt. Kong *Asger* ligger i Asgers høj. Men når øen kommer i nød, vil Klintekongen drage ud og mane strandstenene, så de forvandles til krigere og redder Møn. Det kaldes hans *Kongeridt*. Han har gjort det to gange allerede, og han skal gøre det en gang til.

Hvad af dette er bygdeguder, hvad er gamle storbønder og høvdinger der er gledet halvt over i mytologien? En vag mindelse om gamle riter og tro, men en hukommelse, der har holdt liv i rester af en bygdetro mere livsnær og levende end de islandske skjaldes kunstlede rekonstruktion af den officielle Asalære. Den bygdetro, vi her har halvglemte brokker af, var livstro, livssyn, et samliv med landet, en hvilen i den hjemlige verden, en tryghed overfor det meget, ingen kunne klare sig, men som var »skæbne«, indtil dyrlæger, læger og landbrugskonsulenter skabte en ny viden, en saglighed, en ny tryghed der gjorde den gamle overflødig.

Møns Klint – uden Konge – man kan søge nordpå og først se *Liselund*. Det lille romantiske sted blev reddet og sat i stand, og det var godt. Men det er blevet skreget op langt over sin bæreevne, og det er synd. At kalde det »slot« er håbløst misforstået. Det er, fordringsløst set, et yndigt digt i den danske guldalder, den romantiske haves møde med den store natur, sværmeriet for Klintens vælde i eet med lyse stuer. Stedet er viet til »det rene venskab«, for vi er i romantikken, efter den franske revolution, ved Napoleonstidens vej til tinderne, og Danmark har endnu fred.

På den anden side af Borrevig løfter landet sig og er ikke som Møn vestpå. Man er på Højemøn, kridtet skyder sig op under grønsværen, agrene er stærkere kupéret end sjællandsk og fynsk jord, ler kan ikke i længden ligge så stejlt. Klinteskovene er godsskov, mildt vogtede, gode at være i, og i skovene er bakkerne endnu stejlere. Fra Hunosøgård rækker en stenet vej ned mod Jydelejet gennem land der må se ud som de gamle sjællandske overdrev, bakker med enebuske, og ud over det åbne land skovens øre fuglesang. Stien snor sig ind gennem skovens mættede harpiksduft. En brat drejning, og der er ikke mere land, kun, så langt øjet rækker, syngende blåt hav. Man står på randen af kridtklinten og har havstokken et lille hundrede meter under sig.

Møns Klint overrumpler hver gang. Det er ikke muligt på turen gennem det blide Møn at tro på at man skal ende i noget monumentalt. Mont Blanc er højere, meget endda, men det uventede virker her. Klinten skal ses på hele sit stræk fra nord til syd. Man véd intet om den ved et kik i Jydelejet eller en tur ned på stranden ved Storeklint, man må gå den ene vej foroven, den anden langs havstokken, det er fire kilometer hen og fire tilbage, men en tur der ikke er mage til i Danmark.

Møns Klint er kridttidens havbund, milliarder af mikroskopiske smådyrs kalkskaller lejret på bunden og siden hævet op i lyset. Man får en anelse om kridttidens længde når man husker at laget er dannet ved at et fint slør af de små døde dyrs skaller stille dalede ned gennem havet i millioner af år. Tilsidst var laget så tykt, og endda tykkere, for der er meget mere nedenunder. Kridtet ses i Danmark ved Limfjorden, ved Stevns og et par steder til, det ses på Rygen, ved Dover i England og langs Seinens bredder. Det var et stort hav, men få steder har kridtet fået lov at skabe så smukke formationer som på Rygen og her. Hvordan Rygenklinten ser ud i dag vides ikke, der skal være lavet en del militært. Møns Klint har sin skønhed ret urørt endnu.

Klinten var i lange tider den store gåde, og så at sige alle vore ældre geologer har prøvet sig og taget fejl. Vanskeligheden er svære ler- og sandlag ind imellem kridtet, og man havde endnu kun tåget viden om de kræfter der har foldet jorden, kastet lagene imellem hinanden og siden høvlet hele landet af. Så sent som midt i forrige århundrede anede man intet om istiden og havde de særeste teorier om, hvordan i grunden alle de svenske og norske sten i Danmarks ler var kommet herned.

Går man langs Klinten en sommerdag vil man før eller senere støde på børn eller på en pæn gammel mand, der sælger forstenede søpindsvin eller »vættelys« for små priser, 25 eller 50 øre stykket. Folk køber og er lykkelige, og »nedkommen på Stranden«, som Forchhammer kalder det, opdager de at man på ti minutter selv kan samle en spandfuld gratis.

Langs Klintefoden går man i flint, med enkelte udvaskede kridtbrokker. Flinten ligger i kridtet i tynde lag, grå eller sort, rester af kiselalger der voksede på kridthavets bund og siden smeltede sammen. Den sorte flint er glasagtig, syngende i klangen når den går i skår, lovlig springsk til flintredskaber. Man vandrer her med den stejle hvide kridtvæg på den ene hånd og det blå vand på den anden. Det lugtes og føles, at Vesterhav er det ikke, men Østersøens bløde brakvand. Det ses af tangen der skyller i havstokken, brune alger med fine grene, der sætter sig som slim i garnene og ikke er til at pille ud igen. De mønske fiskere kalder den »møgfidt«.

Klintvæggen er ikke bare en kridtmur. Den har skar og kløfter, dyndbræer glider langsomt ud på stranden, vand siler ned, hvide tinder står svimlende højt rejst mod den sortblå himmel med de sejlende hvide skyer. Svimlende, så overdrevet det kan lyde, for det er sølle halvandet hundrede meter, men dimensionerne virker. Her er intet at sammenligne dem med.

Og se så de tinder svimle mens de gør det, se klinten mens den endnu har sine kontraster af stejle kridtmure og glidende fald, skarpt skårne kridtkegler og grøn skov ned over flankerne, symfonien af kridt og hav og lyse bøge, vårlyse hele året, fordi de får rigeligt med kalk. Klinten er døende.

Det kan lyde sært. Møn står endnu, der er mere kridt bagved. De processer, der forvitrer og bryder ned og lader stå, har virket i årtusinder og har skabt klinten som den er. De vil vel skabe ny skar og fald, kridtmure og sommerspir, når det gamle falder?

Processerne er ikke de samme som før.

I slutningen af 1800-tallet blev København befæstet. Det slugte millioner af gode skatteborgerkroner, og det slugte sten. En brav del af dem hentede ingeniørerne her. Det er forbudt at ta sten langs de danske kyster. Langs vores strande står overalt træskilte, der med store tal råber et eller andet mål ud over havet, 200 eller 400 meter. Det betyder at 200 eller 400 meter ud må der ikke fiskes sten. Vi har ikke sten overalt, som Norge, så stenfiskeri er en god forretning.

Men for staten gælder lovene naturligvis kun, når man ikke ser sin profit ved at blæse på dem. Skuder hentede de sten, der lå i havet udfor klinten på stranden og i fladvandet. Gennem årtusinder var stykke efter stykke af klinten skredet i havet. Hver gang skred også det øverste tynde lerlag med istidens grus og sten. Kridt og ler og sand blev skyllet bort, stenene blev liggende, i alle størrelser, også store sten, men der var ikke mange af dem i det tynde lag ler, så det tog tid før de synede noget forneden. Bunden ud for klinten er kridt, altså hård, så stenene sank ikke, de blev liggende.

Når søen stod på, brød den mod stenene og smultede, så kun blide skvalp nåede klintfoden, og det betød dels at havet ikke vaskede hårdt mod selve klinten, dels at det grovere materiale blev liggende i grusbanker langs hele klinten, så den var værnet. Derfor gik det efterhånden meget langsomt med selve klintens nedbrydning. Frost og regn og forvitring fik tid til at skabe det gigantiske skulpturværk, Møns storladne klint.

Stenene blev slæbt bort, hver eneste en, og klinten lå forsvarsløs og blottet. Havet spulede ind, hulede i kridtet, og de store styrt tog til. 1905 røg 6 hektar af Liselunds romantiske park med pavilloner og monumenter, og skred efter skred er fulgt. Ikke alene millioner kostede Estrups københavnske befæstning, den vil også koste os Møns Klint. Skandalen er nu åbenbar. Med få års mellemrum kommer de store skred. Tusinder af kubikmeter kridt og ler skrider i havet og vaskes bort, skov og tinder går i dybet, tilbage blir karakterløse skred, og frost og regn og vejrlig får ikke de årtusinders ro der skal til for at modulere de ny flader ud i Sommerspir og Talere og Dronningestole, klintekronens lysende takker. En ny klint vil stå rede, når der er skredet så meget, at lerlagets sten har bygget en ny barriere. Så er vi langt inde i Klinteskoven, og det vil vel tage et par tusind år. Så vil vind og strøm igen begynde deres leg med at forme Klintens jætteskulptur. Men den ny klint vil ligge langt mod vest, og den vil i højde være et bam mod den der går tabt.

Og så mener mange at de har set Møns herlighed.

Møn er uopdaget land, selv om øen kun er et par timers bilkørsel fra København.

Sydkysten langs Hjelm Bugt er fra Madseklint til Klintholm havn over tyve kilometer ukendt strand, urørt, øde, solfyldt og ventende. Der er lerskrænter det meste af vejen, man er alene med strand og hav. Havet huler, sand og grus siksakker sig vestpå langs stranden ned mod Gedserodden, klinterne skrider stadig, de fleste steder vil sommerhuse på kanten kun leve kort. Stranden er sine steder åben i ryggen, ind mod Oddermosen, og i havstokken ligger stenene endnu. *Tøveldestenen* er så stor, at man kan »vende på den med hest og vogn« siger Mønboerne. Hvordan man får hest og vogn op på den siges ikke. Overraskende lyser *Hvideklint* med en lille kridtmur mod havet, og her fisker man svovlkis i stranden, ude på havbunden, tunge gyldne klumper. De fleste er så løse at de blir sortbrunt støv når de tørrer, men her finder man noget så raffineret som søpindsvin der ikke er blevet til flint, men til svovlkis, af guld, tror man første gang.

Kort øst for Hvideklint ligger Vagtbo eller Vagtbod Bakke. Ovenpå strandklinten er intet at se, ingen spor efter nogen vagtbod, men kysten skyder sig her ud i en lille pynt, fordi stranden er blokeret af store sten. På dem er der spor af mørtel. Et eller andet bygværk er ramlet i havet her, måske et vagttårn. Teglsten er der ingen af. Meget er gået i havet her. Gamle skibsplanker er ikke

169

sjældne i strandkanten, men Møn selv gik også til havs. Syd for Budsene på Højemøn lå Brøndhøj Skanse. Møns mange kystskanser er i sig selv tankevækkende, og dem skal der vendes tilbage til, men Brøndhøj var mere end en skanse. Her lå en lille by, eller et ladested, der skal være grundlagt af Lybækkerne. På een nat, 1. februar 1625, blev Brøndhøj skyllet bort af en stormflod »med folk og huse«. Endnu i forrige århundrede var havstokken fuld af pæle, tønder der var gravet ned som brønde, og man fandt gryder og lerpotter i strandtørven. Møn synker, som hele det sydlige Danmark, og det koster.

Møns vestende, Grønjættes land, har sine skove, tre i een, *Grønnede Skov, Strandskoven og Fanefjordskov*, kun ejerne kender grænserne, de ses ikke. Her kommer ingen turister. Og dog blev eet eventyr ude. Før krigen var her et af de få steder i landet, hvor skov og hav legede med hinanden uden at nogen blandede sig i legen. Lerskrænterne stod ude mod havet, og de knortede bøge fingrede hjælpeløst i luften efter støtte med de lange rødder. På stranden, i det hvide sand, lå ligene af de faldne kæmper, jættebøge der var styrtet i havet og havde fået lov at blive liggende i det lave vand. De havde ingen bark, alle tyndere grene var borte, hver gren rakte fortvivlet i luften med en fane af tang fra vinterstormene, benede skeletter af fortidsdyr. Sådan så de danske strande ud i årtusinder. Men krigens pligthugst og tømmerpriserne fik endelig bønderne ned på stranden med en sav. Skoven er en af de stilleste i Danmark. Den har lysninger og mørke strøg, små dunkle moser, brombær og hindbær så man er smurt til og ikke kan æde flere, skoven åbner sig ustandseligt mod havet, det blå vand og Falsters skovklædte kyster i morgensolen. Her er lokkende strand overalt, man er her i dage og de går alt for hastigt.

Langs *Hjelm Bugt* ses een ting stærkere end andre steder, fordi man her kan se et så langt stræk af kysten: ålegårdene, der med få hundrede meters mellemrum rækker deres pælegærder ud i havet. På stille grå dage, når havet er blankt og lyst, ser man pælenes tusindtallige virvar hele bugten rundt. Ål fanges andre steder i Danmark, men her skal en ål være heldig for at nå frelst igennem. Ålens gåde og eventyr blev løst af en dansker, professor Schmidt. Før den tid anede man ikke hvor ålene kom fra, og hvor de blev af. Man vidste kun at hver vår står de små nåleslanke glasål ind mod kysterne og søger i millionvis op gennem åer og bækløb til de ferske vande. Det gør andre fisk også, laksen for eksempel, men den gør det for at yngle. Ålene ynglede ikke oppe i søer og moser, de var der til de var vokset til blankål, så stod de til havs og vendte aldrig mere tilbage. Nu véd vi, at ålen står tværs over Atlanterhavet og lægger sine æg helt ovre under den amerikanske kyst, og de små ålelarver svømmer østpå over Atlanten. Den tur varer så længe at de er vokset til glasål inden de er fremme. Så svømmer de op i det ferske vand og – så står de til havs igen og svømmer for anden og sidste gang i deres liv tværs over Atlanten, store tunge havål, og så må vi tro at de dør når de har lagt deres æg og fuldkommet løbet. Atter een af zoologiens uløste gåder, for sådan gør ål, men *hvorfor?* Har Wegener ret i at strædet mellem Europa og Amerika oprindelig åbnede sig som en smal spalte, der siden gennem årmillioner umærkeligt er blevet bredere, har åleslægterne vel blot ikke opdaget at turen stadig blev længere. Men alligevel –

Det er sidst i juli, hen i august, der blir liv ved fiskerlejerne langs de danske kyster, og i det første månemørke går det gamle hellige budskab fra boplads til boplads: *nu skrider blankålen.* Ned gennem åer og bække svømmer millioner af ål, grebet af den ene

171

idiotiske tanke at nu skal der svømmes. De når ud i havet og svømmer langs kysterne, stadig mod det saltere vand. De svømmer langs bunden, og de står mest til havs i de måneløse nætter. Man sidder ved stranden i den hede augustnat og véd at dér ude, under de små rislende morild-gnistrende bølger, går det tyste tog mod verdenshavet, et glidende tæppe af ål ved ål. De rammer ålegårdenes garn, søger udefter og havner i ruserne. I dagbrækningen blir ruserne tømt, og fiskerne sidder i deres både med ål slimende og glidende om benene. Det årtusindgamle eventyr gentaget hver høst på samme vis, trods motorer og enkelt andet nyt. Ålegårdsretten er urgammel, med i de gamle love, en konkurrence, som kampen om jordlodder i Klondyke, men med sine traditioner. Pælene kan stå en del år, til en isvinter brækker dem, og sejlads i ålegårdsvandet er ikke ufarlig. De gamle brækkede pæle står under vandskorpen og kan i søgang hugge op gennem bunden på en båd. Havbunden er brolagt med knækkede, vanddrukne pæle. Stegt ål æder man uden brød og kartofler, og ålerygradene skal nå tallerkenen rundt. Kan de nå to gange rundt, er det velgjort, og man har takket Guderne passende for deres gaver. I midten skelettet af en rødspætte, den tog det fedtede af tænderne. Så er man mæt. Og træt. Der hører en snaps til hvert stykke ål, siger traditionerne, og hvem tør krænke dem og de fangstgivende magter. Et ålegilde af de gamle, som fiskerlejet vel har kendt dem længe, er en stærk oplevelse, og der skal helbred til.

Fanefjord. Navnet er en fanfare, men hvad står det for? Kirken er meget stor for den enkle bygd omkring den. Kirken er toskibet, med murede piller ned midt igennem, og overalt er den smykket med gotiske billeder malet af Elmelundemesteren. Her er dobbelt så mange hvalv som i hans andre kirker, så her måtte han udvide programmet, han er ellers ikke bange for at gentage sig selv i kirke efter kirke. Så pragtfuldt festligt stod de danske kirker smykket i den sidste katolske tid. Det er lyst gotisk humør i folkelig fortællestil, en naiv fortrolighed, men ikke spor ubevidst. Det er de hellige legender i middelalderens hverdag, her sidder julenat Maria med barnet i stalden, mens Josef guffer øllebrød i sig af en middelalderlig dansk lerpotte, alt er ligetil, fatteligt for enhver. Farverne er blegede, men fine, og få steder ser man det sene danske kirkemaleri så intenst som her. Kirken er et af hovedmonumenterne i det stærke danske kirkemaleri. Hvor de svenske sengotiske mestre ofte er mere monumentalt storladne, er de danske snakkende, hyggelige, uhøjtidelige, enkelthederne er på grænsen af det groteske, men helheden er alligevel i balance, farverig, levende og helstøbt. Og gå herind en klar solrig vinterdag, når nysneen ligger over kirkegården. Så kastes sollyset nedefra gennem kirkeruderne *op* i de farverige hvalv, og man står lammet og stum i en overvirkelig åbenbaring, et rum, en verden af lys og farver, en oplevelse af det danske kalkmaleri, der aldrig glemmes.

Men hvad skal den store kirkebygning her?

Fanefjord var fiskerihavn under sildefisket, den naturlige havn er stor og god, det lave land omkring den ypperligt til boder, salteri og transport. Men stedets navn klinger med andre toner hos Saxo. Han kender Fanefjord på Møn, for her var Valdemars og Absalons fremskudte flådebase under Vendertogene. Vordingborg var hovedbasen, men i Grønsund ligger Fanefjord så strategisk godt, at man kan manøvrere store flåder ud og ind uden at det ses ude

Der er ikke gravet ved Fanefjord, fjordbunden er ikke undersøgt. Men se på et kort: Møn og Falster danner tilsammen en tang der lystent gaber ned imod Rø eller Rygen, Vendernes hovedsæde med byen Arkona. Midt i tangen er der en smal åbning, Grønsund, og ved Grønsund ligger Fanefjorden med nem udfart alle vegne hen, farvand nok til omgrupperinger, og ikke to kilometer ud forbi Hårbølle Pynt. Bagud er der fri sejlads til og fra Østersøen.

og fra, med rige muligheder, direkte sejlads til hovedbasen ved Vordingborg, vejen østenom Møn gennem Ulvsund ud i det nedre Øresund, vestpå gennem Storstrømmen til Smålandshavet og Storebælt, hvis man ikke har brug for smutvejen gennem Guldborgsund ned mellem Låland og Falster, og Grønsund åbner sig fra Fanefjord sydefter som en tragt, så flåden kan stå ud og gå på linje, så den ikke overfaldes før den har mulighed for at danne en front.

Overalt i strandlandet ligger skanser og volde, der aldrig er ordentligt undersøgt. De hedder »Svenskeskanser« eller er »fra Englænderkrigene« og en del af dem er notorisk sat i stand under krigene med England, men blev de ved den lejlighed lavet på bar mark, eller var her noget i forvejen? Går man dem efter een for een, der er fem på Bogø, flere på Falster og Møns kyster, Borren oppe ved Koster, ses at de danner et strategisk system der dækker indvandene og flådebaserne. I Englænderkrigene spillede *Fanefjord* ialtfald ikke nogensomhelst rolle.

Fanefjord er ikke uddebatteret med Saxos få ord om at her startede togterne. Fjorden har været en strategisk nøglestilling, og det er tænkeligt at den har haft fremskudte forsvarsværker allerede den gang, og så strækker der sig tilmed en meget gammel linje tværs over Møn, i ryggen på Fanefjord, voldsteder og stednavne der snakker om noget i den retning. Kan man ved Fanefjord finde en vikingelejr som Trelleborg? Eller hvad finder man? Og har det så linjer tilbage til vikingetidens lejre, eller er den tradition aldeles brudt? Det blide Møn ånder fortid overalt, når man spiler næseborene. Stednavnene vidner, at ryddet for tidligere bebyggelse blev øen ikke af Venderne. Tostenæs og Askeby er fra vikingetiden.

Store Dame er en by, på de nyeste kort desværre pedantisk rettet til Damme, den hedder og udtales Dame. Dame Mader er et mosestrøg. En made er en våd eng, maj på sønderjysk, Moor på tysk, det er samme ord som mudder. Bønderne slog sig sammen om at dræne og grøfte, og det er forklaringen på at Stege Avis en gang om året, i september, har en annonce om at Dame Maders Pumpelag holder sin årlige generalforsamling hos Fru Rasmussen.

Et par af vestøens gravminder er klassiske: Kong Asgers høj, Danmarks største og smukkeste jættestue hvor man kan stå oprejst, og Klekkendehøj med en dobbelt jættestue.

De stenbyggede kamre er skjult i en høj, der skyder ryg i kornet. De officielle jættestuer er ikke de mest fængslende. Kong Asgers høj er imponerende og meget smuk, kamrets sidesten er blokke, som det har taget tid både at finde og slæbe til stedet, for selv om landet var stenrigt, før agrene blev ryddet, har de sten ikke ligget ventende her i en dynge. Det har taget flere år at få den stue rejst, og man har vel slæbt stenene om vinteren, når jorden var hård og man havde tid nok. Men de mindre, ret ukendte stenstuer ligger overalt i landet. På Møn ligger en smuk stue nede på Hjelm mark, og her kommer ikke mange turister. Indgangshullet er dybt, man må på maven, og der er gerne lidt pløret i døren. Først næsten inde i kamret kan man rette sig halvt, og er man helt inde, er man atter i en solid jættestues gode mørke. Her er ikke mange dyr. Hvad skulle de her. En kat kan snige sig herind og få killinger. Her er ret tørt. Man sidder i det tyste sorte rum, og øjnene vænner sig til mørket, så det tynde lys fra indgangen efterhånden får en smule magt. Man mere aner end ser det tunge kammer, der stod ubrugt her i årtusinder, siden den sidste gravlæggelse fra stenalderbygden. Vi er vant til de stenstuer. Også her er det en oplevelse at ha fremmede med, se med deres øjne. Stuen her ved Østersøens kølige strand er bygget omtrent samtidig med Ægyptens pyramider. De to verdner har intet anet om hinanden. Man var nået ikke så få skridt videre nede i Nildalen, mens de mønske bønder sved skove af og kradsede jorden med en plov – der til gengæld ikke var stort ringere end den ægyptiske. Blev der holdt hellige stævner her i de dødes hus, som Martin A. Hansen mener det? De døde blev båret herind, det er ligetil. Men hvordan? af hvem? hvad blev der mumlet og messet og gjort? hvad sang de? hvad tænkte de? Man sidder alene i timer i det tavse stenrum. Ikke en lyd udefra når herind. Man får ugleøjne i tusmørket, så man skimter. Mere magter man ikke at se, hverken af stenstuen selv eller af det, der engang var nu, en selvfølgelig virkelighed, en hverdag som ens egen. Hvem siger om tre tusind år, at han gad dog i grunden vide, hvordan man egentlig tænkte og var i vor levende virkelighed? En hilsen til ham, men den når ham ikke.

Fra Fakse til Roskilde Landevej

Om sunkne kanoner, og om kontinuitet

Landet mellem Næstved, Vordingborg og Præstø er mangfoldigt, selv om vejstrækkene er korte. Det er de sjællandske Gøngers klassiske land, det var navnlig her Gøngehøvdingen opererede, og Carit Etlar har skrevet en god bog. Gøngehøvdingen og hans fællers liv var lidt anderledes. Svend Poulsen var kaptain i den kongelige Gøngegarde der til tider lå på Frederiksborg, men ved krigen fik han ordre til at arbejde »frit«. Han skulle genere fjenden det mest mulige ude i landet, så de svenske tropper ikke alle kunne trækkes sammen om København. Hans metoder var nok så barske. Der eksisterer en rapport fra hans hånd, om få dages virksomhed, en række drab på svenske patruljer, så og så mange »gjort kaput i skoven«, og han er specialist i svenske kvartermestre. Hans senere liv er om muligt dunklere end begyndelsen. Han får som løn en gård af Kongen, men uden besætning, vinduer og døre, en ruin, som han ikke kan få på fode. Han dukker vistnok frem endnu engang under Skånske Krig 1675–79 og dør, såvidt man kan forstå, ovre i Skåne, måske dog som strandvagtkaptajn

177

hernede ved Stevns. Legender om ham er der nok af. Sikkerhed kniber det med.

Over Præstø når man til *Fakse* hvor kridtgrunden melder sig igen, dennegang med et nyt eventyr: *Fakse Banke* er dannet i kridthavet, men senere end Møns Klint, da havet var fladvandet, og banken var en koralø. Nægter man at tro på det, kan man selv finde blokkene med koralstokke i, og man kan gå på jagt i kalkbunkerne efter søpindsvin, snegle, ammonitter og krebs, og efter flager af bankens øverste lag med dybe furer af bræen, der skrællede toppen af koralrevet. Koralø, men uden huladansende piger. Her var hav og ø, øgler i havet, og fisk, men intet menneskeligt øje nød solnedgangen. Det var før der kom mennesker på jorden.

Kridt endnu engang, men kort. Man tar østpå, til landet holder op. Til Møns Klint blir man stateligt introduceret ved at landet langsomt rejser sig på højkant og endelig åbner sig mod havet i kridtklintens vælde. På Stevns er landet fladt, agre og gårde som andre steder, det holder bare pludselig op, og så er der et trin på godt tredve meter ned til stranden. Det kommer uventet, og få steder ser man så klart, at skrænten blotter jordlag der rækker ind i landet.

Stevns Klint er to slags, kridt nederst og kalksten ovenpå. Imellem dem er der et par meget tynde lag, som man først ret sent opdagede, men som fortæller en mængde om kridttidens historie. Kalkstenen, eller limstenen, som den hedder på ældre dansk, som i »Limfjorden«, er brugt og bruges til byggeri. I middelalderen blev den brugt til kirker, og den bruges stadig til almindelige huse her på egnen. Ringmuren om Absalons borg i København er af limsten fra Stevns, smukt skårne kvadre, og her hentede han også slyngesten, altså ammunition, måske kugleflint, det vil så

178

ikke sige sten til bliderne, men til mændenes håndslynger. Saxe fortæller at Absalon just kommer hjem med en skibsladning fra Stevns og går i bad, da vagten melder venderskibe i Sundet. Bispen springer af badet i tøjet, står til søs, slår Venderne og pynter sin borgmur med deres hoveder på stager.

Her fra Stevns, og tildels fra Møn, Ulvshale, eksporteres kugleflint, ikke mere til direkte militært brug, men til at putte i knusemøller. Kugleflint findes ikke mange steder i verden. I årtusinder eksporterede Danmark flint. Det fortsætter, og flint er ikke guld, men til gengæld har vi nok af den.

Yderst på klinteranden ligger Højerup kirke, en lille kystkirke, som vi har dem flere steder i landet, og det vanlige sagn siger at den er bygget af folk der var i havsnød og lovede Gud en kirke hvis de blev frelst. Rent sagn er alle de historier ikke, sådan gjorde man virkelig da søfarten var mere ustabil og troen på Vorherre til gengæld nok så stærk. Man har tidligt undret sig over den lille kirke, der lå så yderligt og ikke styrtede. Det kunne ikke hænge naturligt sammen, og man sagde at hvert nytårsnat vandrede den et hanefjed ind i landet. Hvis det var rigtigt ville kirken være blevet frelst, for klintens nedstyrtningsfart er gennemsnitligt ikke nær så stærk. Men i 1930 styrtede kirkens kor. Den klare solmorgen da det var sket blev kirkens kønneste dag. Koret var borte. Korbuen åbnede sig frisk som en morgenport ud mod det åbne hav. Det tog et par timer at cykle derned, men selv om formiddagen var synet utroligt. Lyset vældede ind i rummet, og i triumfbuens portgab sås hav og himmel og intet andet. Man diskuterede at sætte en spejlglasrude i korbuen, men det blev til mur og en lille trist dør. Det vil vare længe før resten af kirken falder, styrtmaterialet er ikke engang spulet bort endnu, men en dag

ramler den naturligvis. Den halve kirkegård gik med, og bræk-
kede kister gabede ud i rummet, frønnede brædder og møre ben
lå i eet rod mellem kalkstensbrokkerne.

Kirkens kor var romansk, kirken selv gotisk, den er åbenbart
bygget om, og det kan forklare den mærkelige indskrift, der siger
(selv om den originale tavle er borte, den blev ført til Københavns
Slot) at *Da Valdemar den Fjerde* (?: Atterdag) *herskede, og da han
med stor Ære havde slaaet Holstenernes saare mægtige Hær og fan-
get Grev Nicholaus paa Fyn, blev denne Kirke paa den yderste Rand
af Stevns Klint indviet til Den hellige Johannes Døberen og til Den
hellige Clemens Martyr, ellevte September 1358.*

Kongen har næppe været til stede, og det kan man gerne tage
til indtægt for det sagn, at Klintekongen ikke tåler andre Monar-
ker i sit rige, for Stevns Klint har også en Klintekonge, som Møns,
og som Bornholms *Ellestinger*, men kun Klintekongen på Stevns
har nydt den ære at blie indlagt i»Elverhøj«.

Stevnslandets hovedstad er *Store Heddinge*, og det mærkeligste i
byen er – eller var – dens kirke.

Et enestående bygværk gik tabt, en ottekantet kirke med forog
baghus og et rum båret af søjler. Et lyn skadede bygningen stærkt,
og flere reparationer ødelagde bogstaveligt alt. Søjlerne er borte,
rummet rædselsfuldt, ottekanten har fået forlorne gotiske takker
i cement, her er et par loftsrum, der er værd at se, og en prælatstol
fra 1520-erne, samme stil i snitværk som brudekronen fra Mid-
delfart, ellers intet.

Også i det sydøstlige Sjælland ligger de gamle Herrers solide
gårde som faste monumenter over de ætter der tog magten over
deres sindigere ligemænd. *Gjorslev* er en af vore ældste gårde,
bygget i korsform af Peder Jensen Lodehat. *Vallø* statelige gård

brændte i slutningen af forrige århundrede, men er genrejst så den af ydre er omtrent som før. Her bor adelige ældre Damer af de øverste rangklasser, for gården blev, som *Vemmetofte*, adeligt kloster.

Det er i Stevnslandet, den navnkundige »Klude-eg« står. Martin A. Hansen røbede ikke vejen til den, og det sker heller ikke her. Man kan jo spørge sig for, og man får rimeligvis gal eller valen besked, egnens folk vil ikke være til grin for nysgerrige. Men den står her. Man får næppe noget menneske på Stevns til at indrømme, at de *bruger* den. Man får omtrent samme svar, som når man i Kongo spørger i landsbyen, om her stadig serveres menneske på spid: nejnej da, men ovre i vor naboby, dér æder de mennesker endnu. Døende kæmpeege står mange steder i Danmark, en vældig knudret bul med tynde grene og ikke alverdens løv. Hvor gamle de ege i grunden kan være, er selv fagmænd ikke enige om, men adskillige af dem var statelige træer, da Gorm den Gamle var dreng. Klude-egen er helligtræ. Man ofrer ikke mennesker eller dyr her mere. Det er en døende offerskik, ofret kun markeret, man gir en stump af tingen, som det allerede kendtes i jernalderens moseofre, da man fandt ud af at det var lidt for kosteligt at smide hele gode sværd i mosen, dubskoen var nok. Det er mest små tøjstykker, der blir givet til den sorte eg. Enkelte kan nok være hængt på af turister, der fandt frem til den gamle afgud, men sagen er ellers reel nok: et levende helligtræ en times kørsel fra rådhuspladsen, med tavse troende, som i det gamle Hellas, i Afrikas jungle, og her i landet vel uden ophør siden de første mennesker levede i skov på de danske øer.

Stevns er gammelt land. Her er en »Hornskov« nede sydpå, og hvad navnet egentlig står for, er det umuligt at sige, men de sidste danske »horndanse«, det vil sige gamle rituelle og traditionelle danse, hvor man bar hjortehorn, som det kendes endnu i England, er rapporteret fra Stevns. Ret ufatteligt, mens man færdes i det flade og veldyrkede, åbne land, der ser så hverdagsagtigt ud at det næsten er for meget. Martin A. Hansen kendte en kone her nede, der ofrede kød på en sten. Og det forsvandt, sagde hun.

Fru Gyllembourg fortæller, at på en rude i »Norske Løve« havde en ukendt hånd skrevet de alt håb slukkende ord: »Aa Gud aa Gud i Kjøge«. H. C. Andersen kunne ikke finde ruden (sandsynligvis har Fruen selv lavet historien), og han skrev i stedet på en af de andre: »Aa Gud i Kjøge!«

Det blev slagord, udtryk for både håbløshed, den kendte danske, der mener noget i retning af det modsatte, og mange andre ting, og det gik ud over den uskyldige by, for myten skabtes, at byen ikke rummer mange herligheder.

Den har nyere skæbne fælles med Roskilde: København er for nær. Men ellers er den forskellig fra Roskilde i næsten alt. Roskilde havn er deprimerende. Køge er sjællandsk havnestad, endnu med luft af de dage da købmændene var deres egne redere. På østsiden af kirketårnets gavl sidder endnu den murede fyrlygte, indsejlingsblusset, der viste vej ind til Køge havn. Kirken i Køge er ingen domkirke, men en af Danmarks fineste købstadskirker, og det er en skam at den er så vanskeligt tilgængelig. Det er en evig diskussion i Danmark, at mens katolske kirker står gæstfrit åbne, er de fleste danske kirker lukkede. I mange byer står de dog åbne hele dagen, man kan frit og stilfærdigt gå derind, og der sker vel ikke alverdens skade. Her i Køge skal man betale for at gå hen i en anden gade og hente en mand med en nøgle. Hvis han behager at være hjemme og så iøvrigt har lyst til at gå med. Det er trist, for kirken er af dem man må se, hvis man vil vide noget om danske købstadskirker. Inventaret er rigt, epitafierne gode, gravstenene mæler om byens borgere i tider da der var så langt til hovedstaden, at Køge var alene hjemme. Kirkerummet er meget smukt.

Køge er kendt for bindingsværkshuse. Det er en tvivlsom ære, for det kan tydes som stagnation, der er ikke brug for nyt, intet initiativ presser på. I Køge sker der ellers en del, men det er i byens udkanter. Men ser man de gamle huse nøjere efter, opdager man at de er forbavsende moderne. For nemheds skyld plejer man at tale om huse »fra Kristian den Fjerdes tid«, når det er købstadsbindingsværk, og det passer jo nok ikke hver gang, men husene er meget enkle: egebjælkernes stavværk fortæller konstruktionen, og oprindelig var der glasruder på rad, uden murfag imellem, i et bånd hele facaden igennem, lys og klarhed, kort sagt hvad vi i tyverne kaldte funktionalisme. Fremmede officerer, der under Svenskekrigene turer Danmark rundt, skriver at byhusene næsten udelukkende er bygget af glas. Senere mørke tider har muret en del af vinduerne til. Oprindelig var der alle de vinduer bindingsværket tillod. Det er lyssyn, måske en naiv symbolik, men dog. 1930-erne lavede ruder overalt. Under krigen byggede vi huse næsten uden vinduer »for at spare på varmen«. Man er i lyse tider åben mod verden, i traurige perioder har man åbenbart trang til at mure sig inde.

I Køge ligger det gamle værtshus *Norske Løve*. Man viser nordmænd det, og de bliver stille: så mindes de danske da virkelig vort gamle samvær. Og når man fortæller dem at det har værtshuset heddet fra før 1814, bliver de alvorlige. Det er ikke alverdens minder vi i Danmark har om tvillingrigerne.

Drachmann påstår at tyske geografibøger lærer børnene om

»Kjøge Bugt hvor de Danske pleie at holde deres Søslag«. Her stod de virkelig adskillige gange, Niels Juel og Ivar Huitfeldt er kun et par af navnene. Derude duvede de store udskårne og forgyldte sejlmaskiner, som det krævede mere end en mekanikereksamen at manøvrere. Der ude slog kuglerne smut over det blanke vand, kanonerne hostede, røgen rullede i hvide skyer ud fra de tjærede skibsflankers gabende kanonporte. Der er vikingetid i mange af de søslag. De var ikke altid klart strategiske. Skibene skulle ikke tvinge sig vej et eller andet sted hen eller åbne en havn for sejlads. De nordiske flåder sejler gang på gang rundt i Østersøen, Bælterne og Kattegat for at finde hinanden, så de kan komme til at slås, for som sagaen siger: det er Nordboers sæd at fare på skib, når de vil holde ufred. Admiralerne var adelsmænd, og endnu på den tid mente man, at søvæsen havde enhver forstand på. Der var gerne en skipper med, som tog sig af det praktiske, men Peder Skram, Herluf Trolle, Niels Juel og de andre: søfolk var de egentlig ikke, de stod bare til søs, og de var ikke bønder på et dæk. Slaget i *Køge Bugt* frem for alle de andre, sejren 1. juli 1677, blir indledet med ordre fra Niels Juel personlig, til gengæld den kortest tænkelige. I sin råber brøler han ordet: *luf!* – og slaget er vundet. At luffe er at lægge roret om, så skibet går nærmere til vinden, og hans manøvre var så dristig og strategisk raffineret at den blev diskuteret i flådekrese overalt i Europa. Han skar den fjendtlige flåde i to dele ved at rende sine egne skibe tværs gennem den smukke svenske rad af sejlende skuder.

De ligger derude endnu, de sorte skrog af de gamle krigsskibe, dybt i den fladvandede bugts sorte mudder. Af nogle er kun bunden og spanterne tilbage, af andre mere, og der ligger mange. De står ikke dernede med takkel og flyvende gøs, men et par af dem lod sig dog hæve lettere end det skib, man hæver i Stockholm fjord. Men den slags koster penge, og vi har glemt alt det med søen. Det var hundreder af jern- og metalkanoner, der gik ned med skibene. Enkelte er blevet fisket reglementeret op, blandt andet et par stykker til Huitfeldts monument på Langelinje. De kanoner er virkelig fra vraget af *Dannebrog*. Det ville ha været en fin tanke at fiske Køgebugtens kanoner op og bruge dem til bestykning af Kronborgs volde og tomme batterier, med en diskret fortælling om, hvilke vrag de stammede fra, og hvornår og hvorfor de var sunket. Men den blanke smilende bugt skjuler også et lille stykke nyere verdenshistorie.

Den romantiske tanke, at fiske metalkanoner her, *er* realiseret. Søde forretningsgutter af den type, der prægede Danmarks neutralt hektiske hovedstad under første verdenskrig, men som ikke siden er ganske uddød, fiskede kanoner i Køge Bugt og solgte dem til den tyske krigsindustri. Samtidig med at Danmark bad Gud om sejr for de engelske venner, fik samme venner granater i hovedet, der var bæltet med metalbånd fra Køgebugtens skibsvrag. Således gik det til, at svenske og danske kanoner, der gloende og hvæsende sank i søen med 15–16- og 1700-tallets orlogsskibe, endnu engang kom i krig, ved *Mons* og *Verdun* og finansierede et par billigfine villaer ved Strandvejen. Kronborgs batterier er stadig ubestykkede.

Den ny strandvej langs Køge Bugt, fra København til Køge, er nyt land. Den gamle klassiske strandvej fra Hovedstaden nordpå har mange slægtleds traditioner, den gamle vej til Helsingør har en smuk plads i litteraturen og sin rad af ældre kystvillaer, der ikke alle er billige.

Kystvejen sydpå er nyere, selv om her tidligt gik vej. Det er ikke mange år siden, at den løb uplejet over strandengene, med flaksende viber, lugt af mudder og rådden tang, det flade vand ude i øst, og en kvolmende os fra hovedstadens lossepladser. Langs vejen groede en spredt og ydmyg bebyggelse, et Klondyke som ingen ænsede. Her var mennesker tidligt. I vikingetid og tidlig middelalder var her livlig handel på strandbredden, og vogne fragtede varerne til og fra Roskilde. Den trafik er ældre, end vi kan spore den. Men op imod vor tid var den sydlige vej ikke »fin«.

Endnu husker man dens øde stræk, raderne af skure bygget af bilkasser og tilfældige brædder. Det er ændret. Vejen har fire kørebaner, og der er ikke mange tomme grunde. Husene ligger i en ubrudt række langs bugten, mange steder tre, fire eller flere i dybden og ind langs bivejene.

København har ikke, og kan aldrig få Oslos og Stockholms muligheder for at placere villaer i storladen natur lige udenfor hovedstaden, ja inde i den. Og det er en uudryddelig dansk synd at stykke grundene for småt og snoldet ud. Hvad danske kalder en villagrund er nærmest et gravsted, husene klinet ind i hinanden med lidt jord omkring. Det er ikke, ialtfald ikke i første række, lillemands-angst for store forhold. Men Danskerne kan ikke lade jord være. At købe en stor grund og lade den passe sig selv kan Danskerne i reglen ikke finde sig i. Der skal graves, plantes, rodes, noget skal gro, helst ting der kan proppes i munden naturligvis, grønsager, æbler, pærer, eller noget der virker uventet på stedet, så det viser ens evne til at få ting til at gro. Drømmen er måske nok parken *en miniature*, men bag den ligger bondens jordnære tradition, og måske fællesskabet, man elsker at gnubbe sig op ad hinanden. Køber en Dansker en ældre grund, stor og rummelig, med luft om huset, kan han ikke nære sig. Det klør i fingrene. Indtil han endelig finder ud af at der kan skæres fra i syd og øst og

186

vest og sælges, rare penge hjem, grunden ødelagt, kvarteret atter en smule mere kvalt, men man kan få fjernsyn.

Fra vejen ind i landet. *Torslunde* lyder måske dagligdags. Det er nok ejendommeligt, at finde bøndernes Tordengud mindet så nær en millionby med dens neonlys, men er det mærkeligere end hellige ege en times kørsel fra Rådhuspladsen? Storbyen kom senere og kan ikke ændre det, der prægede landet før den blev til. Her i Torslunde, og i nabosognet, og sted efter sted på strækket ind over Brøndbyerne til Valby, var man indtil for hundrede år siden sikker på, at Odin havde for vane at ride gennem gården ved nat. Han hed sine steder Volmer, men historien var den samme. Så nær op i vor tid lever det.

Højt i landet, ikke på en bakketop, men på en bred rygning, ligger Høje Tåstrup. Man nærmer sig aldrig den kirke uden at mindes, hvad der skete. Det var ikke i kirken, men i præstegården, de danske rigsråder mødte Carl Gustav, da han i 1658 var marcheret imod København. Han var kommet over Storebælt ved Langeland, var marcheret over øerne, op over Vordingborg med kurs mod Køge, men han drejede af og ønskede at følge Roskildevejen ind mod København. Man kan endevende hændelserne omkring svenskekrigene så tit man vil, der blir altid en meningsløs ende tilbage. Carl Gustav lagde ikke skjul på, at han havde planer mod Danmark. Danmark havde ingenlunde holdt sig forsigtigt neutral i årene før katastrofen. Frederik var bitter over at Svenskerne havde sat sig fast i Bremen, hans eget ungdoms-bispedømme, der sådan set ikke kom Danmark ved. Den svenske magt rundt langs Østersøen var et kvælergreb om Danmark, og noget måtte gøres. Men Danmark var adelsrige og middelalder, Sverige havde med Gustav Adolf i Tredveårskrigen og siden i ti år ekstra trænet sine hære og sine officerer i tidens nyeste krigsteknik, tropperne var krigsvante, officererne havde erfaringer. Danmark erklærede den forrykte krig ved at sende herolder til Halmstad, med trompeter og bannere og segldinglende dokumentruller, det rene Erik Menved. Den svenske hær kom koldt, strategisk, brutalt, et preussisk lyn. Carl Gustav var i klemme i Polen, og det vidste Frederik den Tredje. Øjeblikket skulle være gunstigt for Danmark. Men Carl greb den danske krigserklæring som en frelsende chance. Nu kunne han marchere ud af det håbløse polske roderi uden at tabe ansigt, og han marcherede.

Men hans plan var, efterhånden som den udviklede sig, mere dristig end taktisk. Den var i virkeligheden vanvid, og var den brudt sammen, ville historieskrivningen ha kaldt ham tåbelig. Han slap levende over Lillebælts is, og havde fået sin hær delt i to. Han slap levende til Sjælland, og hans hær var splittet i tre. Tøvejr eller en storm, og hans saga var ude. Han stod på Sjælland med kun 5000 mand. Overrumplings-choket var hans største aktiv, og han havde koldblodighed til at bruge det. Det danske rytteri var på Sjælland rede til kamp. Danskerne overvejede, men turde alligevel ikke risikere alt. At Carl Gustav midt om vinteren stod med tropper på Sjælland, mens den danske hær som sædvanlig var ved sydgrænsen (og ødelagt af pest) var så ufatteligt at hjernerne stod stille. Det blev »panikfreden i Roskilde«, men det første møde var her i Høje Tåstrup. Så nær var den kongelige landsknægt inde på sit mål. Her i præstegården fik Danmark kølen knækket. Stortid og Østersøherredømme gik ned her, langsomt og sikkert, til skuden stod på bunden i 1864. Her i præstegården, der ganske vist er nybygget, men kan ses fra Roskildevejen, tabte Danmark endeligt Halland, der allerede var blevet svensk »på tredve år« ved freden i Brømsebro 1645, hvor vi også afstod Gulland eller Gotland og

Øsel. Og med Halland afstod vi Skåne, Blekinge og Bornholm. Af Norge blev Bohuslen, Herjedalen og Jemtland svenske og er det stadig. I Amsterdam rodede Hollænderne henrykt i pengeskufferne. Nu blev de danske Øresundstoldere til at tale med.

En vinterdag med klar frost, så solen tænder gnister i sneen og Høje Tåstrups røde kirke og tårn flammer mod en bundløst dybblå himmel. Roskildevejens trafik er kun en smal streng. Udenom ligger det rolige hvilende land, som den dag, 18. februar 1658, den skæbnesvangreste i Danmarks historie.

Nærmere Roskilde pegede man siden på »Carl Gustavs sten«. Svenskekongen tilbød at kløve den for at vise, at »så lätt ville han erövra Danmarks krona!« Stenen var ukløvet. Trøstelegender fødes af nederlag.

Ellers er det vanskeligt rundt på Sjælland at få hold på svenskekrigenes hændelser. De koncentrerer sig om København og om Kronborg, byerne har hver deres at huske, men ude i landet svæver mindet som usikre sagn og historier. Der skete noget overalt, men i det små. Plyndrede herregårde og landsbyer, piger voldtaget, bønder mishandlet, det er for historien småting. Carl Gustav pressede mange tusind danske bondesønner og karle til svensk militærtjeneste. De kom fra hver by og hvert sogn, tragedie ved tragedie, ødelagte skæbner og liv. De forsvandt sporløst. Ikke engang dansk historieskrivning har ulejliget sig med at lede efter dem. Men eet er, hvad vi kan læse af breve, rapporter, regnskaber, dagbøger og andre papirer. Det vil måske undre, at svensk forskning åbent indrømmer, at man endnu er langt fra at ha været alt skriftligt materiale igennem. Tilbage bliver det uhåndgribelige: mindet, legenden, og endnu vagere, det irrationelle, hukommelsen. Det er sikkert som amen i kirken, at når en sjællandsk bonde eller husmand eller kloakgraver i mark, mose, grusbanke eller husgrund støder på et skelet af et menneske, så kan det være fra sten- bronce- eller jernalder, det kan være en middelalderlig landevejsridder eller et rovmord fra 1700-tallet, Sjællænderen kender kun een forklaring, og den kommer hver gang: *ded æ i'en av di' fra svenskekri' ens tid!*

På nordsiden af hovedvejen ligger en kirke anderledes end alle andre i Danmark: *Ledøv* eller *Ledøje*. Navnet lyder sært. Led- er vistnok »retning« eller »vej«, men det er usikkert. *Øje* eller *-øv* er *høj*, så stedet hedder egentlig *Ledhøj*. »Vejhøj« kan en høj måske nok ha heddet, det lyder lidt akavet. Men ordet »led« er farligt. Det betyder i det gamle sprog for meget forskelligt. *Led* er det samme som »følge«, de der støtter en i retssager eller i kamp, *led* er ens husflok, og det kan være »en flok«, også af dyr. Ordet kan betyde noget i retning af støtte eller hjælp, og »det man kan lide på«. Poetisk kan ordet betyde så forskellige ting som skib og øl. Men det kan også betyde at dele eller sønderlemme, og, som først nævnt, retning eller vej, men så også »bevægelse«, et skib der glider forbi, dagen der »lider«. Hvad den høj har haft navn efter, kan vi altså ikke sige, det blir rent gætteri. Det er heller ikke sikkert, at højnavnet har noget med kirken at gøre, og det er den, der er mærkelig. Eller var. Det er en romansk teglstenskirke, bygget i 1200-tallet, og den er ikke særlig stor. Ledøje kirke blir bygget som gårdkirke, og den blir bygget i to stokværk. Kirken er kvadratisk, ikke aflang. Hvalvene bæres af fire granitsøjler, det gir mellem de fire søjler og ydervæggene otte hvalv, og så skulle der være et niende imellem søjlerne. Men der er intet hvalv, kun et hul op til stokværket ovenover, der er bygget på samme måde. Det gir to ens kirkerum, det ene over det andet, med hul i gulvet i øverste stokværk, så man kan stå eller sidde deroppe og se ned, få part i messerne og korsangen og selv være usynlig, ialtfald hævet over mængden, som Karl den Store i kirken i Achen, der er et dobbeltkapel med ualmindelig stort hul i midten.

Det vil sige, at Ledøjes øverste stokværk skulle svare til herrestolen i Fjenneslev, Tveje Merløse og andre gårdkirker. Helt svare til dem gør det dog ikke. Overkirken har haft sine egne altre, der er holdt messer heroppe, det er virkelig to kirker i eet hus. Er meningen kun, at en høvding her er fri for at mænge sig med hoben? Ledøje er ikke Nordens eneste dobbeltkirke. I Visby ligger »Drottens«, nu i ruiner. Den bæres også af fire søjler. Huset er ganske vist ottekantet, ellers er planen som i Ledøje. Men i Visby er der ikke tale om en høvdingekirke, så det kan ikke være forklaring nok på at man laver dobbeltkirker. En katolsk landsbykirke er ikke, på samme måde som den senere lutheranske, domineret af at menigheden skal være med i alt. Kirketjeneste er det væsentlige, messerne ved diverse altre, her har præsten kontakt med Vorherre på høvdingens og på sognets vegne. Dobbeltkirken er en særpræget måde at lave en kirke på, så den får plads til adskillige ekstra altre.

Sådan var Ledøje kirke i den tidlige middelalder. Da man i 1800-tallet begyndte at se nærmere på vore landsbykirker, var der ikke meget af herligheden tilbage. Underkirken stod nogenlunde, men hullet i loftet var muret til. På kirkeloftet var der spor af overkirken, ikke stort mere. Det blev professor Storck, der tog sig af Ledøje, og han »genskabte« overkirken. Underkirken blev »ført tilbage« til »sit formodede oprindelige udseende«. Det gik ud over kirkens originale murtrappe, der ellers kunne være reddet, men idag står Ledøje altså i to stokværk, hårdt og sterilt sat i stand, som alt hvad professoren ofrede sin store omhu på. Rummets atmosfære er 1800-tallet og ikke den tidlige middelalder.

Alligevel er den et af de mærkeligste monumenter fra vor middelalder.

Her omkring ligger en del kirker med meget smukke kalkmalerier. Man er så vænnet til, at hovedstadens omegn er bare omegn, ikke land med sit eget ansigt, at det kan overraske, at man ikke skal længere væk for at stå i rum, der taler klart med farver og en fortid i sig. Man skal prøve at gå ind i en af disse små »omegnskirker« med en amerikaner. Vel næppe den første den bedste. Man går ind og siger nåja, det er altså bare – og standser med hånden løftet. Gæsten står inden for døren og stirrer på de malede hvalv, med åben mund, paralyseret. Fra hvalvkapper og korbue lyser de dæmpede rolige farver. Himmerigs porte står på vid gab, engle blæser kinderne gloende, basunerne toner lydløst ud over de frelstes skarer, og ulykkelige nøgne konger og bisper føres i Helvedes flammende ildgab. Jesu mor spinder uld på en ten, den hellige Martin deler sin kappe med en vejfarende, Katharina af Alexandria lider martyrdøden på sit hjul, St. Ib står med sin hjertemuslingeskal, og Barbara bærer på sit murede tårn. De hellige legender hvisker fortroligt og dagligdags, vi så dem hundreder af gange, men gæsten står stivnet: her? lige udenfor Jeres hovedstad? du siger at de billeder er malet i begyndelsen af 1300-tallet, og at kirken er bygget omkring 1150 måske. Er du klar over, at så var de billeder op imod 200 år gamle, og der er holdt messe i kirken her igennem 3–400 år, den dag Columbus opdager Amerika! Slæber I da ikke alle turister her ud? – Man ser desorienteret på gæsten: her? Vi har jo den slags kirker i hundredevis. De fleste danske landsbykirker er bygget temmelig længe før Europa opdagede Amerika. Vi har kalkmalerier hundreder af kirker, ældre end Columbus, vi har fra gammeldansk område henved 2000 døbefonte af sten, vi er bare så vant til det. Jamen forstår I da ikke, at man her, lige udenfor Jeres hovedstad, kan gå ind i en kirke der har stået her i otte århundreder – det er jo en fuldkommen lammende kontinuitet.

Ja. Noget væsentligt i dansk kultur, i dansk psyke. Så væsentligt at vi knap lægger mærke til det: kontinuiteten. Ikke en times kørsel herfra ligger en kirke, der har en gravhøj nordenfor sit kirkedige. På marken går der et hjulspor, for når nogen skal gravlægges dér, skal ligvognen den dag i dag en tur rundt om gravhøjen først. Hvorlænge har man haft den vane? Hvorlænge vil man blie ved?

Fra Horns Herred til Søborg

Om en indemuret bog, og om strandbad

Fra Roskilde mod nordvest, og man når op i et stykke Sjælland, der i århundreder var sig selv og alene hjemme. Det strejfedes på nedturen, men nordover strækker det sig som en svulmende og fliget halvø mellem Roskilde- og Isefjord: *Horns Herred*. Navnet er vanskeligt at tyde sikkert. Måske siger det kun, at landet rager op i Sjællands indre fjorde som et horn.

Landet blev sig selv, for hvis man ikke havde bud i herredet, kom man her ikke. Så sent som i begyndelsen af dette århundrede kneb det at få herredet til at fungere som et organisk stykke Sjælland. På vej op igennem det ser man flere steder dæmninger i agrene, eller v-formede lange kløfter. Vejen kan føre tværs gennem dæmningen, der står måbende på begge sider med et vejgab i sig som en bid sjællandsk Danevirke. Det er minder om Horns-herred-banen. Tanken var at lægge en bane, der skulle gå fra Frederikssund på en bro over fjorden, ned gennem herredet og så bide sig fast i den midtsjællandske stambane. Broen over fjorden skulle kunne åbnes og lukkes for sejlads, så den blev ikke billig.

Jord blev eksproprieret hele vejen, for størstedelen god jord. Der blev bygget viadukter, og der blev bygget banedæmning og gennemskæringer, der blev lagt sveller og der blev købt skinner. Der blev bygget små dukkestationer, og der blev lavet tilkørselsveje. Banen blev åbnet på den strækning der var færdig, med flag og ministre og alle gode ønsker om gyldne tider for Odsherred. Toget kørte i de følgende år. Planmæssigt og tomt. Af uransagelige grunde kom der aldrig konsekvens i banens forbindelse med resten af det sjællandske banenet. Det hele endte i underskud og den totale fiasko. Meningen var, at fra det fede herred og landet lige syd fra skulle landbrugets produkter fragtes til stambanen eller over Frederikssund videre til hovedstaden. Men kontakten med Frederikssund blev aldrig særlig intim. Og så – strengt taget på et tidspunkt, da banen ikke var færdig og kunne fungere helt som det var tænkt, blev hele historien nedlagt. Skinner og sveller blev solgt. Det, der ikke var færdigt, fik lov at ligge. Stationerne var billigt til salg. Hornsherred var igen alene hjemme. Banens vanskæbne var, at den kom for sent. Rutebilerne var allerede ved at slå de små baner ud, tiden var løbet fra alle de små stikbaner, der ynglede som orme på stambanerne eller lå og legede for sig selv. Her ligger minderne om en af de sidste man prøvede at lave. Her ligger en del gode millioner gravet ned.

Rutebiler kan knytte sogne sammen. De kan smyge sig ind i landsbygden, som de stivere baner ikke kan det, og de har en lokal hygge i sig, man får aviser og pakker smidt af ved gårdporten, man får bilen til at standse hvor som helst, chaufføren tar en steg med hjem fra slagteren. Men de ændrer ikke landet. Jernbanerne skabte byer, stationsbyerne, og mange af dem blev store som købstæder. Føde ny byer kan en rutebil ikke, for det er den tunge trafik, godset, der tæller. Derfor blev Hornsherred ikke støbt om i en ny form. Byerne langs vejen op gennem halvøen er dog ikke landsbymuseum. De har gode ny huse, de har brugs og isbar, alt hvad man kræver, men de er sig selv. Hornsherred er den største sjællandske enklave, der aldrig fik sin udvikling forceret i skub. Broen ved *Dejligheden* blev en større omkalfatring, end rutebil og bane, for den fører trafik fra Nordsjælland denne vej ned. Alligevel – et par hundrede meter bort fra hovedvejen er Hornsherred sig selv, alene med sin fortid og sin nutid.

Her er åbent og godt land, her er gode gårde og landsbyer, men man er afsides. Det blir svært ret mange andre steder at føle de gamle landsbyer så nær inde på sig som her. Læg mærke til Hornsherreds haver. De er ikke havekunst, som man prøver at kopiere når man kommer hjem. De er ikke overvældende vidundere, men her lever den gamle bondehave fra 1800-tallet, den der i lige linje stammer fra den romantiske have. Her har påskeliljerne hjemme. Ikke de nyere dobbelte misforståelser, men det dybe gule bæger med de lysere blade i en stjerne udenom. De står i den nøgne sorte jord, og de er ikke hentet i blomsterstutterierne. Herude lever Grundtvigs bondeblomst fra landsbyhave, blomsten der var bondsk, til man pludselig så at den er smuk. Haverne har slyngede gange, ikke med grus, men med løs grå jord revet i mønstre med riven hver lørdag eftermiddag. Her er svulmende kanter af violer og porcelænsblomster, her er liljer, og gamle blomster, som villahaven først kunne bruge, da de var »forbedrede«. Herude får roserne lov at gro. De blir ikke skåret ned, så man skal krybe på fire for at se dem. De er mandshøje, med svære tornede stammer, og de bøjer efter regnen de våde tunge blomster på tynde stilke og taber stille de duftende blade. Herude har roserne endnu deres ædleste kvalitet: de *lugter* af roser. Man borer næsen i dem og smiler. Det er de ældre arter. Man skelner dem på duften, og på de fine valører i de lyse farver. Teroserne, som man husker dem fra sin barndom. Åjo, det hænder at en og anden knop står i et par uger og lover at den vil springe ud, men rører man den, går hele historien af på een gang, det skulle nu ikke være. Her er æblehaverne endnu æblehaver, gamle krogede træer med æblernes lysende kloder. Man sprøjter ikke træerne hvide. Her ligger endnu i hundredevis de store hvide konkylier langs gangene. Skipperne havde dem med hjem som ballast. Da man var dreng, var de friskere. Nu er de grå, forvitrede og porøse, de går let itu. Dengang var de sart rosafarvede indvendig, skinnende hvide i det ydre. Der kommer ikke flere konkylier hjem, vi må klare os med dem der kom for snart hundrede år siden, og det er længe at ligge ude i frost og regn. De var solvarme, altid fulde af herligt kravl, bænkebidere og løbebiller, husløse havesnegle eller en muserede, skolopendere og tusindben og edderkopper. Man løftede konkylierne varsomt: de var kommet fra den anden side af kloden, de var vidtrejste eventyr. Idag kanter man med mursten. Buksbom'en er endnu klippet i kugler og kanter, som høns og påfugle, de sidste vage hilsner fra Versailles. Haverne får lov at gro. Hegn og buske er tykke og tætte, haven er ikke til at se igennem. Man er borte fra verden, når man er inde i den. Det var den gamle havekunsts effekt, at man lukkede haven med en mur udadtil, med mindre man lavede et skar i hegnet, for udsigt over fjorden eller landet, hvor det var værd at se. Skygge i haven, den tørre kølighed i sommervarmen. En tyk frodighed og hjemlig hygge. Man sagde ikke vil De se mine stauder, men vil du med ud i haven. Den var en helhed. Men naturligvis: haverne blev gamle, træer og buske groede større end det var tanken, da man plantede. Som det også går med større parker.

Herredet er som sagt ikke museum, men noget gammelt lever, som man dog næppe ser på en sommertur. Endnu så sent som i tyverne kunne der holdes en egnsfest, hvor folk fra Homsherred kom i ældre kostymer. Man lånte ikke fra Det kongelige Teater eller fra en folkedanser-forening. Det lå hjemme, i kister og skuffer: kjoler og bånd, huer, sjaler, vævede skørter, silkebluser i mørke perlemorsfarver, bukser og veste. En noget nær hundredårig mand med et ansigt som før slaget på Øksnebjærg bar en lang stribet frakke, hjemmevævet, tung som en dykkerdragt, og med firs støbte sølvknapper. Naturligt i Värmland eller i Valdres. Men her på Sjælland, ikke en time i bil fra Rådhuspladsen?

I hele vestlandet, mellem hovedvejen og Isefjord, ligger overraskelserne. Ikke for den der vil chokeres, men hvis man har nerve for de blide skift i et så stilfærdigt moduleret land. Terrænet er temmelig bakket, småskove lukker og åbner udsigterne, og landet glider i eet med den blå fjord. Her nede ved vandet ligger ensomme gårde, der næppe ser mange fremmede. Her er stille selv en sommerdag. Fjorden skvulper sit lune vand mellem stenene. Ruser venter på første månemørke i august, når ålen skrider. Kvier står ude i vandet og stirrer, med mulen i vandskorpen. Tjørnenes bjærge af sommersne dufter døvende. Gamle stenmoler er sunket sammen, her er ingen lokal bådtrafik mere, men stenene blir liggende.

Hovedvejen fører gennem *Skibby*, en tæt by af »gadetypen«, huse langs alfarvej. Kirken ligger lidt trukket tilbage. Tårnet er hårdt behandlet, kirkerummet restaureret så tidligt at det kunne gøres bedre idag, men formen er usædvanlig, en rad af solide søjler ned midt gennem kirken. Den har vel været smykket så festligt som

Fanefjord kirke, men det meste er idag borte. I koret er dog, skjult for menigheden, kun med manende bud til præsten, et kalkmaleri i stærk og enkel, naivt fortællende form. Forkyndelsen er det resignerede budskab, som kristendommen arvede fra den hellenistiske filosofis desperate »lev mens du lever«: tag hvad dig bydes idag, thi din skæbne i morgen er uvis. I kristen livsforagt reduceret til det tragiske, lidt ondskabsfulde råb fra graven: *hodie mihi, cras tibi*, idag mig, imorgen dig. Tre middelalderkonger med kroner på hovedet, falke på armen, og på vældige skimler, møder tre mørke indtørrede dødninge der er ved at tabe kronerne. Gravens orme slynger sig om de hedengangne. Man havde død og forkrænkelighed nær på livet, og præsten bør huske, at hvad båder det et menneske, om han vandt sig den hele verden, men tog skade på sin sjæl.

Bag alteret er i muren et par nicher, og i en af dem fandt man i 1650 manuskriptet til *Poul Helgesens* latinske skrift, der nu kaldes »Skibby-krøniken«. Den er en bog om de fire første oldenborgerkonger, altså Kristian den Første, Hans, Kristiern den Anden og Frederik den Første, men det tør siges at den ikke er objektiv historieskrivning. Poul Helgesen er »reformkatolik«, i meget på linje med Erasmus af Rotterdam og andre af de mænd, der vel ville holde på den gamle kirke, men nok kunne se, at den måtte tage sig sammen, hvis katastrofen skulle undgås. Poul Helgesens latinske angreb på kirkens misbrug blev trykt 1517, samme år som Luther slår sine 95 teser fast på Wittenbergs kirkedør, men Poul Helgesens bog kom først. Det er værd at huske, selv om det ikke væltede Europa. I en hård tid er det altid farligt at repræsentere den sunde fornuft. I tider, der stiller modsætningerne op til krig, gælder kun sort og hvidt, og den der hævder den vægtigere tanke, at der altid er mennesker på begge sider af en front, blir sjoflet fra begge sider. Poul Helgesen får navnet »Vendekåbe«. Katolikerne er vrede over hans kritik, lutheranerne er vrede over at han ikke er helt på deres parti. Vendekåbe er han ikke, og heller ikke bange. Han skriver hvad han mener, og hans sprog er kraftigt. Hvordan hans krønike er havnet i Skibby kirkemur blir aldrig opklaret. Poul Helgesen selv forsvinder ud af historien, man véd intet om hans senere år. Hans krønike var dog ikke ukendt, da man fandt den. Arild Huitfeldt har kendt en afskrift. Det mærkeligste ved originalen er at teksten slutter midt i en sætning. Hvorfor? Vi får det aldrig at vide. Skibby var købstad i middelalderen, og kirken er herredets største. Poul Helgesen holdt jævnligt til i Roskilde. Om han selv har været med til at mure manuskriptet ind, eller andre har gemt det, aner vi ikke, men krøniken er en af vore væsentligste kilder til den danske reformationstids historie.

I Hornsherred kan man ture rundt og opleve det overraskende. Vi er vant til at man skal lidt længere fra hovedstaden for at finde de store monumenter i den gamle danske kirkekunst, men den er overalt. Det lønner sig for eksempel at køre om ad Ferslev og se krucifikset.

Fra Skibby går vejen østpå til *Selsø*. Landet var engang ø, det meste af den gamle fjordbund er nu eng. Herregård og kirke ligger nær hinanden. Man kommer til kirken først, en lille tæt bygning med et lavt duknakket tårn i teglsten. Den ser flygtigt set meget almindelig ud, men kommer man den nær, ser man at korrundingen, apsis, virkelig er rund, ikke bare en halvcirkel. Den er et lille rundhus med spidst kegletag og bygget i frådsten, et rundkapel for sig. Det er næppe tilfældigt. Der er gravet i og om kirken, og det viste, at før den nuværende gamle romanske kirke blev bygget, lå her en rundkirke som de bornholmske. Korvæggen er endnu krum, den sidste rest oven jorde af den runde kirke, og på den sidder den runde apsis, der altså antagelig hørte til rundkirken. Den ældre kirke har været af normal størrelse, ca. 12–13 m i diameter. Af en eller anden grund går det mål igen i de fleste tidligt middelalderlige rundbygninger. Syd for kirken er der fundet brokker af det ældste Selsø, der hørte under Roskilde bispestol, så rundkirken har rimeligvis været gårdkapel.

Idag ligger herregården noget trukket væk fra kirken, mærket af skiftende tider og byggemoder, mest af forfald, herregårdenes skæbneår i tyverne i dette århundrede. Gårdens historie er broget.

Den sidste biskoppelige lensmand, Niels Lunge, beholdt gården, da den katolske kirke faldt. Siden havnede den hos Ulfeldterne, den har været gennem ætterne Pentz, Nordmand, Rosenkrantz, Skeel og Krag, og den endte hos Plessen. Hovedbygningen virker streng og barsk som de ældste renæssance-stenhuse, men den er fra 1756, dog senere noget bygget om. Stilheden, haven, det tomme hus med plastic i de knuste vinduer, legenden om danske herregårdes tragedie fortalt her ganske nær hovedstaden. Man tror sig langt borte i Jylland.

Gården har sit spøgelse, malet i portræt med blod på fingrene, et enestående billede, og blodet fra den husbond hun dræbte og kastede ud gennem vinduet, ned i voldgraven, kan ikke vaskes af sengens hovedgærde, siges det. Igen tænker man sig datiden rå og uciviliseret og må straks tage sin tanke tilbage. Det var jo – som det ses her og andre steder i landet – netop en tid, der blev chokeret over et voldsomt dødsfald. Det blev kommenteret endeløst, husket i århundreder. Om en stupid person idag skyder sin kæreste eller sin svigerfar, om en drukken bilist kører tre eller fem sagesløse ihjel, ind af det ene øre ud af det andet, glemt når avisen er foldet sammen. Sidste krig 60–70 millioner døde. Fortiden rå? Plastic'en slår døde smæld i vinden i Selsøs tomme vindueshuller.

Der er i Homsherred to typer stednavne: Såby, Lyndby, Kyndby, (med værket), Karleby, Ejby, Sæby, Skibby, Østby, Vejleby, Dråby – og Jenslev, Skulderlev, Venslev, Gerlev, Tørslev, Landerslev. De to typer ligger her usædvanlig tæt pakket sammen og røber en del af bebyggelsens historie, der iøvrigt har skudt mange andre navnelag ind over hinanden. Men nord for Dråby, omtrent på højde med broen til Frederikssund, holder det totalt op. Hele den nordlige klump af herredet, omtrent 5 gange 10 kilometer, er noget for sig. Her er hovedsageligt nye navne, kun et par enkelte til gengæld muligvis meget gamle. Sognet er kolossalt stort, kirken ligger ved sydgrænsen. Landet her mod nord var længe ubygget land, skov formodentlig. Endnu er landet her oppe en verden for sig. Skovene går ned til fjorden, gamle ege har navn, og Nordspidsen, Kulhus, var for en menneskealder siden værd at opleve. Idag er der blevet lidt rodet.

På grænsen af det gamle odel-land og skoven ligger *Jægerspris*. Navnet står idag for et pigehjem, *Grevinde Danner* og *Frederik den Syvende*. Men slottet er gammelt. Det hed *Abrahamstrup*, og ingen véd hvem Abraham var. Det var herfra, Erik Menveds ulykkelige hustru Ingeborg kørte ud med sin kun 4 måneder gamle søn. Hun skulle til Holbækgård, og på vejen ville hun vistnok vise drengen til folk, der kom for at se de kongelige, og så tabte hun ham, så han brækkede halsen og døde. Ulykken ramte hende hårdt. Hun havde født sin kongelige husbond elleve dødfødte børn, og tre var døde som spæde. Nu mistede hun den sidste, og det tog hendes livsmod. Hun gik i kloster i St. Clara i Roskilde, og da bisp Oluf prøvede at få hende fra tanken og vende tilbage til Kongen, svarede hun synsk, at det kunne være ligegyldigt, »for både hun, Kongen og Bispen skulle dø inden året var omme.« Hun døde i august, Kongen i november 1319, Bispen fire måneder senere. Valdemar Atterdag og hans datter Margrethe har ejet gården. Det var dronningegods flere gange. Kristian den Førstes dronning og Kristiern den Andens Elisabeth har boet her. Det spøger på gården. En svensk oberst havde penge til gode hos Kristiern den Anden. Han sendte Svenskeren til Abrahamstrup med brev til gårdfogeden, at han »skulle tage vel imod gæsten og gøre ham et hoved kortere«. Hvilket skete, hævdes det. Historisk er det næppe. Når Kong Hans kom her jævnligt, havde det lysere grunde. Hans elskerinde med det stærke navn *Edele Jernskæg* fulgte sin kongelige ven overalt, blandt andet til Stockholm. Det vakte nogen forargelse, at Kongen lod sin kone Kristina holde Stockholms slot, mens han selv rejste hjem til Danmark med Frk. Jernskæg. Samme efterår blev Edele, dog gift med den unge adelsmand Torben Bille, der til gengæld blev lensmand på Abrahamstrup. Kong Hans kom »ofte« på besøg. Edele og hendes mand døde næsten samtidig, kort tid før Kongen selv.

Så langt var slottet en barsk stenbygning omtrent som Glimmingehus. Under Kristian den Fjerde blev det bygget om, siden igen ændret flere gange, og idag ser det, på afstand, ikke særlig gammelt ud.

Frederik den Syvende kommer ind i billedet allerede som ung.

Han er en af de danske Konger, der er skrevet mest, og mest partisk om. Hans barndom og ungdom var bundforvirret. Ikke et år gammel mistede han sin mor. Hun blev skilt fra Kristian den Ottende. Da prinsen var godt fire år, rejste hans far og stedmor til Norge som statholderpar. Siden blev han opdraget af ældre hofmænd og kedelige lærere, forældrene var kort hjemme og længe borte, og hans første ægteskab, med Vilhelmine af Danmark, blev en fiasko. Frederik den Sjette blev vred og straffede prinsen med en tur til Island. Men inden han kunne komme af sted, måtte han først lade sig internere i forvisning på Jægerspris. Det blev strafmæssigt en fiasko. Han var glad ved at være her og gik straks igang med at kulegrave egnens »Kjempehøie«. Siden blev slottet hans elskede sommerbolig, hvor han hyggede sig med Grevinde Danner, og her fik hun sit enkesæde. Her grundlagde hun sin pigeskole, den der stadig er på slottet, og her er museet, der fortæller om Frederik og Louise Rasmussen *intime*. Et enestående miljø fra midten af 1800-tallet.

Broen over til Frederikssund, en flad bro over blankt vand, og man er i byen, der stjal den gamle købstad Slangerups handel, lykke og købstadsbrev. Ikke engang sit ry som Erik Egodes fødeby kan Slangerup være sikker på. Kong Erik blev vistnok født på en »Slangerupgård« nede i Midtsjælland. Kingo var præst i Slangerup, det står fast.

Frederikssund fik et museum for *Jens Ferdinand Willumsen*. Det er altid både værdifuldt og farligt at lave museum for en enkelt kunstner;

Vejen går nordpå langs fjorden. Man har det flade strandland mellem sig og vandet, den danske indvandskyst der ikke kender værre katastrofer end lidt oversvømmelser i vinterhalvåret. Forude svæver en mørk sky af fabriksrøg over *Frederiksværk*, havnebyen ved Arresøens udløb.

Den blev skabt af 1700-tallets initiativ, tesen om at et land skulle fabrikere mest muligt hjemme, i stedet for at importere. »Merkantilismens« fabrikker groede op over hele Europa, og Danmark stod over for et problem, der ikke lod sig løse tilfredsstillende. Fabrikker skal bruge kraft, men dampmaskiner og elektricitet var ukendte, så gøre brændsel til kraft magtede man ikke. Vindmøller kan male korn, men de er ikke stærke nok til at trække en nogenlunde kraftig maskine. Hestemøller kan heller ikke præstere stort andet end at lave korn til mel. Tilbage var vandkraften. Danmark er Jylland og fem hundrede øer. Ingen steder i landet er der så langt til havet, at en å kan vokse sig enorm, vandet glider i stranden fra tusind bække og åer, der ikke når at samle sig til vældige strømme, og Danmark er tilmed fladt, så der er ingen faldhøjde. Men det var den eneste mulighed, og så lagde man fabrikkerne ved vandløbene og dæmmede strømmene op, den smule det lod sig gøre. Det meste blev »underfaldshjul«. De er brugelige, men deres kraftoverskud er ikke ganske som en turbine i fjældland. Fabrikkerne arbejdede, men de fleste af dem døde hastigt. Enkelte af 1700-tallets værker arbejder endnu, og de bruger vel også vandet, men nok så meget nyere kraft. 1700-tallet var fornuftens århundrede, man studerede samfundsfunktioner og skrev bøger fulde af gode og mere fantastiske ideer. Tiden eksperimenterede og prøvede ikke meget. Man »tænkte sig til«. Parolen var: *at virke*. Ikke alene mennesker skulle yde deres bedste for menneskeheden og fædrelandet, også åerne måtte deltage i det almene opbud af driftighed og borgerdyd. Fra Arresøen, Danmarks største, men temmelig fladvandet, blev vandet ført i en kanal til Roskildefjorden, og ved udløbet blev *Frederiks Værk*, i daglig tale *Væ'ærket*, lagt. *Classen* var sjælen i foretagendet. Her kom blandt andet kanonstøberi, og Classen leverede til Tvillingrigerne Danmark-Norges flåde og hær. Han var elefantridder og fik det kongelige privilegium at måtte pryde sine kanoner med elefanter. Man mente endnu at et våben ikke alene skulle være brugbart, det skulle også være kunstnerisk smukt, og kanonhankene havde jævnligt form som delfiner, så det kaldte man dem. Classens »delfiner« fik form af ikke alt for naturalistiske elefanthoveder, og snablerne dannede hank. De kunne vende både fremefter og bagud, og de blev de classenske kanoners bomærke. Når man idag på Kronborg, på Tøjhuset, i London, i Stockholm, i Norge, på de gamle danske forter i Afrika eller Tranquebar og Vestindien ser en ældre metalkanon med elefanthoveder, véd man at den er støbt hos Classen i Frederiksværk. Frederiksværk jernstøberi har idag andet end kanoner på programmet, og den gamle militærfabrik blev delt, men har dog stadig martialske ambitioner: man laver ammunition. Både til hæren og til andemordere.

Nord for Frederiksværk, nordvest og nordøst, ligger Nordsjællands Kattegatkyst. Københavnere mener med »Nordsjælland« ikke Odsherred, men kun landet mellem Øresund, Roskildefjord og Kattegat. Nordkysten her, Københavns sommerland, har i de sidste hundrede år oplevet en ændring, som ikke mange landstrækninger kommer ud for.

Halvøen *Halsnæs*, landklumpen nordvest for Frederiksværk ud til Hundested og Lynæs, var, som så mange af den danske geografis blindtarme, længe et isoleret land der hvilede i sig selv, havde sit eget sind, vant til at være alene hjemme. Hvad skulle folk her ude? Her lå gamle solide landsbyer, Torup og Melby, og så var der fiskerlejerne og stranden. Melby har ikke noget med brødmel at gøre. Ordet hænger (som det bornholmske Melsted, det skånske Malmø og de jyske »miler«) sammen med et oldnordisk ord »mæl«, der er en sandklit. Egnen led tidligt af sandflugt.

Stranden heroppe var barsk og uvenlig, landet indenfor sandkvalt og øde. Lidt østligere, omkring Tisvilde, var der sumpe og moser, for Arresø var engang en fjord med åbning mod Kattegat. Da old-tidens skove blev ryddet, rejste sandet sig her som på den jyske og den bornholmske vestkyst og stod ind over land. Det blev til klitter langs havranden, og i storm stod det i kvælende skyer ind over det frugtbare bagland, og kvalte agrene, tog livet af gårdene og lagde landet øde. De danske skoves endelige ruin og sandflug-tens katastrofe sætter for alvor ind omkring år 1600, og så går det til gengæld stærkt. Naturen var bragt ud af balance.

I begyndelsen gjorde man ikke andet end at opgi gårdene. Først hen i 1700-tallet gik man i gang med at plante i klitten. Siden fik man form over arbejdet: klitten fik nyt dække af ma-rehalm, klittag og hjelme, og bagved blev der plantet nåleskov. Ovre på Rørvigsiden prøvede man desperat at standse sandflug-ten med en vold, et sandflugts-Danevirke, der skulle bremse fyg-ningen, som sneskærmene langs vejene. Sandflugten var nogen-lunde standset. Indtil videre.

Idag lyder alarmen fra de gamle sandkyster igen. I det jyske indland har man brækket lette jorder op, og det er en sag for sig, men der blir også liv i de gamle dækkede klitter. Når stormene ved vår og høst sætter ind fra havet, står de hvide sandfaner igen som liglagener ind over den gode jord. Hvad er sket?

Mange steder noget såre enkelt: stedlige folk, både voksne og børn, véd at den plantede klit er hellig, den tynde tørv må ikke trædes itu. Det er liv eller død for tusinder af tønder jord længere inde, som det har kostet penge, slid og hele menneskelivsløb at få under plov igen. Det er menneskers eksistens og skæbne, der står på spil, og det er landbrugets økonomi. Det véd klittens og sandets folk. Det kan man lære børn. Man kan, så sært det måske lyder, endog sine steder få det ind i hovedet på både en hest og en ko. Ikke på en turist.

Vi er, nord for Frederiksværk, i gammelt land. I plantagen ligger idag *Asserbo* ruin, ikke særlig romantisk, og de sunkne volde og grønne murrester siger ikke meget om, hvad her var. Det første man ved om den er at den hører under Esrum kloster. Så dukker Hviderne op, og Absalon ejer den en tid. Han prøver at lave den til kloster, men siden gir han den til Sorø. Ved reformationen havner den hos Peder Oxe, siden får Poul Laxman den, og så kommer den under kronen. Det er solide ejernavne, og det kan kun skyldes, at gården var værd at eje, jorden heroppe var god. Men sandflugten kvæler den, og den kommer til at ligge øde. Den er et af de mest håndgribelige minder om, at sandflugten var alvor. De ødelagte landsbyer og bondegårde har ikke sat sig så synlige spor. Idag ligger ruinen i skoven. Agerland blev her ikke igen. Frederik den Syvende gravede resterne af gården frem af den sandklit, den var blevet borte i. Det var en kongelig dåd, og egnens folk rejste Kong Frederik et minde. Desværre havde man så travlt med at få mindet fyldt med oldtids-symbolik, at man stjal dækstenen fra en langdysse, der blev ødelagt.

Tisvilde, Ti's eller Tirs væld, den hedenske kildekult havde her et af sine markante valfartsteder. Den gamle kildedyrkelse er en af de ting, den kristne kirke ikke kan slå ned. Kildekulten blir i stedet kristen. Sådan da. Mange af vore kirker er bygget ved helligkilder, den ældre kirke tror simpelthen på kilder. Der springer kildevæld frem, hvor Knud Lavard og andre blir dræbt. Det har knebet at få dyrkelsen ind under kristendommen. Mange kilder får kristent navn, Olufs- eller Margrethekilde, andre blir ved at holde på deres hedenske guddom, som Ti's væld i randen af den store gamle helligbanke, hvor kirken idag ligger. Her er to kilder: Ti's og Helenes, og hvem Helene er, har man diskuteret uden at få problemet klaret. Hun skal efter legenden være en svensk kongedatter eller høvdingedatter, der på underfuld vis kommer sejlende over havet »på en sten«. Hovedsagen er, at denne kilde blir dyrket helt op til vore dage, man kan ikke slippe troen på kildens mægtige kraft. Sankt Hans nat, den gamle hedenske midsommerfests hellige nat, var kildens kraft stærkest, og langt op i 1800-tallet strømmede syge til St. Helene for at sove på hendes grav i den hellige nat og drikke af kilden. Man kom i vogne, med dyner og tæpper, de syge lå i græsset eller på bårer, som syge idag strømmer til Lourdes. Kristian den Fjerde troede på kilden. Han lod bygge huse her, dels til de syge, dels til sig selv, og han havde ikke tid til at komme herop hver Sankt Hans-nat med sin gigt, så han brugte sin sunde fornuft: det var Sankt Hans nat, vandet duede. Han gav ordre til at der i selve den stærke nat skulle tappes kildevand på store vinfade og sendes til Frederiksborg og andre steder, for når vandet var tappet i den gode nat, mistede det vel ikke sin kraft. Det blev snarere stærkere af at lagres, som vin, så han havde mirakkelvand til hele året.

Ejnar Dyggve er nået helligstedet et væsentligt skridt nærmere ind på livet. Han fandt her et helligvi, en v-formet, hegnet helligplads, omtrent af samme form og størrelse som vierne i Jelling og på Falster. Den »oldtidsvej« over moserne, som man har gravet frem, er vel den gamle vej til helligstedet. Det er værd at se, at den stenlagte oldvej har et mærkeligt og tilsyneladende meningsløst knæk på midten. Måske har det i sin tid ført vejen udenom for dybe vandhuller, men det er ellers almindeligt at helligveje har et knæk, for eksempel den gamle vej til *Stonehenge* på Salisbury

Plain, for så kan onde ånder ikke storme ind i det hellige. Tibirke har været et af vore store helligsteder, og det er muligt, men ikke sikkert, at »birke« ikke er træer. »Birk« er et gammelt dansk (og frisisk) ord for »retsområde« eller rets-sted. Endnu idag er København retsligt delt i søndre og nordre birk.

Her var liv engang, så blev her stille. Sandet gravlagde de gamle landsbygder, og stilheden varede til op i 1800-tallet. Så blev her liv af en art, som Danmark aldrig før havde kendt.

Idag er stranden sommerhus ved sommerhus. Strandbadets mode er ikke gammel, men den er rodfæstet nu, og det er ufatteligt, at gennem årtusinder, fra havlandet blev til, i ældre stenalder, og frem til vor tid lå Danmarks strande øde, endnu ødere da stenalderens kystbopladser døde hen. Hvad de iøvrigt gjorde temmelig sent. Men vinter og vår, sommer efter sommer, lå kysterne tomme. Solen bagte i sandet, glitrede i bølgerne, Kattegats klare grønne vand legede sig friskt og lunt ind over stranden. Ingen mennesker kom her, ud over fiskerne, der skød båden ud, trak den på land og bar fangsten hjem. Fiskernes unger rendte om og pjaskede i vandkanten, men ikke meget, for i fortiden havde børn deres at passe, høns og gæs, eller fårene skulle vogtes, og de røgtede garn og agnede kroge mens far sov. For bønderne var stranden stedet hvor man frit hentede sand, sten og tang. For byborgere og adel var stranden goldt land, unyttig, og derfor efter datidens tanke grim. Et landskabs skønhed var dets frugtbarhed. Når den gamle vise kalder Värmland »du sköna, du härliga« er det ikke den maleriske effekt, men den gode agerjord, der synges om. Stranden var uproduktiv og uden for interesse. Strandbad? Vi hører at vikinger og Konger var dygtige til at svømme, en nyttig kunst når man levede sit halve liv på et skib, men Dronning Margrethe har ikke daset nøgen i strandsandet. Siden vidste enhver, at det var ødelæggende for sundheden. Det ville iøvrigt være pjank, utænkeligt. Solen var farlig, og den var vulgær. Hvis unge adelige frøkner mødte ved hoffet i København efter sommeren ude på faderens gods og var en smule solbrændte, var det bortvisningsgrund. Bondepiger blev brune, fordi de måtte arbejde ude, og de var for simple til at dække sig passende til. Frøkner og Fruer af stand gik om sommeren med maske for at holde huden hvid.

Går man idag langs den nordsjællandske sommerstrand, er det mærkeligt at tænke på, at det først er Niels Finsen, der vover sig ud i den tanke, at sollys er sundt. Alle vidste dog at man blir skoldet af solen og får huden ødelagt smerteligt. Bondepigerne? Nåja, grove naturer tåler meget. Niels Finsen beviser at sollyset ikke alene er uskadeligt, når huden først har vænnet sig til det, men det er også sundt at blie til en vis grad solbrun. Det er rigtigt, at enkelte før ham havde eksperimenteret med »solbade«, men det er først hans afhandling »Om Lysets Indvirkning paa Huden«, der åbner en ny æra i pæne menneskers omgang med sollys og natur. Den kom i 1893. Ældre er vor tids soldyrkelse ikke.

Noget før havde man dog vovet sig i kast med havet og med »fribade«. Kristian den Syvende badede »for sit helbreds skyld« i en trækasse, der var sænket ned i en holstensk voldgrav. De første eksperimenter med »strandbad« skete fra badeanstalter »for Herrer og Damer«, lukkede bygværker på pæle ude i vandet, med sække hængende ned i vandkanten for blufærdighedens skyld, så intet nysgerrigt blik kunne se de badende. Der skulle være en fjerdingvej mellem en Herre- og en Dame-badeanstalt, og til yderligere sikring af den borgerlige moral havde de endda forskellige »badetider«. Man badede i drappérede *costumer*. En kendt københavnsk skuespiller og hans lige så kendte hustru blev en tid noget nær umulige på scenen, fordi det rygtedes, at de på en strand havde »badet sig sammen«, naturligvis iført de reglementerede dragter. Det var borgerskabets syn. Ude i landet levede den gamle nordiske sundhed. Endnu Pontoppidan kan skrive om hvordan voksne karle og piger gik i vandet sammen uden badetøj, det fandt ingen af dem underligt. Byfolket havde ædlere vaner. Sæderne ændrer sig. Endnu for tredve år siden var en dreng på 13–14 år latterlig og umulig mellem fæller, hvis han brugte badebukser. Idag skal småpiger på tre år ha brystholder på. Vort venskab med det bigotte Amerika koster i naturlighed, og ikke sært at man tar ved lære, for der er flere penge i unatur og perversion.

Man må prøve at forstå, hvad der skete her ved kysten. Det skete hurtigt.

Små ensomme fiskerlejer lå trykket i læ i strandklinterne, Liseleje, Rågeleje, Hornbæk, med ret lange mellemrum, og med deres lave stråtækte hytter var de mere end halvt middelalderlige. Intet væsentligt var sket her i århundreder. Ingen byborgere tog sig af, om folk her ude levede eller døde. Johannes Ewald trak dem et øjeblik ud af mørket, og alligevel ikke. Det var ikke fiskernes liv, deres stilfærdige hverdag og skæbne, deres daglige risiko, deres børns hårde skole, deres nøjsomhed, eller deres hustruers tålmod og rygrad, der inspirerede ham. Det var en særlig hændelse, hvor et hold fiskere handlede heroisk og præsterede noget, der kunne gribe andre borgere. De reddede besætningen fra et strandet skib. Fiskeriet og fiskernes liv interesserede ingen, ud over at man gerne ville ha fisk, og de kom jo også.

Flere ting skete næsten samtidig og kæntrede fiskerlejernes rolige evighed. Strandbad blev mode, og ferie på landet blev almindeligere. Nu rykkede feriefolket ud til kysten. Ferie på landet kom med romantikkens natursværmeri. I slutningen af 1700-tallet begyndte det såre småt, siden, i 1800-tallet, tog det fart: velhavende borgere tog »på landet«. Det vil sige de flyttede fra København til Frederiksberg. Det blev en sensation, notéret i litteraturhistorien, at en fejret skuespillerinde et år flyttede med sin mand helt op til Hørsholm. Men det var *ind* i landet. Feriens naturdyrkelse var at vanke i skove og langs markveje og nyde de landskaber og udsigter, som poeter og malere skildrede og sagde god for som nydelsesværdig æstetik. Selv har borgere sjældent øjne i hovedet. De skal ha at vide, hvad de skal se og synes om.

Stranden blev det ny og dristige. Strandbad var noget nyt og moderne, noget man gjorde for sit helbred. Helbred, sundhed og omsorg for legemet kom nemlig også på mode. Lægevidenskaben gjorde fremskridt og blev klog.

Samtidig fandt digtere og malere ned til stranden. For dem var målet egentlig et andet: jagten på nye motiver, et nyt miljø. Man havde prist abstrakte dyder i kvindeskikkelse, på scenen og på lærredet, man havde dyrket det idylliske skovlandskab, de stille søer, med dekorativ placering af nymfer, for landet selv var endnu ikke ganske nok. Man havde hyldet borgerdyden. Den franske revolution skabte mode i at skildre »almuen«, almindelige byboers liv og færden, bondens liv, frierscener i lodøren. Man havde opdaget hedens uendelige ørken, nu da dens tidløse evighed gik på hæld. Også det emne var slidt. Nu kom *havet* på mode. Havet var endnu ikke udødeliggjort. Det var vådt og koldt, man druknede, eller man blev søsyg. Ewald talte om »det sortladne hav«, men uden at rejse nogen stemning. Nu blev havet pludselig stort og skønt, heroisk og malerisk. Marinemalerne skød op, klitroser i strandkanten, med staffeli og solskærm, ved Skagen, ved Øresund, og ved Nordsjællands lange øde strand. Med malerne kom digterne. De fandt ud af at fiskere var djærve søulke, ædle og få-mælte, stoute, sindige, aldrig bange, altid herre over situationen, undtagen når de ind imellem alligevel druknede, men også det lod sig skildre og male med effekt.

Malerne kom hjem fra sommerferien, og Charlottenborg blev fyldt med billeder af skibe og hav, storm og bølger, djærve skæg-gede fiskere i bådene, ved bådene, uden bådene. Digterne skrev oder og episke ballader om storm og stille, dag og nat ved havet, og fortællinger om strandinger, så læserne troede, at strandinger oplevede man uvægerligt, hvis man satte sig i klitten, når det blæ-ste lidt.

De første år var det »kunstnerne«, der prægede de små fisker-lejer. De stedlige folk var venlige. Det var pudsigt at de fine folk kom for at bo i deres lille fattige by, og man fortalte gerne de lyt-tende poeter en løgnehistorie af dem man i det daglige morede sig selv og hinanden med. Hvis maleren ville male een, så værsgo, han gav øl i skænkestuen bagefter. Når han fandt på at eens datter skulle males splitternøgen i strandkanten, var det nok lidt løjer-ligt, men han var ellers ufarlig nok, splejsen, og husleje – ja hvad kunne man ta for sin fattige stue? Hvis herskaberne ville tage til takke, og en fisk eller fem til deres frokostbord skulle det ikke mangle på. De fremmede åd sgu krabber og skidt, som man el-lers smed til hønsene, på den måde var de jo nøjsomme. Begge hold morede sig, og selv om malerne og skriverne var naive, så havde de een ting med sig: de havde takt, deres menneskelige in-stinkt. Ellers havde de ikke været malere eller skribenter. Derfor var respekten gensidig, for med alle standsskel, så var respekten for det menneskelige ægte.

Men næste år var det borgerskabet, der drog ud. Man havde jo set billederne og læst novellerne, og hvor der var »kunstnere«, måtte man hen. Op til Nordsjællands fattige små fiskerlejer kom det gode borgerskab med hustruer og mange børn. Man ville se det, kunstnerne fortalte om. Man ville være, hvor kunstnerne var, det var »mondænt«. Man ville allerhelst gnubbe sig op ad de kendte, se dem male og få inspiration, høre hvad de sagde, måske veksle et par ord med dem, som kunne refereres ved vinterens middagsselskaber, jeg sagde forresten en dag til Holger Drachmann deroppe –

Og sådan gik det til, at de øde strande, hvor fiskernes får tidligere græssede, hvor deres høns pillede i lyng og siv, og hvor deres tjærede både rødmede i solnedgangen, blev levende hver sommer. Mænd i lyst sommertøj, blomstrede veste og stråhatte med »stormsnor« strøg de lyse berlineroverskæg, missede med de hvide bryn bag lorgnetterne, satte benene i første positur og sagde henkastet til deres benovede hustru: hun kuler op i aften! – de lagde hånden over brynene, som fiskerne gjorde på malerierne, og så ud på den fredsommelige skonnert, der sindigt gled frem i sommerbrisen: han gjorde nok klogt i at rebe sine bramsejl! – og de spankulerede med den sølvknappede malagastok under armen ned til fiskerne, der stod lænet mod båden og røg en pibe, stillede sig som dem, med armene på lønningen og nikkede vidende ned i bådens tjærede indre: de rundholter har vist taget mangen hård dravat, manne!

Fiskerne mærkede godt nok forandringen. Deres koner også. Der er forskel på, hvordan byboeres hustruer vurderer små enkle hjem.

Men huslejen steg. Fisken var ikke mere gratis. Det var ikke mere enhver bybo med et staffeli, der var en hyggelig person. Fiskerne trak sig en smule tilbage. Byboerne fulgte emsigt efter. Resultatet: man kan stadig leje sig en sommerbolig. Den koster, for et ydmygt rum med endnu tarveligere møbler, dobbelt så meget om ugen, som en god Københavnerlejlighed månedlig. Men det er heller ikke mere kun fiskerne der lejer ud. Et nyt klientel strømmede til. Landliggere holder løst på pengene, og der blev rørt vande at fiske i. Butikker og boder sprang op. Den stedlige købmand blev jævnligt skubbet ud af billedet. Spækhøkere og slagtere fra hovedstaden, bankmænd, fabrikanter og veksellerere og sagførere købte de øde strandenge og de sandede værdiløse lyngbakker, skar dem i frimærkestore grunde og solgte los til sindsvage priser. Alt blev solgt. Hoteller skød op. Fiskerlejernes sandede hjulspor blev asfalterede. Byboerne vandrede ikke mere. Jernbaner og rutebiler, strømme af privatvogne, motorcykler og cykler væltede turisterne til sommerlandet. Hundrede tusind mennesker ville på een gang opleve den lovpriste ensomhed. Kunstnerne var forlængst forsvundet i stilhed. Slut med de stille elegiske århundredskifte-aftener på altanerne, med udsigt til Kullen, petroleumslampen med natsværmere, og digterens dæmpede recitativ: snart er de lyse Nætters Tid forbi –

Friluftsorkestre, radio i restauranterne, i bar'en, i bilerne, i kufferten, på grøftekanten. Bybo-skarerne væltede herop, for det skulle man jo. Men man fattede egentlig ikke et muk. *Hvad* skulle man igrunden her? Udover at studere piger i badedragt. Løsnet kom af sig selv: tag byen med. Hotellerne blev byhoteller. Larmen skrålede idyllen på flugt, og ingen savnede den. De små fiskerlejer blev om sommeren hovedstadens forstæder. Fiskerne? Jo, de er her endnu. De passer sig selv. Når strandbadets mode om et slægtled eller to er glemt, bor deres børn her vel stadig.

Hotellerne fik deres egen saga. De voksede op omkring århundredskiftet, fordi velhavende mennesker, samt den del af borgerskabet der ville regnes for velhavende, gerne boede komfortabelt. Og hoteller og pensionater er komfortable, véd man da. Også når de ikke er det. Man sparede sammen hele året. Fjortendags-rollen som lille matador var vinterens spægelse værd. Den mentalitet levede op til mellem de to krige. Så vendte billedet. Folk lærte at ta på landet, ikke bare for at se maleriernes virkelighed. De lærte at få mere ud af det hele end at spille småborgerlig komedie. Rigtigere: Nogle lærte det. Og så kom den situation, at det borgerskab, der havde råd til at bo på hotel, købte eget sommerhus, eller de rejste til udlandet. Fiskerlejerne var ikke så idylliske mere. Andre fandt ud af teltlivets noget besværlige, men over et længere stræk billige glæder. Det klientel, som hotellerne var bygget til, tyndede ud. Det var noget af forklaringen på, at man for få år siden i det overfyldte sommerland, hvor folk kørte fra hus til hus for at leje bare en »garage med kosangas«, kunne finde ruiner af – hoteller. Ikke så få af dem, der for et par årtier siden gjorde Nordkysten kendt, gik ned. Alt er dyrt idag. Det kneb at få et hotel til at bære sig på en så kort sommersæson som den danske. Flere og flere mennesker holdt op med at lade sig benove af dørsvingende piccoloer, ødelægge ferien med at spise fint tre gange om dagen, og hvad ellers til dette teater hører. Krisen er atter lettet en smule. Hoteller kan igen betale sig. Gæster kommer fra udlandet. Hvor udviklingen vil ende, kan ingen endnu se. Hoteller på ny basis, og »moteller«, blir bygget af folk der kan se hvad vej vinden blæser. Men også i de sidste hundrede år er der altså skrevet historie i Nordsjælland. Kysten blev efter årtusinders stilhed levende. Hundredtusinder har her drukket luft og salt og brise. Bag dem er millioner af kroner føget som en ny sandflugt. Spekulationer er lykkedes, andre er slået fejl, og der har stået, og står, en tæt og nærhuggende kamp om hver lille skilling, som de sorgløse sommerfolk ofrer på en ispind til ungerne. Stranden var i årtusinder fattig. Idag ligger pengene i sandet for næsen af hver den, der har næse.

Ruiner lidt længere inde i landet, lidt ældre end hotellernes. Også et drama, men halvglemt.

Søborg slot blev bygget på en holm ude i den fladvandede Søborg Sø, der nu er tørlagt og gjort til enge og agerland. Borgen har spejlet sig i den store vandflade, og man kom kun ud til den over andre holme og et system af vindebroer. Borgen nævnes i 1200-tallet, men den er en del ældre. Før kanonerne kom, var den regnet for uindtagelig. Den blev blandt andet af den grund brugt som statsfængsel. Man kommer idag ud til ruinen ad en markvej. Holmene, hvor udbygningerne stod, kan knap skelnes i terrænet. Selve borgtomten er krat og skov.

Det er ingen romantisk ruin med tårne fulde af ugler og råger. Det er, som så mange danske ruiner, resten af et hus, der er skåret af ved roden. Ruinen var i umindelige tider stenbrud. De lave mure markerer hvad her var. Der skal nogen fantasi til at føle borgen om sig, så man står i den lille lukkede borggård, men Søborg har været en lille tæt, uregelmæssig legetøjsfæstning, som man gad ha set, mens den var til.

Man går op over borgtomten omtrent på det sted hvor den sidste vindebro var. Endnu ses sporene af de huller, som broplankernes kontravægte sank ned i. En vårdag, når borgkrattet svømmer i fuglesang, er sceneriet næsten for godt og teatralsk. Man går fra mur til mur, sætter sig og husker at dette var realitet. Vand udenom, helt ind til kampestensmurene, borgen lukket, og det var ikke bare tyveknægte og landevejsrak, der blev sat i kældrene. Bisp Eskilds dattersøn Knud gik ind her som fange I I179.

Han havde blandet sig i kampen om kronen. Erik Lams og hans elskerindes søn Magnus var fange her af samme grund. Bisp Valdemar af Slesvig sad her i 9 år, fra i 198, stort set samme grund. Hans ven Grev Adolf af Holsten 4 år fra 1203. Hertug Valdemar af Slesvig og hans drost Tyge Abildgård et årstid, fra 1285. Ærkebisp Jens Grand i henved 2 år fra 1203. Han er vel borgens navnkundigste fange, for hans forgænger i rollen som fangen ærkebisp, Jacob Erlandsen, sad ovre på Hagenskov, nu Frederiksgave, ved Assens. Den vanskelige og utiltalende Jens Grand lå lænket i et kælderfængsel. I et af borgens tårnkælderrum viser man endnu en stenblok med spor af, at der har været en jernbolt gjort fast. Det kan ikke bevises, at det var det tårnrum og den blok, der var ærkebispens fængsel og lænkesten, men det er ikke usandsynligt, at det virkelig var i det rum, han lå. Han havde jernlænker på. Der var ingen dør i fængslet, kun hul i hvælvingen, så han blev hejst ned i rummet. Fangerum af den konstruktion er almindelige i middelalderen, på Sønderborg ses et endnu. Hans mad blev hejset ned, men intet blev hevet op. Bispen lå i måneder i tidligere fangers og sit eget skam, og det er ufatteligt at han overlevede. Krøniken fortæller, at Morten Madsvend blev hans hjælper, drak borgbesætningen under bordet og fik bispen ud af vinduet. Bispen havde fået sin lænke filet over og øvede sig i at gå igen, men i begyndelsen måtte han kravle. Han blev hejst ud over muren og slap ombord i et af sine egne skibe. Det lå og ventede ud for kysten, og mandskabet fiskede, for at ingen skulle få mistanke. Historien lyder som en lidt for veldrejet roman. Man vil tro, at bispen har haft stærkere hjælpere end Morten Madsvend, og at ledende folk på borgen er blevet godt betalt eller hemmeligt har været bispens venner.

Een fange til har vansmægtet her. Prins Boris, som krøniken

og folkeviserne har gravlagt i Vestervig i Thy, blir i virkeligheden sat ind på Søborg, ikke fordi han har elsket kongelige jomfruer utilbørligt, men fordi han, der selv er kongsemne, nægter at godkende, at Valdemar den Store sikrer sin lille søn Knud tronen efter sig selv. I Søborg blir Boris blindet og vistnok kastreret. Det var tidligere almindeligt brugt. Det nævnes flere gange i de norske kongsemnefejder. Regnar Lodbrog blir kastreret, siger sagaen ialtfald. Boris dør i fængslet her. Borgen blir gammel, den er lille og ikke nem at udvide. Under Grevefejden blir den ødelagt, og strategisk er den ældet, så den blir aldrig bygget op igen.

Da søen blev tørret og pløjet, blev der fundet en del *sværd.* Det lyder naturligt og er det måske. Men sværd var dyre. Hvorfor smed man dem i søen? For det var vel ikke skik at man jævnligt roede ud og holdt tvekamp i bådene. Går man listerne over museernes middelalderlige sværd igennem, er det påfaldende mange der er fundet i sø, å eller mose. Det er klart, at plumper sværdet i vandet, er det vanskeligt at få fat i igen. Tabes det på vejen eller marken, blir det vel i reglen fundet. Alligevel: det har næppe været ukendt at ofre sværd i sø og å. Bøddelsværd skaffede man sig af med, når de blev for »stærke«. Et hundrede hoveders sværd turde ingen bøddel eje, det blev gravet ned eller smidt i åen. Andre sværd kan ha lavet så sære ulykker, at de er kastet bort. Rolf Krakes sværd kom til Island, siger sagaen. Men ingen kunne styre det, så det blev kastet i en mose. Det er måske dystre klinger, man har kastet i Søborg sø. Man ser borgfolkene ro ud og plumpe det uhyggelige våben i vandet, tørre sveden af panden og ro lettet i land.

Borgen sank sammen. Kirken er lige så gammel, men den står endnu. Borgen havde sit eget kapel, en lille firsøjlet rundkirke, men borgens kongelige gæster er jævnligt gået til Søborg kirke, og de murmestre, der arbejdede på borgen, har også bygget på kirken. Søborg by var købstad dengang, derfor er kirken bygget så påfaldende stor. Den er antagelig bygget af Kongen.

Fra Esrum til Frederiksborg

Et brændt og et ubrændt slot, og om stodhingste

Nordsjælland var tætte solide bygder. Kronen og kirken kendte landet og var med i alt hvad jorden gav. Esrumkloster fandt sig et idyllisk sted nord for sin sø. Idag er kun sydfløjen tilbage, og stedet er ændret. Her som overalt må man smile ved at se det ydmyge kirkefolks fine næse for at finde sig gode bosteder. Klostret har ligget dejligt. Det er her *Broder Rus* sætter munkesamfundet på den anden ende, for han var ingen anden end Fanden selv, der var gået i kloster. Hans celle vises endnu.

Esrumsø ligger lige skønt, fra hvilken side man kommer til den, næsten for megen dejlighed, og når der er sunget om Nordsjællands ynder, er det ikke fantasteri. Søen er vel Sjællands smukkeste, men også i sin idyl for raffineret. Naturen er på grænsen af at være »natur«. Esrumsøen svømmende i sommersol – man hvisker Klabunds gendigtning af Litaipe: *Am Silbersee – o wär er ein Tablett, die Tafel uns zu schmücken!.*

Søen mistede sit navn. Den hedder *Æse*, som dens nordvestlige broder hed *Arre*. Der boede en søtrold i søen, som der gjorde det i enhver god sø, og han krævede offer. Det siges, at en dag gik bønderne på engene og slog hø, da der lød en røst, som råbte: Mand! Mand! Skynd dig i land! Nu tar Æse til at hvæse! – De sprang for livet, og søen gik over sine bredder og stod ind over engene.

Ved Æse lå landsbyen Æsrum eller Esrum, og dens navn smittede af på søen, som det er sket mange steder, pudsigt med Damhussøen og den fynske Søbysøgårdsø, hvor navnene er spillet som bolde mellem sø og bebyggelse, til sønavnet er endt i det rene vrøvl. Vest for søen ligger Grib Skov. Ørne har vi haft i Danmark, og vi har et par stykker, så længe stupide ægsamlere kan lade dem være i fred. Gribbe var aldrig almindelige. Man kunne tænke sig at skoven havde navn efter en mand. Grib var mandsnavn. Skoven har nu vistnok navn af »grib«, det er »fri jord«, eller jord der ikke dyrkes og ejes, men som enhver frit kan »gribe«. Skoven er stor, og dog kun en rest af de vældige nordsjællandske skove, der idag er hugget i stumper. Det er i oldtiden og middelalderen store områder af Nordsjælland, der er ubebyggede. Jorderne var for lerede og tunge, skoven for stærk.

Gribskoven er ikke urskov. Den er forretning som alle danske skove, forstmæssigt passet. Og dog, ja man suser igennem den i bil på ingen tid, men til fods og borte fra asfalten og skovvejene er man i *skov*. Man vandrer gennem krat og ungskov, under granernes tusmørke. Musvågerne letter og glider bort mellem stammerne. Skovmus pusler i bladene. Her lugter af ræv. Rådyr står i lysningerne og lytter med nervøse ører. De er mere sky end i de jyske skove, vanskelige at komme ind på livet. En halv time med klapbordet i vejkanten siger ikke meget om hvad skoven ejer for den der har god tid. Her er skov nok til at man kan være alene med den en dags tid. Men alligevel er det skov for nær en storby.

Krybskytterne var i gamle dage skæggede røvere med grimede åsyn, uhyggelige oldlevn i bunden af samfundet. Idag kommer de i bil, med den knaldsvage salonriffel og blændlygte af bedste fabrikat. De fanger dyrene i lyskeglen, så de står paralyserede og må lade sig skyde. Byttet blir smidt op i bagagerummet og solgt i hovedstaden. Det er ikke en elendig stodders føde på bordet, det er en lille nem beskidt tyveriforretning i en halvpæn mands fritid. At dyrene skydes er ikke det værste. De fleste skamskydes. At dræbe en rå med en salonriffel er ikke så nemt som det lyder, og selv med hagl skal det gøres ordentligt. Man må kende dyrets anatomi, vide præcis hvor hjertet igrunden sidder i en rå. Dyrene kan leve i uger og længere med riffelkuglerne i kroppen. De tæres langsomt hen, med store betændte sår om skudstedet. Man finder dem i grankrattet. De har lagt sig, og de rører sig knap når man finder dem, de rejser lige ørerne. Når dyr har sagt farvel til livet er de rolige. Hvad de tænker aner vi ikke. Råens øjne er store og sorte. Den blinker ikke, følger een med øjnene uden at røre hovedet. Bagkroppen er lam, for såret har ædt en uhyggelig materiefyldt grube i krydset. Rygmarven er ødelagt. Man ser sig om i krattet. Her er ikke andre dyr. Den døende er alene med sit endeligt. Her er ingen mennesker. Man har fulgt råens spor gennem skovbunden langt borte fra. Den har slæbt det ene ben efter sig, så der står en stribe i de halvrådne blade. Det er ikke svært at finde den lille bløde grube mellem ørerne og gi den fangst med en kniv. Men man gav hellere krybskytten kniven i nakken, det svin. Når en rå får fangst, sker der noget i dens øjne. Den lukker dem ikke. Der går et lille stød igennem den, og øjnenes lys går ud. Umærkeligt. De er ikke brustne, de sér bare ikke mere.

Jagt og dyredrab. Vi skal leve i landet, og der er grænser for, hvor mange dyr vi har plads til, men selv professionelle jægere kan være uheldige. Han havde været på jagt hundreder af gange, fortalte han, men en vinter gik han en hel dag gennem skoven efter en buk. Endelig var han inde på livet af den og skød, med gode dyrehagl, på rimeligt hold. Men han ramte ikke bukken på bladet. Den gav et spring og var inde i krat. Han fulgte den, og han kunne ikke forklare hvordan det gik til at bukken fik forspring, men han fulgte den i to timer, efter blodsporet i sneen. Et mærkeligt rodet spor. Endelig så han den forude. Den lå i sneen. Han kunne høre dens stødende åndepust på lang afstand. Da han stod ved den, så han, at han havde skudt begge dens forløb over. Den havde humpet på de nøgne blodige benpiber til den styrtede. Den fik fangst, og »Jeg var fyrre år dengang. Jeg har ikke løsnet et skud siden den dag«, sagde han. De bilende vildttyve er knap så følsomme.

Øst for Esrumsøen ligger *Fredensborg* i sin skovpark.

Den gamle allé måtte falde. Det var trist, men der er grænser for hvor gamle træer kan blie. Idag virker slottet nøgent, når man kommer til det. Visse bygværker tåler ikke at ses uden garneringen. Versailles er en trøstesløs stenørken, når man går op til slottet fra byen. Fredensborg er intet Versailles, gud være lovet. Her er ingen overdimensioneret fallit. Fredensborg er et landslot, passende stort, passende lille, lavmælt og fint i sin hvide stilighed. Det blev til i flere byggeperioder, og kuplen med de uheldige hjørneskorstene er ikke vellykket, den dominerer slottet og gir det ansigt. De fine arkitektoniske oplevelser får man, mens man vandrer rundt, så sidebygningernes vinkler og facader får lov at lege sammen med grønt. Bedst er slottet mod haven eller parken. Det blev bygget som en havepavillon ved den dejlige sø, og det blev i nogen grad det ældre Frederiksborgs død. Enevoldskongerne havde endnu den maleriske, men håbløst forældede lille legetøjsborg i København som hovedresidens. De tider var forbi, da Kongen på embeds vegne måtte flakke landet om. Der var brug for sommerslotte i nærheden af hovedstaden nu, og de kom. Kristian den Fjerde havde bygget Frederiksborg, men det var, et lille hundrede år efter, noget forældet. Den overdådige senrenæssance var for prangende, broget og urolig. Den ny stil krævede køligt lyse farver, hvidt og perlegråt, store enkle flader sammen med en ny tids ornament-smag. Man så på renæssancens præstationer, som man i 1920-erne så på »firsernes rædsler«, og som man i 1840-erne så på »rokokkoens barbariske smagløshed«. Det er altid fædrenes og bedstefædrenes tid, der er »rædselsfuld«.

Her lå en gård, der hed Østrup. Frederik den Tredjes kone Sofie Amalie lod sin kammertjener få den. Ulrik Frederik Gyldenløve købte den, og endelig havnede den hos Kristian den Femte, der var lige så jagtglad som Frederik den Anden. Han lod skoven lave til jagtbane, navnlig for den hårde parforcejagt til hest, som han elskede. Der blev hugget en stjerne af »jagtveje«. De ses endnu som slotsparkens alléer. Det er efter den store nordiske krig, at Frederik den Fjerde endelig kan få ro og råd til at bygge. Arkitekt blev J. C. Krieger, og man tog hvad man kunne få. Frederik den Andens lille slot »Sparepenge« ved Frederiksborg blev revet ned, og en del enkeltheder kom til Fredensborg, sandstensvinduesrammer med skulpturhoveder, og andet. De gamle renæssancevinduesfatninger kan man endnu se i Fredensborgs hovedbygning.

Siden blev slottet udvidet flere gange og bygget om. Thura sloges til sidst med at få harmoni over hele komplekset, og de triste hjørneskorstene er ikke hans fadæse. De var her. Slottets ovne skulle af med røgen. Skorstenene kunne ikke flyttes, og Thura prøvede først at gøre dem så lave at de næppe kunne ses. Men røgen væltede ned gennem skorstenene i stedet for op, så han måtte lave dem højere. De fik små kupler, men godt blev det ikke.

Slottet er et af dem, vi ikke har brændt. Her er interiører fra Danmarks 1700-tal. Kuppelsalen lader sig hverken tegne eller fotografere, man skal stå i den og »ha den på«, være i rummet. Så først ser man hvad den er. Kristiansborg er brændt, Hørsholm er borte. Her har vi enkelte interiører, der fortæller lidt om, hvor nobelt og godt man magtede indendørsarkitekturen i Danmark i 1700-tallet og videre fort.

Parken blev der ofret meget på. Jagtalléerne og »hidsepladsen« dikterede parkens plan, og i fransk stil blev træer og hække klippet firkantede, så man vandrede mellem grønne mure. Overalt kom der skulpturer og pavilloner, tilsyneladende drysset med rund hånd, men i virkeligheden placeret efter en omhyggelig plan. To ting er idag væsentlige som hilsner fra Tvilling-Rigernes dage. Foran slottets havefacade står Wiedevelts to store dekorative, man fristes til at sige stentabloer: *Danmark* og *Norge*. Her så Kongen ud på sine to Riger, personificeret i skjoldbærende kvinder. Og går man et stykke ned i parken, er man i »Nordmandsdalen«. Tiden begyndte at sværme for almindelige mennesker. Hoffet tog til Frederiksberg (eller »Ny-Amager«) og så på fastelavnsløjer, og billedhuggeren *Grund* blev sat til at lave sandstensstatuer i naturlig størrelse efter et sæt små elfenbensfigurer, som postfører Garnås havde skåret. Det blev ikke mindre end ca. 70 statuer af norske mænd og kvinder i deres fylkers nationaldragter. Der blev gravet en cirkelrund »dal« med jordtrin, og her blev figurerne sat i rundkrese, med en dekorativ søjle i midten.

»Nordmandsdalen« har jævnligt været foragtet. Figurerne er ikke efter de Thorvaldsenske idealmål. Man fandt dem tunge og klodsede. Verdenskunst er de måske ikke, men hvor meget er det?

De er tunge, solide, stenblokken er ikke hugget ud i sprinkel-værk, og det er ikke underligt at just Kai Nielsen så på dem med venlighed. Der er over de gamle statuer en ro og en hvilen, en ganske stout form for sværmerisk romantik. Man sad her nede i det sjællandske smørhul og huskede Rigernes barske nordlige bygder. Sandsten er ikke evigt holdbar, og figurerne var ved at smuldre hen. Adskillige havde tabt hovedet, andre skallede eller manglede en arm. Nu blir de endelig reddet.

Parken var fransk, og franske parker gik af mode. De var, med deres evindelige klipperi, uhyrligt dyre at holde, og man var på nippet til at lægge parken om i engelsk stil som Frederiks-berg Have. Det skete ikke. I stedet gik parken i forfald og blev halvvejs skov. Så endelig blev den sat i stand, i en smuk mellem-ting mellem det franske og det engelske. Helt hvad den var, er den altså ikke, og dermed har den mistet noget af sin idé. De fran-ske parkers dybeste tanke var, at de var eet med den bygning, de garnerede. Man førte simpelthen arkitekturen over i træernes klippede blokke, så bygning og park var eet, og på den måde gled bygningens hårde stenlegeme gradvis over i den omgivende na-tur. *Det* var raffinementet, og det er naturligvis gået tabt.

To gange spiller slottet en væsentlig rolle. Struensee-tiden havde to hoffer, det kongelige på Hirschholm, og Enkedronnin-gens på Fredensborg. Efter Struensees fald blir Fredensborg ho-vedslottet, og Harsdorff går i gang med byggeri, for slottet var for lille til det vældige hof. Og så, under Kristian den Niende, blir slottet sommerresidens for »Europas bedstefar«. Hans ene dat-ter var gift med Zaren af Rusland, den anden med Kongen af England, en søn var Konge af Grækenland, og en sønnesøn blev konge af Norge. Her samledes Europas monarker, og i Berlin var man sikker på, at Fredensborg var rugeplads for alle frygtelige intriger. Det hele var vistnok den fredsommeligste idyl. Her kunne Zaren vandre rundt uden hemmeligt politi og piskesvingende kosakker. *Der Kaiser* opnåede iøvrigt selv at se det dynamiske sted. Slottet fik efter krigen visit af Winston Churchill, der galopperede rundt i Boerkrigen og *The Sudan War* på den tid da gode danske søndagsborgere sendte smægtende blikke op gennem den skyggefulde allé mod det fredfyldte hvide slot for om muligt at ane et glimt af »de kongelige«.

Fredensborg blev, som nævnt, afløseren af *Frederiksborg*.

Der er en pause i de kongelige slotte i Nordsjælland, fra Grevefejden ødelægger Søborg, og til Frederik den Anden tar fat på sit storbyggeri.

Ved Næstved nævnedes det, at Herluf Trolle byttede med Frederik den Anden, så Herluf fik Peders kloster i Sydsjælland, mod at Kongen fik Herlufs lille skovgård *Hyllersholm*.

Da Hr. Herluf byggede Hyllersholm, lå der ingen by ved søen. Der lå to landsbyer, Hillerød og Ilskøb eller Ølskøb. De smeltede sammen og tog til at gro, da det kongelige slot satte liv i den fjerne skovbygd.

Frederik den Anden ønskede gården, fordi han i forvejen ejede store jorder i Nordsjælland, og med Herlufs gods fik han sine jorder og skove til at hænge sammen til eet alvældigt jagtterræn.

Såvidt vi véd blev de fleste af Herlufs huse straks revet ned. I det nuværende Frederiksborgs »forborg« skal der være et hus fra Herlufs dage, men vi ved iøvrigt intet om hvordan hans gård så ud. Kongen byggede sit slot på den yderste af holmene, og han gav det sit navn, *Frederiks Borg*.

Hans slot var et dobbelthus, som Egeskov på Fyn, to huse

lagt så tæt at de havde den ene langside fælles, altså en firkantet bygning med to tagrygge. Rundt om slottet var der stalde og avls-bygninger, og der blev bygget en fritliggende kirke og en badstue. Stort var slottet ikke, men det skal ha været så overdådigt ud-styret, som tiden magtede det. Man ved ikke meget om det, ud over hvad et par billeder af det ydre kan fortælle. Men her boede Kongen helst, og her blev tronarvingen Kristian den Fjerde født, og han kom til at elske stedet. På sin egen måde. Aldrig så snart var hans far død, før han rev slottet ned og tog fat på at bygge et nyt, mange gange større og pragtfuldere end noget andet slot i Ri-gerne, Kronborg måske undtaget.

Det ny slot blev ikke alene meget smukt og malerisk, det blev ødselt udstyret ude og inde. Forborgen med »gaden« blev lig-gende fra faderens tid, men de ydre holme blev renset for alt byggeri, og der blev bygget nyt så det svimlede for samtiden.

Huset blev i skønhed og farveglæde, i fest og i raffineret luksus noget i Skandinavien aldrig før set. En stor forgård fik to ens byg-ninger og et springvand med figurer af franskmanden de Vries. Ind til pladsen kom man gennem en port i et monumentalt po-rttårn, der nok lånte lidt af sin idé fra det københavnske Blåtårn, men alligevel var sig selv, med næsten overvoldsomme sandsten-sornamenter om portgabene. På næste holm blev hovedslottet lagt, stort og trefløjet, med en lav fjerde fløj fremefter, så man over den ser ind i dybet mellem de tre fløje, et fint arkitektonisk per-spektiv. Holmen om slottet blev gravet af, så murene rejser sig af selve søen, slottet synes at svømme. I sit ydre blev det rødt og med rige sandstensornamenter, men det røde var malet, sandstenene malede og forgyldte, og på hver af kobbertagets og karnappernes og spirenes mindste lille spids og knup var der gyldne vindfløje, der flimrede og lynede i solen. Tårnene fik hollandske, rigt modulerede spir, og overalt blev der ødslet med farver, guld og pragt. Det er sandsynligt at Kongen selv har tegnet planer til slottet. Tankerne er blevet ændret under selve byggeriet. På kirkefløjens ydermur ses, at sandstensornamenterne ikke arbejder sammen. Der er et spring, der er dikteret af at stokværksinddelingen her er anderledes. Det er dog ikke sikkert, at det er en ubehjælpsomhed. Man har vel blot logisk taget konsekvensen af at fløjens indre var noget for sig. På denne side ligger også det fine audienshus, helt klædt i sandsten, mere ægte renæssance end resten af slottet, og med gangen fra hovedhuset så fint ført over vandet på brobuer. I meget virker det ældre end hovedslottet, og det er muligt at en del af stenhuggeri-detaljerne er fra Frederik den Andens slot.

Nordsiden mod søen har karnapper og et lille lavt galleri af udbygninger i vandskorpen. Foran nordfacaden ligger en »skanse«. Her var i slottets store dage køkkenbygninger i bindingsværk, med en bro over til slottet. Kongen er selv med i alt hvad der skete under byggeriet. Han får den lave forfløj ændret, fordi den først blev for »uanselig«. Pragtgalleriet inde i gården er også en senere idé, og overalt er arkitekturen prøvet og beregnet. Læg for eksempel mærke til det store klokketårn. Foroven er tårnet firkantet. Sådan skal det være for at få monumentalitet og klarhed i forhold til hele slotsblokken. Men godt den nederste tredjedel har fået kanterne slebet af, så tårnet blir mangekantet. Det ser meningsløst ud, til man får øje for, at set ude fra forgården virker tårnet stærkt og solidt, firkantet som sagt. Den lave forfløj skjuler det meste af tårnets nedre part. Men står man i den indre gård, skal tårnet virke sammen med de langt spinklere ottekantede trappetårne. Her ville tårnet virke for tungt, hvis det var firkantet forneden.

Omtrent 1620 stod slottet færdigt i det væsentlige. Værelser og sale var eventyr, der var fråset med snekerarbejde, med udskårne lofter, døre i billedsnideri og intarsia og kostbare træsorter, der var i flere af rummene vandkummer af sølv og ibenholt med rindende vand. Der var sommerstuer og vinterstuer og Fru Mutters gemak og det blå kammer og lange gange. Slotskirken hentede sit nærmeste forbillede i Haderslevhus. Slotskirken i Koldinghus var omtrent mage til. Her var Kongens og kavallerernes bedestole, i ædeltræ og sølv og med hollandske malerier.

Her levede Kristian den Fjerde sine bedste år og sine festlige dage. Slottet var det kæreste af hans mange godser, og som lysende milde pauser i hans tusinder af »egenhændige breve« kommer hvert forår ordresedlerne til slotte og gårde, navnlig til Frederiksborg, eller »Frede:«. Det er nummererede punkter, som de stedlige folk skal sørge for. Slottet selv er sjældent det vigtigste, men der skal laves vænger til »de speekalle«, gedderuserne skal ud, »putterne« foran hestestald-døren skal fyldes med grus, et brædt skal slås fast her, et skillerum pilles ned dér, kar skal gøres til mælkedejen, blyrør til vandværket, og selv rugemaskiner har han eksperimenteret med, Kongen af Danmark og Norge, de Venders og Goters. Af hans breve og ordrer lyser en evig vår, fra de dage da slottet var i funktion, en levende helhed af hof, kongefamilie og avlsgårde, et storstilet adelsgods. Her havde Kongen sine lyse og mørke tider. Det er her, hans hustru Kirstine Munk blir så stjernegal at hun hopper op i brændet der er stablet ved kaminen, men rundholterne ramler ud på gulvet, og Fru Kirsten med. Her på Frede: låser hun døren mellem sit og Kongens sengekammer og sætter sin kammerpiges seng for døren. Det er Mortensaften 1628, og dagen efter lader Kongen sin stenhugger hugge et sæde i en stor kampesten, Kongens kronede navnetræk og årstallet. Den ligger i »Indelukket« endnu, og det er ikke sagn. Kongen skriver selv at »*in cujus rei memoriam* vi strax om anden Dagen lod lægge en stor Kampesten paa vejen, når man går bag neder hen ad den lille ladegård, hvilken sten findes endnu der med et årstal påhuggen og et sæde huggen udi«. Vistnok Europas eneste monument over en låset kongelig sovekammerdør. Døren blev ikke siden åbnet.

Her på Frede: havde den begavede og impertinente pige Leonora Kristina sin skolegang med mere. Her levede Kongen sammen med sin bortrejste hustrus kammerpige Vibeke Kruuse, og slottets gamle »lysregistre« røber sladrende intimt hvornår der sidste gang leveres lys til Fru Kirstens værelser, og hvornår der første nat sættes lys i Frk. Vibekes lille kammer ved siden af Kongens. Her fra Frede: skriver Kongen til rigsrådet at han fryser, så de må skaffe ham et læs kul »gud råde hvor I så tar pengene«. Her blir, en grå februardag i 1648 med tynd sne og tø, den gamle Konges seng båret ned i gården og surret på en slæde. Han kører for sidste gang ud gennem porten, ind til Rosenborg, hvor han dør ensom og halvglemt en uge senere.

Men han nåede at se slottet miste en del af sin pragt. Vel havde Hillerøds borgere stadig pligt til at vaske springvandets figurer med eddike og salt, så de strålede blankgyldent, men af sølv og kostbarheder var væsentlige ting smeltet til mønt og borte.

Under svenskekrigene var Carl Gustav først gæst ved en overdådig middag, der røbede ham hvad slottet endnu ejede af værdier, og ved næste besøg lod han slottet plyndre. Herlighederne sendtes over Sundet til Sverige, hvor de er endnu, springvandsfigurer og meget andet. Det pragtfulde sølvalter og prækestolen fik han dog ikke, de var ført til København. Derimod krævede han barnagtigt i fredstraktaten de kostbare gobeliner med billeder af Kalmarkrigens danske sejre »strøget over med limfarve«. Kristian den Fjerdes navnkundige frederiksborgske »skibssal« med flådens modelsamlinger blev også tømt, modellerne ført til Stockholm.

Pengene var små, landet var fattigt, slottet var gammeldags. Navnlig trapperne på Frede: er endnu rent middelalderlige. Kristian den Sjette lod en del sale og rum modernisere, men slottet var alligevel på aftægt. Audienshuset og løngangen brændte og blev indrettet i den ny køligere stil. Man fandt iøvrigt som sagt slottet smagløst. Det blev brugt som magasin for udrangerede kongelige mobilier og skilderier.

Først henved år 1800 kom der liv igen. Frederik den Sjette lod grundlægge en samling på slottet, og fra andre slotte blev navnlig historiske portrætter ført til Frederiksborg. Slottet fik en aura om sig. Det var et romantisk monument over landets store fortid, ikke mindst nu efter englænderkrigenes nederlag og adskillelsen fra Norge.

Frederik den Syvende forelskede sig i slottet. Han var Oldenborgernes ætling og navnlig glad for gamle Kristian den Fjerde. Renæssancen var atter sværmerisk mode, og Kongen fik indrettet sig en lejlighed på slottet, lidt hensynsløst. Billedsamlingen var placeret efter metoder, vi ikke idag er glade for. Billederne blev for en stor del sat ind i felter i panelerne, og tomrummene fyldt med gamle gyldenlædertapeter og gobeliner, som man uden videre klippede itu så de passede til vægfelter og dørhuller. Frederik den Syvende var ikke maleri-entusiast. Han fik lavet billardsalon i en af salene, en slags køkken og vaskerum i en anden, store skabe blev stillet op så de skjulte mange af billederne, og i et tårnrum lavede han sig et oldnordisk museum, hvor han placerede sine fund fra gravhøje og andre udgravninger.

En aftenstund i december 1859 sad han her og syslede. Han frøs og krævede ild i kaminen. Man mindede ham om at kaminen var gammel og slottet brandfarligt, men han krævede blus på. Han fik det.

Ilden fængede, og der blæste en kraftig storm af nordvest, lige ind på tårnrummet. Slottet stod i brand på et øjeblik. Efter dansk tradition for slotsbrande gik man således til værks: fra det brændende rum reddede man inventaret ind i det tilstødende. Da det brændte, reddede man de to rums inventar ind i det tredje, og så var det ikke muligt at få noget hverken ind eller ud. Hele slottet stod i flammer. Brandvæsenet kom. Kongen var selv meget aktiv, men der var intet at stille op, det gamle træværk fængede som krudt. Om morgenen var Danmarks dejligste slot en rygende ruin. Murene stod tomme med gabende vindueshuller, sodsværtede og glødende. Alt, skillerum, døre, gulve, tagværk, lå i bunden af ruinen i en rygende dynge. Den ene hovedgavl og et par kviste var styrtet ned. Tårnenes spir med klokker og alt var borte. Ved et mirakkel, og på grund af vindretningen, blev audienshuset reddet denne gang. Den prægtige store sal var væk. Slotskirkens hvælvinger holdt, så kirken blev nogenlunde reddet. Kun den ene ende, med de to bedestole og kirkens almindelige orgel, blev ødelagt. Bedestolene var et par af Europas bedste og fineste interiører fra 1600-tallet. Det var hovedslottet der brændte. Bygningerne ude på de andre holme blev ikke rørt.

De fleste af møblerne blev vistnok reddet. Om morgenen stillede kabinetssekretær *Trap* (»Traps Danmarks« forfatter) sammen med en anden højtstående embedsmand og sørgede for, at det reddede indbo kom rette sted hen. Det var i sidste øjeblik, og de vidste det: Grevinde Danner var ved at bjærge hele herligheden til Jægerspris.

Høyen har gjort regnskab for tabet af malerier. Mange af dem var som sagt sat ind i panelerne, andre var skjult bag skabe og magasinerede møbler, og under arbejdet med at redde var der ikke tid til at hente eksperter for at få de bedste reddet først. Hele den historiske malerisamling var på 543 stykker. Af dem brændte 376, mere end to tredjedele. Reddet blev 167, og af dem var hovedparten, siger Høyen, mindre værdifulde. Katastrofen var åbenbar. Hillerød har på torvet rejst Frederik den Syvende en legemstor statue.

Slotsbranden vakte landesorg. Man må huske hvad Danmark så kort før havde været, og hvad der var sket i mands minde, for at forstå, hvordan det føltes. Captain Maryatt var tilfældigt i Danmark og tilskuer ved branden. Han har siden skrevet, at folk stod tavse og lammede, mens de så deres hårdt ramte lands fortid gå under i det tordnende bål. Branden var bittert symbolsk: nu var intet tilbage.

Man talte straks om, hvad der var at gøre, og der kom planer om at bygge slottet op igen. Grevinde Danner arbejdede idealistisk på at holde politikerne til ilden. Hun skrev gode breve til Tscherning, men han måtte (det var i 1863) sige hende, i et klart og bestemt, men meget smukt brev, at nu havde Danmark atter andet at tænke på. Høyen advarede kraftigt mod en genopbygning. Han vidste at en rekonstruktion ikke kunne blie det ægte slot, og han foretrak en ruin. Man kan give ham ret principielt. På den anden side: ruinen ville være både pæn og ærlig, men hvad skulle man med den? Det var for nærliggende en tanke at lægge gulve i ruinen igen, lægge den under tag og få et hus ud af den. Når man aldrig prøvede at bilde nogen ind, at slottet var Kristian den Fjerdes urørt af tider og ild, var det jo ikke svindel. Det blev *Brygger I. C. Jacobsen*, »Faderen«, der lagde for med en storstilet gave, millioner i vor tids mønt, som han senere forhøjede til det dobbelte. Han havde i udlandet set historiske museer, der havde grebet ham dybt, og han så for sig den gamle borg rejst som »et nationalhistorisk museum«, der kunne vække folket med Fædrelandets minder og store fortid. Den nye konge Kristian den Niende interesserede sig varmt for tanken. Et landslotteri gav en pæn sum, og man tog fat. Kunsthistorikeren *Laurin* har ret i, at slottet idag er præget af »alle de forringelser, der følger af en rekonstruktion«. Andet kunne ikke ventes. Originalt og ægte i sit indre kunne det ikke blie. Det måtte også blie præget af sin tid, 1800-tallets anden halvdel. Arkitekt blev *Meldahl*, og opgaven var dybt utaknemmelig. Han fik med rygende energi sat fart i arbejdet, hvad man takker ham for. Selv om en langsommere fremfærd rimeligvis havde givet tid til mange overvejelser i detaljen, så måtte der bygges mens folk var sentimentale, det forstod han. Meldahl var en selvsikker mand, hurtig og bestemt. Man er ikke glad ved hans råd til Zetterwall under Lundedomens restaureringskatastrofe, og det vil være let at pege på detaljer i Frederiksborg, som vor tid ville ha gjort anderledes. Det ydre blev genskabt, man må tilstå det, mesterligt, og det er idag ikke muligt at se forskel på nyt og gammelt. De fleste vinduesgavle var skørnede af ild. Man havde hellere set de gamle, med lidt skørnelse, men de ville hurtigt være forvitret. Meldahls stenhuggere arbejdede temmelig tørt. Mange af vinduesgavlene, navnlig vistnok i gården, er dog stadig originale med spor af de gamle farver. Meldahl havde den flair ikke at styrte sig ud i at genskabe Kristian den Fjerde-tidens farver og guld. Det var borte da slottet brændte, og sådan blev slottet genskabt. Meldahl-tidens svageste side var, at man ikke havde materialefornemmelse. Det er vi idag kede af, dengang sansede man det ikke. Sandsten eller cement, det kunne vel være lige meget. Galleriet i gården trænger stadig til at blie fornyet i ædlere materialer. Sandstensfigurerne blev kopieret i malet zink. Idag blir de fornyet i bremersandsten – der skal fornys om halvandet hundrede år. Det må man så regne med. Den naturlige sten er kønnere, men i det originale slot var alle figurerne malede, så dengang havde man heller ikke altid glæde blot ved materialet. Sørgeligt er, at Meldahl fjernede den morsomme sandstenskarnap, som Kristian den Fjerde fik sat på sit private værelse så han altid kunne se hvad der skete i gården. Dens tagspor ses endnu i muren.

Slottets indre var vanskeligere. Man fik slotskirken sat i stand. Hvælvingernes figurer måtte tages ned, men ellers er kirken praktisk talt rummet fra Kristian den Fjerdes tid med enkelte senere ændringer. De gamle kirkestoles snekerarbejde er et eventyr, altret og prækestolen af sølv og ibenholt er mesterværker af europæisk rang, en rest af slottets gamle overdådighed. Kun er det synd, at Meldahl ikke genskabte den søjle i alterendens galleri, som blev fjernet da kirken blev ordenskapel for elefantridderne. Først når den tænkes på plads (sporet efter den ses endnu) blir kirkerummet lukket og helstøbt. Og een lille hilsen fra forne dage: gå langsomt kirkegalleriet rundt og se, i karmene ud mod kirkerummet, de hundreder af navne, delvis skjult af maling, men synlige når man ser nøje efter, bruger lyset fra vinduerne og gir sig tid. Her er navne og initialer dateret fra 16- og 1700-tallet, adelige kirkegængere og andre skar navn her, og det står som et tyst ekko af de dage da slottet var liv. F. H 1652, B. M. W. 1676 (det er under skånske krig) T. Tyge Herm ... 1720 (Tordenskjold blir dræbt i en duel det år) Hans Nielsen Winther 1838 (Frederik den Sjettes malerisamling på slottet er tilgængelig endnu) Hr. Winther har besøgt den gamle borg. Hans dueblå frakke og hans halsbind har viftet gennem kirkegalleriet, og hans lysegrå høje hat har ligget her i karmen, mens han forkasteligt gravede sit navneziffer i panelet. Her på galleriet stod gæster, da Kristian den Ottende blev kronet nede i kirken. Den sidste danske kongekroning. Frederik den Syvende var demokratisk grundlovsmonark.

Her på Galleriet står det navnkundige *Compenius*-orgel, der ikke var på slottet under branden. Det var »midlertidigt« inde på Frederiksberg slot. Orglet er idag verdenskendt, ikke alene som et af verdens ældste brugelige orgler, men også fordi det er et mesterværk i orgelbyggeri. Dets »buxbomregister«, som nyere orgelbyggere prøver at kopiere, men uden helt at nå den tørre snerrende tone, dets tusind piber af mange slags træ, der ikke er gået op i limningen, fugerne kan kun ses med lup, og den gamle lak er uskadt. Det er det ydre. Men her kan man høre de toner, som Kristian den Fjerde lyttede til, og med sine mange kvaliteter i lyst og mørkt: han elskede musik, og han var kræsen. Man har noder fra datiden, og selv om der er en lille usikkerhed tilbage – at spille er temperament, ikke mekanik, og vi kan ikke være sikre på at vi helt magter at dække en 1600-tals organists spillende sjæl – så nær kommer man sjældent de henfarne, som her. Man kunne sidde i kirken og lytte, og hver gang organisten slap tasterne kunne man hviske bliv ved, du må ikke holde op, bliv ved – til han trillede af bænken. Man æder disse sprøde, skarpe, varme, sødmefulde underlige toner umætteligt. Een af de ting man kan drømme om at opleve: en dag i denne kirke, alene med det orgel og en uopslidelig organist.

Det kneb med at få skik på museet. Man fylder ikke i en

hast et trefløjet slot med museumseffekter af værdi, blot fordi tomme sale står gabende og venter. Ideen var i starten romantisk. Der skulle ægte malerier, hvis de kunne skaffes. Så skulle der rekonstruerede billeder af fortidens hændelser (seriebestillinger til historiemalerne) og *statuer* af landets store sønner og døtre. Man bestilte statuer af Valdemar Sejr etc. Det lyder for os uhyggeligt, og man så snart at det var ikke så godt. En del figurer blev færdige. Nogle af dem havnede senere i Dronningeporten på Kristiansborg. Brygger Jacobsen krævede *rustninger og gamle våben.* Det var der i de tyske slotsmuseer. Der blev skaffet en del ligegyldige drabantrustninger fra Kristian den Fjerdes dage, og Bryggeren fik lavet meget dyre kopier af danske rustninger i udenlandske samlinger. Historiemalerne tog fat, men tabte snart pusten. Det var for meget på een gang, inspirationen blev borte. Stadig var rummene tomme. Man rekonstruerede »Riddersalen«. Den fik gyldent loft, trompetérstol og kamin, desværre med uægte, sølvbroncerede figurer. Og man bestilte gobeliner. De blev håndvævet. De har været meget kostbare, og de er dejligt arbejde i fine pastelfarver. Alligevel blev man snart lidt bange for rekonstruktionerne. Man lavede rummene »renæssanceagtige«, men med cigarkassetræ og udskårne dørportaler i malet gips. Man lavede orgier af lofter. Motiverne hentede man over hele Europa, ikke altid alt for heldigt. I »Frederik den Tredjes sal« ses et drabeligt stukloft, som man kopierede efter loftet i *La sala del collegio* i Dogepaladset i Venezia. Loftets format passede ikke til Frederiksborgrummet. Man måtte hugge en hæl og klippe en tå og sætte lidt til udenom. Men i Venezia sidder det tunge, voldsomt modellerede loft meget højt tilvejrs. På Frederiksborg har man det lige oven i hovedet, som om det er rutchet ned gennem rummets skakt ved sin enorme vægt og truer med at havne på gulvet,

240

så man blir klemt flad. Tidens malere leverede loftsbilleder. Der svælgedes i allegorier og dyder og gudinder, og renæssance blev det naturligvis ikke. Det blev victoriansk. Frederiksborglofternes piger er ikke nøgne, de er klædt af. Tidens borgerlige levemænd, der var faste kunder i Hamborgs bordeller, kunne ha nøgne piger på deres salonvægge, når de bare hed *Sandheden, Skovnymfe* eller *Gefion*. Lofterne siger noget dybt humoristisk om 1800-tallets anden halvdel.

Men langsomt kom der skik over museet. Den rabiate tid, hvor Meldahl, fortvivlet over sit kære slots tomhed, styrtede Europa rundt og købte moderne italienske »pragtmøbler«, som slotsforvaltningen siden har haft meget svært ved i stilhed at få solgt igen, var ude. Samlingerne voksede. De rekonstruerede billeders tid var slut. Den havde givet nationale fuldtræffere som *»De sammensvorne ride fra Finderup«*, og *»Den unge Prins Kristian ved Kansleren Niels Kaas' Dødsleje«* (Niels Kaas' kone er billedets fineste skikkelse), men også tomt dukketeater som F. C. Lunds billede af *»Stormen på Kjøbenhavn«*. Samlingen lagde sig efter at få ægte ting: ægte malerier, ægte møbler, sølv, porcellæn etc., og idag svulmer museet, så problemet er at skaffe plads, navnlig til den nyeste tid. En plan om at dele det, så rokokko og tiden efter den kommer ind på det fine frederiksbergske slot, er vel skrinlagt, men værd at overveje grundigt.

Og så kan man begynde at gøre status. Man må sige med Terje Vigen, at stort vi misted, men stort vi fik. Slotsbranden var en katastrofe. De tabte rum er borte, de tabte malerier kender vi knap. *Men:* var slottet ikke brændt, var museet på Frederiksborg aldrig blevet skabt i det format og med det økonomiske rygstød (Carls-bergfonden), som det har. Og med alle tab: de tabte samlinger på Frederiksborg var intet i sammenligning med,

241

hvad slottet rummer af værdier i møbler, gobeliner, malerier, sølv og alt andet idag. Blot museets samling af miniatyrer er mange dage værd. Man kan diskutere alt, også museumsteknik. Man kan finde mange rum tæt pakkede, man kan mene at enkelte malerier måske kunne gå i magasin, man kan mene hvad man vil, og et museum lever, så længe det diskuteres, ikke længere. Frederiksborg er idag museet som man må igennem adskillige gange hvert år, og aldrig går man der forgæves. Museet lever, det øges, tingene udskiftes langsomt, men sikkert. Om Isaacs billede af en pige i lys kjole er en af Ulfeldts døtre, er mindre væsentligt. Nu, da det »ny« billede er renset og synligt, er det et af museets dejligste, på højde med de bedste i udenlandske samlinger. Det gælder ikke alle billederne, og det er der en væsentlig ærlighed i. Danmark var ikke Italien, Frankrig eller Holland. Det lå i Europas nordlige udkant, og man klarede sig i reglen med hæderlige sekundamalere. Det skal ikke skjules, for museet skal vise hvad dansk kunst og kultur virkelig *var, hvad* vi magtede, og *hvor* vi stod.

Springvandet i gården blev rekonstrueret med afstøbninger af de originale gamle figurer, der er på Drottningholm i Sverige. Den lidt slappe badekarkumme kan nok diskuteres. Constantin Hansen har på et maleri rekonstrueret den væsentligt bedre. Man skal komme til Frederiksborg fra byen, ad den smalle røde gade, over S-broen, hvor man går i stå et øjeblik, og så se slottet ligge indenfor den gabende hovedport. Man har set det tit, men det er lige festligt hver gang.

Kommer De fra parkeringspladsen, så stands, når De ind mellem de lave gamle staldlænger ser mod slottet, så De ser kirkegavlen, og bag den helt ind til slotsgårdens øvre stokværk. Det er et spil af linjer og murflader, man ikke ofte ser mage til. I tåge og novemberregn, i vårsol, henad aften når lyset falder lavt, tidligt om morgenen når lyset kommer bagfra. Han kunne *bygge*, den gamle monark. Man glæder sig, trods alle »af en restaurering følgende forringelser« over at den kloge og ærlige Høyen ikke fik fredet den tomme ruin.

Men »Frederiksborg« var engang også noget andet og væsentligt, idag næsten glemt: vort førende hestestutteri, i konkurrence med de store europæiske. Frederik den Anden grundlagde Frederiksborgstutteriet, men Kristian den Fjerde løfter det op i format, da han flytter det mindeværdige »*Tumlerstod*« fra Ringsted kloster til sit elskede Frede:.

Fra den gamle Ringsted-hingst *Tumleren* går stodkronen videre, over en rad af hingste, der skriver sig i stutteriets historie, *Vulcanus den Første*, *Bellegrace*, *Serviable*, til hingsten *Le Brave den Første*, der blir noteret ikke alene i stutteriets, men i den europæiske kunsts historie ved at være hovedmodellen til *Salys* hest på Amalienborg Plads. Monsieur Saly gik omhyggeligt til værks. Han fik hingsten ind i en sal hvor den frit gik rundt, mens han sad under gulvet, med hovedet op gennem et hul, så han hele tiden kunne tegne skitser af hesten set fra alle sider og *nede fra*, som publikum ville komme til at se hans statue, når den var færdig. Ufarlig var metoden ikke, han måtte jo jævnligt dukke hovedet.

Tumlerstoddet drives som stutteriets hovedstod op gennem årene, og det har nok knebet med at holde *Tumler*-præget rent. Der kom også andre moder i heste. Man prøvede med et stænk næsten ægte araberblod, men sit grundskud får stoddet i 1825 med de to stærkt kritiserede Yorkshire-hingste *Dobson* og *Clipsey*. Man arbejdede med temmelig mange stod, *Det sorte*, *Det hvide*, *Det blåskimlede*, *Stoddet i Præstevangen* og *Fanestoddet*. De gamle stodvange ses der endnu spor af i terrænet overalt udenom Hillerød, mossede diger og mærkesten. Ulykken var, at man i virkeligheden arbejdede for stort i forhold til hvad man kunne klare, at der jævnligt skete »uheld« ved at en hingst sprang ind i et galt stod, og først og fremmest, at ny ledere stadig lagde kursen om og prøvede at nå nye mål. Det må ende i at arve-egenskaberne blir roderi. Væsentligt for en senere tid er, at da man endelig nedlægger stutteriet og opgir, fører andre resterne af racerne videre i 1800-tallets gode og smukke hest, den nye danske »Frederiksborger«, der vel ikke prøver at hævde sig som det gamle fuldblod, men gir både køreheste og lettere arbejdsheste, som ejerne er stolte af, og med rette. Når 1890-ernes proprietærer og gode borgere kørte ud med »de blankbrune«, sad de ranke i landaueren. Vandrende hestekendere på vejen rynkede ikke på næsen. Her ender Ringsted-stodhingsten *Tumlerens* gamle og glorrige dynasti.

Stutteriets fornemme bygningskompleks blev sløjfet for ikke mange år siden. Kun ridehuset blev skånet, flyttet til Hørsholm og kan dér ses, men revet ud af sin arkitektoniske helhed, som hvis man flyttede det Kristiansborgske ridehus ud på bar mark alene. I det hus blev de gamle ædle Frederiksborgere trænet i den højere skoles indviklede fodslag.

Fra Birkerød til Kronborg

Om en forelsket digter, og om Øresundstold

Vejen går mod øst ned gennem Store Dyrehave og Tokkekøb hegn, norden om Sjælsø. I skovene ligger, som sagt, endnu stendiger og markerer flere af de gamle stutterivange. Sjælsøen er en overraskelse midt i det sjællandske land, der endnu er land, men stadig får byens udkanter nærmere på sig. Søens navn er ikke sikkert tolket. Måske betyder det noget i retning af »hul«, måske er det samme rod som i Sjælland. Sjællands navn tyder man for tiden som »sæl«, havdyret. Det er muligt. Sjælsø var vel engang helligsø, idag er den lyseblå og smuk. Syd for den kommer man gennem Rude Skov til Birkerød, en gennemfartsby, Kongevejen stryger sin asfaltløber igennem, men byen selv ligger endnu kendelig mellem mange nyere huse. Dens kirke er det morsomste. Birkerød kirke er *Henrik Gerner*, præsten der var med i den sammensværgelse, som skulle redde Kronborg ud af Svenskernes hånd. Hans lænker hænger i kirken under hans epitafium. Man ser ham gerne som en hvidskægget gubbe, en ærværdig præstemand. Han var i det dramatiske øjeblik 30 år gammel, måske kun

29, altså i normal »frihedskæmper«- alder. Siden sad han i Birkerød som præst i 33 år, så portrætterne lyver ikke, de er bare fra hans lidt modnere år.

Birkerød kirke er en af Sjællands gode landsbykirker, i røde tegl, og navnlig med mange morsomme kalkmalerier. Så hænger her et af Danmarks ældste kirkeskibe, fra 1600-tallet, med runde mærs, en kluntet lille skude, sikkert en hjemmebygget model af et bestemt skib, hængt op i kirken for at Vorherre skulle holde øje med det på søen. Fra Birkerød går så vejen mod nordøst op til Hørsholm.

Byen er idag hverken sig selv eller noget nyt. Det er en by der prøver at leve sit stille liv videre i hovedstads-omegnens hurlumhej, og det er vanskeligt at fange stemningen fra den sommer, da *Hr.* og *Fru Heiberg* holdt ferie på Postgården sammen med den sødt forfjamskede *Henrik Hertz.* Fru Heiberg var en gnistrende dame, og hun vidste det. Hendes mand var en gallionsfigur. Henrik Hertz sværmede for Fruen, som man havde lov til det i romantikkens tid, »Den unge Werthers« eksempel krævede, at en åndfuld natur skaffede sig en håbløs forelskelse i en gift dame, så alt endte i ædelhed, ofre og sødeste kval. De mange aftensværmere om lyset i det valbyske Bakkehus er af samme åndelige karat. Her i Hørsholm hørte Hertz for første gang *Bellman.* De bellmanske sange og epistler blev sunget i kroen, og Hertz blev så grebet at han skrev poemet »*Posthuset i Hirschholm*«, der er snydt ud af den store Svenskers næse. Hele vers er blankt tyveri, i sødeste beundring naturligvis. Her vandrede den unge digter omkring og gik ture med skuespillerinden, der snoede ham om lillefingeren, kun een blandt de mange, hun nåede at dåre i sit liv. Hertz var bare en sommerspøg. Her var han ved at gå ud af sit naive lille skind, mens Fruen i et romantisk træs bark skar et hjerte, og heri de æggende og djævelske bogstaver *H. H.* Betød de Hanne Heiberg? Henrik Hertz? Heiberg-Hertz? eller måske, oh svimle salighed: *Henrik-Hanne?* Staklen fik det aldrig at vide. Hun var en Satan. For hun nøiedes ej med at skjære dem, hun skar, og derefter så hun på ham med et af disse blikke, der fik selv Bjørnstierne Bjørnson til at bruse over som en for hastigt åbnet sodavand.

Hørsholm slot. Dets store tider er dets sidste. Det lå ovre på øen, hvor den ærligt talt kedelige lille kirke ligger idag.

Så dramatisk er slottets sidste tid, at man har glemt de tidligere. Det første, man véd, er at her sidder, som så mange steder på Sjælland, *Hviderne,* den gren der hedder Galen eller Litle. Drost Jon Jonsen skriver sig 1305 »til Hyrningsholm« for navnet har hverken med *hors,* hest, eller *hirsch,* hjort, at gøre, det betyder horn. Slægten Byg får stedet senere. Det blir kongeligt len, kommer siden under Frederiksborg, til Kristian den Fjerde endelig i 1647 gir Hørsholm frit på livstid til sin datter Leonora Kristina og hendes mand Corfits Ulfeldt. På den tid er det et »enhuset« slot med flere tårne. Det kaldes *Det hvide Hus* og har vel været kalket. Det var en almindelig dansk renæssanceherregård. Siden får Dronning Sofie Amalie slottet, og her sidder under pesten 1654 den spanske gesandt Grev Bernardino de Rebolledo som Dronningens gæst og skriver sin lovprisning af *Selvas danicas* med undertitel *Hersholme.* Siden blir der ved siden af Det hvide Hus bygget et nyt, »Det røde«. Det er her, og ikke i Rungsted, enevoldsmonarkens forskudte Dronning sidder, det er her, den »*Eensommes Lise, venskabeligt lindrende Slummer, tidt bød en Louise forglemme sin kierlige Kummer.*«

Her boede hun i sin ensomhed.

Der blir tidligt gjort meget ud af havekunsten, og vi får at vide, at her dyrkes vin og eksperimenteredes med vækster, som var kommet lovlig langt nordpå.

1721 dør *Louise, og* Kronprins Kristian får slottet. Det hvide Hus, der stadig stod, blir revet ned, og der bygges. Men det hele virker for småt, så hele slottet blir raseret. Det blir den kronede Kristian den Sjettes dronning *Sophie Magdalene,* der bygger det ny slot, og Hørsholm fortyskes til Hirschholm. Slotsholmene i søen blir skåret firkantede, og slottet blir firfløjet, i to stokværk, og med et tårn og spir. Indvendig blir det meget smukt. Alt ofres på at lave et raffineret rokokkoværk, og intet spares. Det er samtidig med at Kongen bygger sit vældige Kristiansborg, så det går hårdt ud over finanserne.

Sådan omtrent står slottet, da sønnesønnen Kristian den Syvende lider ægteskabeligt skibbrud, og her ude har Caroline Mathilde og Struensee deres sødeste tider. I slotshaven var der teater, der var pavilloner og væksthuse, og i havefløjen bor den purunge Dronning og hendes søn. Her skildrer *Peder Als* den lykkelige barnemoder, idylliske tegninger der skulle stikkes i kobber for, som propaganda, at modbevise rygterne om at prinsen blev ilde behandlet. Det var de nye rousseauske opdragelsesmetoder, folk ikke kunne vænne sig til.

Her holdes hof, og på vulkanen lever Dronningen og hendes Geheimeminister deres tragedie til ende. Hun var femten da hun kom fra England og blev gift med en halvt sindsyg mand. Hun får to lykkelige somre i sit liv. Først 30. november bryder hoffet op det år, kan ikke slippe stedet. Da karosserne ruller gennem alléernes våde blade, er det sidste gang. Kun en god måned senere, ved hofballet i januar, blir hun og Struensee detroniseret. Hun rejser til Hannover og ser aldrig siden sine to børn. Han rejser længere bort, over skafottet på Nørrefælled.

I den grå novembermorgen 1771 var også slottets saga ude. Det stod tomt. Frederik den Sjette holdt ikke af det slot, hvor hans mor mødte sin skæbne og levede sit usalige liv. Iøvrigt gik slottet i forfald. Der var efter englænderkrigene ikke råd til at holde det ved lige. Kristiansborg var i mellemtiden brændt. Her ligger en ikke uvæsentlig del af forklaringen. C. F. Hansen var ved at bygge det ny Kristiansborg, og krig og dyrtid satte bom for import af materialer. C. F. Hansen var arkitekt med såre faste ideer. Hans huse er gode, men hvad der gik tabt ved hans byggerier interesserede ham ikke. Han slagtede Fruekirken i København for at bygge sin egen. Man har ham mere end mistænkt for, at hans rapporter om Hørsholm er mildt sagt tendentiøse. Mon det dog har været så håbløst at få slottet sat i stand? Han skriver dets dødsdom, og da den er skrevet, kan han frit plyndre det for materialer til Kristiansborg. Det blir revet ned til grunden, og der er idag ikke en stump igen. De smukke gule længer »på landjorden«, ridestalde, kavalerfløje etc., er fra det ældre slot.

Stumper? Nede i parken har man rejst to bastante piller af cement, og i dem har man puttet marmorbrokker og kaminstumper og andre fragmenter. Idéen er ganske idiotisk og det ser rædselsfuldt ud. Imellem brokkerne er et par små fine hoveder, som man dog kunne fiske ud og få reddet. Det ene af dem er ialtfald fra det ældre slot. Et monument i dansk byggekunst og interiørkunst gik tabt, da slottet blev revet ned. Den vemodige stemning over stedet er mere end indbildning.

Ad strandvejen nordpå langs sundet, villaer og åbne stræk, *Rungsted*. Her sad Johannes Ewald og skulle glemme sin Arendse Hulegaard og komme over sin tørst. Det var næppe så meget legendens druk, som det virkelig var hans elendige helbred, der til sidst slog ham ned. I bilsuset langs vejen idag nynner kun svagt, men dog stadig, hans *I kiølende Skygger, i Mørke som Roser udbrede, hvor Sangersken bygger og quidrende røber sin Rede* —« romancen om Rungsteds lyksaligheder. Det er her, med udsyn over Sundet og Øresundstoldens mylder af ankrede skibe, i sejlskudernes store dage, at hans øje undrende haster blandt skove af master og stirrer og kender den fremmedes flag og hilser den synkende dag.

Nivåbugten. Fra hen på høsten, vinteren igennem, hvis vandet er åbent, og langt hen på våren ligger her altid svaner på det krapblå vand. Vi hører fra renæssancen, at når man fór over Sundet og de danske Bælter, sejlede man i svømmende flåder af de hvide fugle, og så sent som i midten af 1800-tallet er for H. C. Andersen den danske strand eet med de vilde svaners rede. Siden gik det hårdt til, og i tyverne havde Danmark eet rugende knopsvanepar tilbage. Så endelig kom fredningen, efter at vi i mange år hensynsløst havde plaffet de svaner ned, der var fredede på den svenske kyst. Nu er der igen svaner i de danske søer og moser. Det er saligt i de første vårnætter at høre trækfugle suse nordpå i de skyede nætter, kaldende fløjt og svar i mørket, hen over villakvarterer og åbent land, men våren er sikker den dag de første svaner søger ind over land to og to, de tunge hvide kroppe skråt i luften, halsene strakt duvende frem, vingernes svingfjer syngende som orgelakkorder. Vi fik de store hvide fugle tilbage. Atter hujer vore jægere sultent ved synet, kræver lov til at skyde, plaffe eventyret ned i en pjaltet blodig klump. Svanerne er onde ved ænderne, hævder jægerne, det er indgreb i deres egne hellige rettigheder. Heldigvis har vi vist aftaler med Sverige, et *gentleman-agreement*, og de danske ænder er meget søde, men ikke mere den rene urnatur. De fleste er bastarder af stokænder og parkænder, madvildt. Intet menneske i Danmark er med trusel om hungerdød afhængig af at svanerne blir givet fri til slagtning, vore sidste store fugle, nu storken er så stærkt på retur og rovfuglenes forsvinden står i et så mystisk forhold til jagtlovens klare ord. Er det virkelig så morsomt at se en stor fugl falde ned og dø?

Nivå, den ældre malerisamling, *Louisiana*, den ny, forude Helsingørs skorstensrøg, skibsværftet og Kronborg, Sundets port.

Helsingør ligger ved Sundets smalleste sted. *Ør* betyder her, som ved Skelskør og andre steder, en gruset odde, *Helsing* har vel med hals at gøre. En ældre romantisk historieskrivning fabler om et folk »Helsingerne«, der startede deres vilde togt i det finske *Helsingfors*. Over det svenske *Hälsingland* drog de ned og krydsede Sundet her ved *Helsingborg-Helsingør*. De må vel så være havnet i *Helsinge*, men noget så udramatisk melder den ældre historieskrivning intet om. Helsingerne er apokryfe.

Det er *Helsingør* ikke.

Hvornår her blir boplads, kan ikke siges, men meget tidligt ligger her en borg, *Flynderborg*. Dens volde skal ha været synlige, til jernbanerne byggede lokomotivremisen. Dér omtrent lå borgen, som man praktisk talt ikke véd noget om. Prins Hamlets tilknytning til Helsingør har Shakespeare ansvar for. *Erik af Pommern* gør stedet til en nøglestilling i dansk økonomi og historie. Øresund, Store- og Lillebælt er den danske Konges strømme, og Kong Erik tvinger igennem, at her skal alle skibe betale told til Danmark for at få lov at sejle ud og ind af Østersøen. Det sker vistnok i 1429. For at få tolden ind, lægger han en borg på den yderste grusede odde, lige i vandkanten. Han bygger også borg på den anden side, i Helsingborg, men Helsingør-borgen blir den stærkeste. Stedet hedder fra gammel tid »Sundkrogen«, og borgen får navnet *Krogen*, mens borgen i Helsingborg hedder *Kernen*. Det er et

251

stærkt bogstavrim, der vogter indsejlingen til Sundet. Der kommer borg i Landskrone og i Malmø, og han sikrer Sundet så solidt det på den tid kan gøres.

Krogen blir rigets mest moderne borg, bygget i en stor præcis firkant med solide røde mure, og den er godt bestykket med kanoner. Fra den dag og i mere end fire hundrede år må alle søfarende nationer betale told her, og skibene må stryge flag og topsejl som hilsen. Ellers får de en kugle i skroget.

Helsingør tog til at vokse. Når skibene skulle standse her, kunne de proviantere og købe hvad de ellers skulle bruge. Jævnligt måtte de i det vanskelige farvand vente i uger på gunstig vind, så Helsingør blev købmændenes, kroernes og de frimodige pigers by, Danmarks mest internationale, på linje med Norges Bergen.

Her handledes med øl, tjære, tovværk, beskøjter, spegesild, stenhårdt brød, skibstømmer og alt hvad søfolk kan ha brug for. Mange fremmede slog sig ned i byen. Toldloven kom hurtigt til at sige, at Kongelig Majestæt havde lov at købe af skibene til den pris, skipperne satte på varen. Når skipperen ville trykke tolden ved at lyve, kunne han bagefter bide sig i skægget af ærgrelse. Tolderen sagde ikke at han var en svindler, han sagde smilende:»Tak, så køber vi«. Det var elegantere end senere tiders tjenestemænd har lune til.

Det mærkeligste var at indtægten, ialtfald i lange tider, var Kongens. Riget låner penge af Kristian den Fjerdes toldkasse. Det var en nem indtægt og en stadig rislende guldkilde. Men til sidst flød den med blod. Der blev fusket så groft med toldtarifferne, at de europæiske søstater blev rasende. Det kostede os Skåne, Halland, Bleking, Øsel og Gotland, Norge betalte med Bohuslen,

Herjedalen og Jemtland. Med endelig status gjort op blev Øre-sundstolden en dårlig handel.

Noget guld drypper dog udenfor den kongelige kasse: handelen i Helsingør.

Den dag i dag er byen anderledes end alle andre danske. Da tolden blev afskaffet 1857, fordi de søfarende lande mente at nu kunne det være nok, måtte det ramme byen hårdt, og den sank i dvale. Ikke alene at tolderne og mange andre høje embedsmænd rejste fra byen, men den strygende handel holdt op. Skibene skulle ikke mere standse, og så sejlede de forbi når vinden tillod det. Det lille nydelige toldpalæ blev revet ned. Byen var alene og skulle klare sig med hvad den selv kunne præstere. Kun langsomt kom den til kræfter igen. Noget måtte gøres. Man gjorde først havnen bedre, og siden kom der skibsværft, så andre erhverv, og byen tog atter til at gro. Men den er forlængst distanceret af sin nabo Helsingborg, der i ældre tid var helt sat i skygge af toldbyen på vestre bred.

Helsingør har sin gamle kerne. Ikke at der ikke er bygget nyt. Der er bygget et rådhus, der leger middelalderborg, og man kunne ønske det fjernet, men i de snævre gader møder man ægte hilsner fra de store dage. Snæver har byen været. Snavset. Ting-bøgerne fortæller sælsomme historier, også om Bernt Hollænder, der kom fra sin renspulede hollandske hjemstavn til svinehullet ved Øresund. Gaden var væk i skidt, og han tog sig for at grave det væk, når ingen andre ville. Det var dengang bødlens arbejde, men hvis han vovede at komme for at gøre det, smed man ham ud af byen, for han var en uærlig mand. Bernt Hollænder kørte det ene læs skidt væk fra sit gadestykke efter det andet – og blev stævnet, for nu var der hul så vognene væltede. Hullet skulle jævnes, og han fik at vide, at gjorde han een gang til »uærlig mands arbejde«, ville det gå ham ilde. Han fremturede og gravede mere skidt væk. Han ville ha et rent hollandsk stykke gade foran sit hus. Så blev han stævnet igen og dømt: han blev uden nåde forvist, smidt ud af byen og mistede sit borgerskab, for sådan et svin kunne man ikke ha boende. Således gør vi dog idag kun i åndens provinsby.

Helsingør har stenhuse fra middelalderen, bindingsværk fra renæssancen, palæer fra 1700-tallet, alle sine tider levende. Vandrer man gennem byen en stille aften, når det hylende trafiksus er stilnet og gadelygterne lyser, går man i en Holbergdekoration. Man har svært ved at tro at det ikke er teater, genialt naturligt og charmerende skabt. Men det er skabt af århundreders liv trængt sammen på en lille plads, så nær som muligt de livgivende havnebroer.

To centrer trækker den søgende:

Olaikirken løfter sin røde stenkolos over husene. Det er et under, man standser ved hver gang, at et så helstøbt bygværk kan blie til ved, at en lillebitte bykirke gang efter gang blir udvidet til en gotisk købstadskatedral. Dens tårn har idag et spir, der prøver at vække minder om det spir, som Kristian den Fjerde gav kirken. Det er en gave, men godt er det ikke, og det er synd for kirken, for den er til gengæld værd at se. Det store lyse rum har mange epitafier over helsingørske rige borgere, der tjente godt på alverdens skippere. Her, i denne kirke, spillede *Buxtehude*. Han var vistnok født her i byen, måske dog i Helsingborg. Derovre var han organist, men efter svenskekrigene kom han til Helsingør. Kirken, Sankt Olafs i Helsingør, virker som en kølig lise, når man går ind og er i dens store stilhed. Her er mere af det ældre Helsingørs sjæl, end ude i gaderne.

Ikke langt fra ligger *Karmeliterklostret*, Nordens bedst bevarede kloster. Her blev restaureret målbevidst og hårdt (ja, af professor Storck, det er utroligt hvad han nåede at ordne). I mange detaljer var han her, som altid, unænsom og kold, brutal. Huset mistede meget af sine århundreder og blev stift og dødt. Trappen til andet stokværk er en pudsig misforståelse. Lofterne i de øvre gange er ufatteligt slet gjort, meget mere kan nævnes som minus. Men der er en finhed i klostrets lukkede gård, selv om Ribes Catharina-korsgang er mere levende. Lyrikken i den helsingørske »fratergård« føles lidt arrangeret. »Abbedfløjens« rum er gode, lidt unænsomt brugt til bymuseets gamle cykler og sprøjter. I andet stokværk er »Laxmandsalen« et smukt rum, »Musikstuens« kalkmalerier er frodige og morsomme, i stil med *Kræmmerkapellets* ovre i St. Peder i Helsingborg, men Karmeliterklostrets er de bedste. Kirken var klosterkirke, men her er ikke meget kloster tilbage. Den står med røde teglmure og får lys fra den ene side og fra enderne, altså skævt. Alligevel er der balance i rummet. Samlingen af præsteportrætter er ganske morsom, kalkmalerierne ejer enkeltheder der er værd at se, som Grønlandsskipperen *Pothorst*. Her er epitafier, som man standser ved, men her er navnlig en kirke, hvor man ikke har ryddet alle 1700-tallets »pulpiturer«, logerne for godtfolk. Vi har dem bedst i Kristianskirken på Amager, som Nordmændene har dem i kirken i Kongsberg. Her i Mariakirken i Helsingør er de endda ikke bygget samtidig, og man har suverænt set bort fra de ældres stil, da man byggede de yngre. Bag de ruder sad den gode bys pudderparykker. Var man i London, ville man se efter Dr. Johnson, der havde sin logeplads i *Clemens Danes*. Her i Helsingør var det købmænd og embedsmænd, slottets honoratiores måske ved lejlighed. Pulpiturerne gav flere pladser, og under Kristian den Sjette var kirkegangen tvungen.

Det kan måske nok ha givet en pludselig trængsel til kirkerne, så der måtte ekstra stole. Og her til vejrs var man nærmere Gud. To gravlæggelser skrev sig i Danmarks historie. Da rigshovmester *Poul Laxmand* var blevet kastet i slotskanalen i København fra Højbro af to adelsmænd, blev hans lig på Kong Hanses regning ført her op og gravlagt i kirken. Siden blev Rigsrådens sag ganske vist taget op, og Kongen fandt ud af, at han havde været en så stor bandit, at det var rimeligt at konfiskere hans arvelod. Og legenden fastholder hårdnakket, at her op til denne kirke lod Kristiern den Anden føre liget af sin elskede *Dyveke*. Hun skal være gravlagt ude i korsgangen, og det er ikke helt utroligt, for i katolsk tid brugte man klostrenes korsgange til gravlæggelser. Ialtfald – her i kirken stod et sidealter (nu på Nationalmuseet) hvor Kristiern den Anden og hans lige så elskede Elisabeth knæler på dommens dag. De knæler på samme billede frelst oppe i himlen med mange omhyggeligt portrættérede gode venner, men bag Kongen sidder en nøgen kvinde, der åbenbart hverken skal i himlen eller i helved. Traditionen siger at hun er Dyveke. Måske.

Det er stærk arkitekturs vanskæbne at smitte på omgivelserne. I Hillerød har borgerhuse på torvet ublufærdigt smykket sig med hollandske renæssancespir, skønt det er det eneste man ikke må i Hillerød. I Stockholm har mange, tildels prominente bygninger omkring Strömmen pyntet sig med balustrader langs den flade overetage og leger Stockholm slott, det eneste en god arkitekt ikke ville finde på lige dér. I Helsingør er sagen kompliceret. Man kan ikke idag sige hvad der har fået byrådet til i sin tid at bygge et rådhus i uægte middelalderstil, når man har den ægte. Mærkeligere er dog *Helsingør banegård*.

Den er et renæsanceslot uden indmad. Der er kun en vældig dobbelttrappe indeni.

Arkitekten har ikke kendt til blusel. Naturligvis skulle hans banegård »stå til« Kronborg slot. Han har endda vægtigt følt sit ansvar, da han satte dette stykke teater op mod et af Europas stærkeste renæssancemonumenter. I mellemtiden var kun sket det, at man havde vedtaget, at »Kristian den Fjerde-stil« er røde sten med sandsten, og hvor Kristian den Fjerde selv har glemt det, har man hjulpet ham. I København har Børsen fået sine gulflammede sten mejslet ud og i stedet tragiske ildrøde klinker, og Holmens kirke er smurt over med cementpuds og har fået malede mursten og malede sandstensstriber. I Helsingør skulle der leges Kristian den Fjerde, for renæssance i Danmark er Kristian den Fjerde, så man så både bort fra at Kronborg er bygget af Frederik den Anden og at slottet ikke er i røde sten.

Men sagen er både dybere og morsommere. Man har ikke udtømt den ved at lade blikket glide fra Kronborg til banegårdnipset og ryste på hovedet. Helsingør banegård er nemlig bygget omkring 1890. Det er det slægtled, der i dagligstuens snerpede biedermeyerborgerlighed sværmer romantisk for renæssancens blodrige livsstil. Man smykker hjemmene med »renæssancemøbler« og uægte blikrustninger under viftepalmen. Ingen tror at sagerne er ægte. Ingen venter det. Hjemmet er teater, det skal være teater, for livssynet er teater. Troels Lund skriver om det sekstende århundredes daglige liv, så familiefædrene ved kaffen kan fortælle anekdoter fra Helsingør tingbøger. Man véd præcis, hvad Herluf Trolle og hans kolleger åd til frokost ved en synsforretning i Nordsjælland. Holger Drachmann hælder bourgognesjatter på dugen i Alléenberg og synger »saa jager jeg Kaarden igjennem mit Liv!« Naturligvis gør han ikke det, og ingen venter det. Man klapper tværtimod begejstret. I det slægtleds øjne var Helsingørs banegård ikke mere teater end alt, hvad man ellers lavede og gjorde og følte og tænkte i denne uægte, romantiske og teatergale tid. Slår man op i *Illustreret Tidende* eller andre steder og ser, hvordan Helsingør banegård blev modtaget, læser man at den er »prægtig«, den er »smagfuld«, og den er »et architectonisk Mesterværk«. Man beundrede den banegård lige så meget som Rosenborg. Man fandt trapperne storladne, for her kom man med toget og gik som adelsdame op og ned. Det kedelige træloft fandt man »rigt og smukt«. Ikke een fandt dette kulissestads mindre værdifuldt, end renæssancens ægte værker. Ingen så forskellen og kopiernes fattigdom. At »*forestille*« var for de slægtled det samme som »*at være*«, eller helt korrekt: det var uendeligt meget mere, for »*at forestille*« var *det egentlige.* Det var nemlig *teater*, og *teater* var det største af alt.

Derfor bør man, dvælende lidt desorienteret foran denne mærkelige banegård, huske, at lige så hjælpeløs som bygningen er i sin uægte naivitet, lige så *ærligt* er den pudsigt nok ment. Den er bare ikke »renæssance«. Det har den aldrig været. Den er 1890, og det er den uden at prøve på at krybe i skjul. På den vis er den et mælende kulturminde, og det er jo nok det eneste, som hverken dens tid eller dens arkitekt havde drømt.

Man skal vende sig mod nord og se, hvordan både by og skibsværft har ædt af på det ægte. Bortset fra at byen burde ha bygget sin havn ud i Sundet, ud for jernbaneterrænet, så der havde været endeløse muligheder for både havn og værft, så er det ufatteligt at man uden rødmen har hugget den ene af slottets bastioner, ødelagt voldgraven og klistrer lagerskure op ad selve de røde fæstningsmure. Idag bruger værftet endda kajpladsen til jættedampere og er selvfølgelig nødt til det. Det er ikke det værste. Værre er, at dunsten fra værftet, svovl og andre stærke ting, regner ned over slottet og æder dets sandsten. De må fornys i adskilligt hurtigere tempo idag, og om hundrede år er der næppe en gammel sten i Kronborgs ydermure. Til den tid blir man måske sentimental og »gør noget«.

Vi kalder Kronborg et slot, men det er det egentlig ikke. Det er en fæstning, der har fået sin hovedbygning indrettet, så Kongen kan bo her.

Frederik den Anden syns, at Erik af Pommerns halvandethundredårige *Krogen* er for gammelt. Han fabler om at modernisere, men det ender med et nyt hus. Ikke en nybygning. Så morsomt det kan lyde, er Erik af Pommerns borg nemlig en af vore bedst bevarede middelalderlige borge. Den står bare inden i Kronborgs mure og ses kun, efter at den sidste store restaurering har tittet ind til den, hist og her. Så godt og præcist har Eriks bygmester stukket borgens firkant ud, og så stort var det gamle *Krogen*.

Omkring 1577 kommer der fart i nybyggeriet, og knap ti år efter står det ny slot nogenlunde færdigt. Frederik den Anden gav det nyt navn: *Kronborg*, og det kostede en bøde på »en god okse« hvis man af vanvare brugte det gamle navn.

Han byggede det først i røde sten med sandsten og lod så det hele dække med sandsten, så slottet blev det lyse firfløjede hus vi kender. En tid stod den ene fløj lav, som i Kristian den Fjerdes Frederiksborg, og med kanoner ovenpå, men så førtes den op i højde med de andre og den lukkede slotsgård var skabt.

Slottet blev pragtfuldt smykket indvendig. Sale og kamre havde snitværker, gyldne lofter og gobeliner. Frederik den Anden var ny på tronen. Hans farfar fik den ved den jyske adels svig.

Hans far måtte lade sine Holstenere føre blodig krig mod Danmark, før han sad på tronen. Frederik selv har sikkert følt, at mange regnede ham for en opkomling og ikke af den gamle Oldenborgergren, så han har travlt med at mure sig solidt ind i den gamle kongerække. Det er baggrunden for, at han hos *Hans Knieper* bestiller suiten af gobeliner med billeder af »hundrede og elleve tidligere danske Konger«. Man tog Saxo til hjælp, for strengt taget kender man ikke mere end ca. 38 konger før Frederik selv, så sagnkongerne er brugt uden smålighed. Gobelinerne var vævet, så de dækkede alle vægge i den store sal. Nu er kun 15 igen. De andre er dels forsvundet, dels brændt med Frederiksborg i 1859. Skønt det er sin *danske* rod, Kongen vil slå fast, er teksterne på tysk, det sprog, Frederik selv var mest hjemme i. Lyskander hævder ganske vist en menneskealder senere, i sit forfatterleksikon, at teksterne er skrevet på tysk af hensyn til slottets mange gæster. Mon dog? Kronborggobelinerne kulminerede i Frederik den Andens *bordhimmel*, vævet med guld. Carl Gustav tog den, og den er stadig i Stockholm.

Han tog mere her på slottet, og det bør dog huskes, at når han og hans hustru tog så ivrigt til sig af vore slottes indbo, har det en pudsig baggrund. Da hans kusine Dronning Kristina nedlagde kronen, og blev katolik og forlod Sverige, huggede hun uden videre skibsladninger af indbo fra Stockholm slot og andre domiciler, navnlig de overdådige samlinger af møbler og kostbarheder, som hendes »allerkristeligste Hr. Fader« Gustav Adolph havde stjålet på sit korstog overalt i Mellemeuropa. Så da Carl Gustav overtog de svenske slotte, var de lidt umøblerede, men slægten havde traditioner for at få dem fyldt, når lejlighed gaves.

Frederik den Anden fik ikke megen tid til at glæde sig over det færdige Kronborg. Han døde i 1588. Hans søn Kristian den Fjerde boede her jævnligt. 1629 brændte slottet. Næsten hele det indre blev ødelagt, og Kristians karriere havde nået sin dalende tid. Der var ikke penge til et nyt Kronborg. Branden var vistnok en pyromanbrand, en håndværker ville hævne sig over et eller andet. Kirstine Munk og hendes børn måtte flygte i nattøj. Slottet kom under tag, men i det indre blev det aldrig, hvad det havde været.

Carl Gustav tog slottet ved et kup. Rostgård, Gerner og Steenvinkel prøvede at tage det tilbage, men det mislykkedes. Gerner sad fængslet, Rostgård slap væk, Steenvinkel blev henrettet og hans hoved sat på stage. Det fortælles, at en engelsk sømand klavrede op ad stagen, kyssede den dødes hoved og sagde »Du var en god dansk patriot«.

Kronborgs fald under svenskekrigen er slottets mest ærgerlige stykke historie. Det mislykkede forsøg på at få slottet frit er kort og ram tragedie, mænd i en stærk og tæt situation. Steenvinkel var, som så mange aktive, ikke nogen nem herre. Men læs Islænderen Jon Olafssons erindringer om sine oplevelser som bøsseskytte på Kronborg i Kristian den Fjerdes dage. Det er slottets gamle hverdag og virkelighed.

Senere Konger interesserede sig ikke meget for slottet. Det var en fæstning, og i reglen var militæret alene hjemme. *Caroline Mathilde* sad fangen her, til hendes bror Kongen af England fordrede hende hjem. På stranden tog hun den sidste fortvivlede afsked med sine børn. Herfra skød man på de engelske, da krigen 1801 brød ud og den store flåde stod mod København. Efter en af skydningerne fra Kronborg på de engelske fik en ung stykjunker en røffel, fordi han ganske vildt havde fyret løs og spildt en masse krudt uden at ramme noget med sin kanon. Han hed *de Meza*, og han lærte sig siden orden i sagerne.

Slottet selv fik i de første sekler ikke lov ganske at forfalde. Kristian den Sjette, der selv byggede så meget, var øm over fortidens værker. Trompetértårnets spir var blevet halvt ødelagt, fordi »Torden i Cronborg er nedslagen«. Der måtte laves et nyt. Harsdorff fik opgaven, og han løste den for så vidt meget fint. Det er rigtigt, at det ny tårn ikke har mod til det gamle renæssancespirs dristighed i profiler og i kontrast mellem volumener, heller ikke i linjernes spænding. Det ny tårn fik rokokkoens legende ynde som grundtone, det blev slankt og feminint, men det er det gamle spirs elementer, der trofast bruges, og det er beundringsværdigt at Harsdorff magter en opgave, der ligger så langt fra hans egen tid og stil med en så ydmyg ærbødighed for det gamle værk og den respekt man skyldte slottet. Værre er, at slottets hovedtårn, der blev ødelagt ved branden i 1629 og atter ødelagt af svenske bomber, aldrig blev genopført. Den vældige og tunge murfirkant står idag nøgen og død. Man installerede en fyrlanterne i et af slottets andre spir for at undgå at bygge et ekstra fyr på pynten. Da spiret forlængst var gået til grunde, må opgaven siges at være løst stilfærdigt.

Slottets kasernetid blev næsten dets død, der vokser ikke blomster hvor Attilas hest har trådt. Ikke alene det nyere byggeri ude i terrænet er uheldigt, men i selve slottet brækkede man kaminer ned, byggede skorstene ind, flyttede skillerum, flåede gulve op, ødelagde døre og paneler, spolerede lofterne, og skændigst af alt: slottets gamle store sal – (ordet »riddersal« er meget sen romantik. Det kendes ikke på noget dansk slot i en rimelig fortid. Man kalder rummene »dansesalen«, »lange sal« eller »store sal«. »Riddersal« har hverken middelalderen eller renæssancen kendt) – den store sal havde til da sit gamle gyldne kassetteloft, svarende i stil til loftet i salen på Frederiksborg og lofter i Kalmar. Militæret lagde et ekstra gulv ind i hele salen, så der blev »belægningsstuer« i to etager, fordi temmelig mange mand skulle »underbringes«, som det hedder med et tysk ord der, så utroligt det lyder, bruges i dansk militærsprog endnu. Da der blev noget lavloftet i de to sale, fjernede man det gamle kassetteloft og lagde fladt hvidt gips.

Da slottet blev restaureret, genskabte man den store sal *som rum*, men loftet var det ikke muligt at genskabe, det står nu med de rå gamle bjælker, der bar det kostbare snekerværk. Marmorgulvet var også væk, så et nyt er lagt efter resterne i vindueslysningerne og efter de gamle regningers oplysninger om stenbruddene. Salen er idag et af de skønneste rum i Danmark. Men som den står nu, har den aldrig nogensinde før set ud. Man har smykket den med en kostbar gammel trædør, der er flyttet fra Konge-lejligheden. Da just den dør til vor tid sad på den plads, hvor Kristian den Fjerde lod den sætte, var det synd.

Da Carl Gustav lod slottet tømme, skånede han loftbillederne i Kongevåningen, fordi han ville bo der selv »i fremtiden« når Danmark var erobret. Derfor sidder en del af dem på plads endnu. De er malet af Morten Steenvinkel, og af mange grunde bør man standse og ofre dem lidt tid. Kristian den Fjerde bestilte dem, og det er afslørende for den blodrige Majestæts egentlige Jeg, at trods hans private fordomsfri moral var han småborgerligt snerpet. Når Steenvinkels nøgne skikkelser har et så virtuost tag på at få deres sparsomme klædebon og bændler til at flagre hen og dække de erotiske steder, det såkaldte »engletag«, er det ikke malerens idé. Da han havde malet billederne, blev Kongen rasende over deres uanstændighed og krævede bændler etc. malet på, og skete det ikke i en ruf, skulle Morten puttes i hullet.

263

Billederne er redeligt maleri og ikke kunst der chokerer. Og dog: stands under den klassiske gud *Saturn*, der tro mod myten sluger et af sine egne børn. *Goya* har malet et billede af Saturn, der sluger sit barn. Det hænger i Prado i Madrid, et grotesk vidløst kæmpevæsen gaber i sanseløs grådighed med spilet gigantsvælg over et menneske, der hænger livløst i de plumpe gorillanæver. Det er drama, gru, mareridt og onde drømme. Goya ville ikke alene være blevet overrasket, men pikéret, hvis man havde sagt ham at hans billede på forhånd var slået af den jævne Morten Steenvinkel på Kronborg. Goyas billede er gru, men en villet artistisk gru. Man tror ikke på den gru som en virkelighed, kun som symbol på gru i menneskehedens sorte alsjæl. Der er ikke hel ærlighed i Goyas værk. Der er langt større, ærligere og mere rystende gru i hans billede af henrettelserne i Madrid, for det lyser af personlig harme, had, en afmægtig bitterhed over en besættelsmagts svinske handlinger. Goyas Saturn, derimod, er nok dyster drøm, men alligevel kun en atelier-leg: se mig når jeg tar mig for at ræddes i sjælen. Morten malede sin Kronborgsaturn som en ældre mand, en borgerlig bedstefar, dog uden venlighed i ansigtet. Han har et lille sprællende og grædende barn i sine hænder, og han har sat tænderne i barnets maveskind. Det er tydeligvis så sejgt at der skal bides til, og barnet skriger naturligvis rædselslagent. Det billede er ikke mareridt, det er ikke legende, det er en nøgtern naturalistisk fremstilling af, hvordan det gik til, da Saturn spiste sit barn. Det lød maleribestillingen på, og Morten er gået til opgaven med hele en *Carravaggios* samvittighedsfuldhed, dog knap med hans malende evne. Billedet er ikke symbolsk gudefortælling, det er virkelighed, skinbarlig kannibalisme. Det er afgørende, og det er morsomt nok et spring tilbage til de gamle Grækere selv, for sådan, og ikke i Goyas symbolske version, har de tænkt sig sagen. Morten har forestillet sig, hvordan det må se ud, når en gammel mand spiser et barn, og hvordan barnet må reagere. I sin enkle ærlige fantasi går han lige på mål og slår Goya, ikke som maler, men just i det, som Goya regnede sig for verdensmester i: *Gru*. Hvad enhver kan se her, når man har fanget den sandhed, at virkelighedens rædsel aldrig kan overgås ved artistiske midler.

Kronborgs indre er idag sat smukt i stand. Langsomt møblerer man rummene, ikke for at skabe museum, heller ikke for at bilde nogen ind, at sådan boede Frederik den Anden, men for at gøre rummene levende, beboede, med gode ting fra de perioder da slottet var liv. Stueetagen er »Søfartsmuseet«, en samling, man aldrig blir færdig med at glæde sig ved. Slotskirken er det fyldigst bevarede interiør, med sine solide stensøjler et af Danmarks bedste rum, og med meget af det ægte inventar.

Kronborg står *i det ydre* idag i hovedsagen som på Kristian den Fjerdes tid. Overalt har stenhuggerne moret sig med at lave levende detaljer. En god kikkert henter dem ned, så man kan få timer til at gå med at vandre rundt og se. Det må man dog kun delvis. Af ukendte grunde fastholder man en tåbelig afspærring af turen rundt om slottet, og om det så er de gamle kanoner, må man knap komme dem nær. Løbene er gode nok, deres støbte indskrift må De snyde Dem til at se. De er desværre lagt i helt forkerte feltkanonlavetter fra 1800-tallet. De var oprindelig monteret omtrent som skibskanoner fra linjeskibenes dage. Udenværkerne er iøvrigt udvidet væsentligt, siden Carl Gustav stod her og fyrede løs på den hollandske flåde.

Man vandrer igen ind i den solfyldte slotsgård. Den solide rustik i den ene fløj er det gamle lave batteri fra Frederik den

Andens tid, før fløjen blev gjort højere. Det er et stærkt stykke byggeri.

Gården er idag desværre tom. Også her stod et springvand af Frederiksborgtypen, men det er borte. Der er uklarhed over de to slotsspringvand: om de begge gik over Sundet til Sverige, eller om det ene bare er »blevet væk«. Idag står her en italiensk marmorbrønd som samlende midtpunkt. Den virker meningsløs, men større måtte den ikke være, da den blev stillet op, af hensyn til »Hamletspillene« der holdtes her. Det var hårdt, i de år, at se de malede kulisser mod slottets ægte mure. Hvad Kronborg savner mest af alt er et springvand i gårdens centrum. Man er vel forbi de tider, hvor man rekonstruerer den slags, og selv om man nok kunne bruge Frederiksborgfigurerne en gang til – det er som sagt muligt at et par af dem hører til her på Kronborg – så var det bedre at lade en billedhugger lave et udkast der leger over de gamle motiver uden at prøve på at bilde nogen ind, at det er 15–1600-tal. Gården virker nemlig tom. Man har glemt en dimension i renæssancearkitekturen. Som de gotiske katedralers indre var uløseligt knyttet til *lysets* virkning, de farvede ruder og kærterne på de mange altre, så katedralen ikke er hel uden sit lys, sådan var arkitektur af Kronborgs natur uløseligt knyttet til *lyd.* Man satte orgelpiber i vindfløjene, så fløjtende toner altid klang i vinden. Trompetérer trådte ud på balkoner og tårntinder og *blæste* døgnets tider. Klokkespil faldt i slag hver time, eller når en spillemand legede med deres taster. Til Kronborg slotsgård hører *lyden* af det sprøjtende, rislende og klukkende vand, sammen med liv af lys, der funkler i vandstrålerne, mens figurerne drejer som turbiner for vandstrømmen. Derfor står den store slotsgård så mærkeligt ventende tom. At holde den dejlige gård tom og ufærdig af hensyn til eventuelle friluftskomedier er meningsløst.

En lille detalje: henne til højre er en række jernkroge højt i væggen. Det menes at de er gamle vildtgalger. Det er ikke sikkert. På ældre billeder ses, at lignende kroge blev brugt til at hænge vagtens bøsser på.

Kasematterne? En skjult verden, men ikke underjordisk. Den er inde i det indre voldsystems bastioner. Deres verden er æggende sælsom, men ret ukendt. Det hævdes at der ikke engang eksisterer en ordentlig opmåling af dem.

Man går langs kanalen mod udgangen. Kroneværksporten er nyere, men dog ikke nyere end at man ved udgangen kan vende sig og læse, på en stentavle, et manende vers, der hilser hver gæst: *»Triin ind, om du est værd! Jeg lader op min Bue –«* Det gælder stadig, véd man, når man har ofret tid på Europas smukkeste og smukkest liggende slot, for gæster er jo ikke ét fedt: trin ind, *om du est værd!*

Så langt er Kronborg et eventyr i sale og gange og kældre, i sit ydre, i hvad det rummer og er. Om man blot ville fjerne den gipsklods der illuderer som Holger Danske. Skal en legende leve og ha virkelighed, må den håndteres diskret. Så snart man går den for nær, er den død. Man vil tro, at Holger Danske var her, til den figur kom. Det samme om den deprimerende gipsfigur af Shakespeare (plus mindetavle om samme) som man må kapére. For det første har Shakespeare ikke skrevet Hamlet nede i kasematterne. For det andet er figuren, især i malet gips, enestående slet. Og så er det igen at træde med træsko i blomsterne. Engelske turister – og til ære for dem er figuren vel tænkt – véd at Hamlet hænger sammen med Kronborg. Stikkes poeten dem naivt påtrængende i næsen, må de rødme af mange grunde.

Den sten, som Frederik den Anden lod slæbe ud på Kronborgpynten i de dage, da han som nervøs barnefader ventede på

267

Kristian den Fjerde, lå her til den blev sprængt og fjernet af militæret.

Kronborg spiller en rolle, som man ikke til hverdag ofrer den dybe tanke. Sange dør, når de er slidt op. Der er ting, der ikke skal siges. I århundreder var det alvor for sømænd, og for folk der var på rejse længe hjemmefra, at når Kronborg tonede frem på sin lave odde, var man hjemme. Få er de danske, der efter en rejse står Sundet ned og ikke lige kaster et blik ind på det lyse slot med de irgrønne spir.

Og endnu eet: det er hævdet af Islændere og Færinger, og af alvorlige Nordmænd, at her står monumentet over det rovgriske Danmarks udsugeiser af »de andre lande«, for blev der måske bygget Kronborge ved Reykjavik eller Thorshavn eller i Oslofjorden? Men hvem betalte gildet? De udsugede »bilande«. Det lyder bittert, og det er heller ikke sandt. Ikke engang Danskerne har betalt een rød øre til Kronborg, og det var Frederik den Anden meget stolt af. Slottet er betalt af Øresundstolden.

Fra Gurre til Hellebæk

Mænd med grønt hår, og andre Sjællændere

Ind over land ad vejen mod Nordsjællands indre igen. Her kørte, på en knap så god vej, drengen Kristian den Fjerde. Han var en dag om at nå til Frederiksborg, og så bogstaveligt rystet, at han i sin stilebog har skrevet en rapport om hvor frygtelig køreturen var. Idag er turen et kvarter i bil, hvis man gir sig tid. Halvvejs inde drejer man nordvest på, gennem Nyruphegn, og er før man tror det fremme ved *Gurre*.

Det ligger overraskende, bag et lille almindeligt hus. Ruinen er borte i krat og træer, så man ikke ser den før man går nærmere. Af Gurre sø er intet igen lige om ruinen. Jorden er fugtig, ruinen er pæn og velholdt, her fås postkort og iskager, for ved Gurresø holdt Kong Valdemar Jagt, men det er noget siden. I forrige år-hundrede var ruinen »en tjørnegroet Gruushob«. Man er nær ved at ønske, at den var det endnu.

Som Søborg var Gurre et slot i den nordsjællandske skovver-den. Som Søborg lå Gurre i en sø, med sine mure spejlet i det

269

blanke vand. Men der er mere romantisk idyl om Gurre, end om det grå stenfængsel ved Søborg sø.

Slottet var et tårn af tegl, og udenom det en firkantet mur med fire firkantede hjørnetårne, en klar og funktionel plan, og borgen har været en herlig dukkefæstning at se.

Man kom ind gennem snævre døre og vindeltrapper, og man lagde til med både, siden har der måske været bro. Der var bro fra muren til hovedtårnet. Hvor gammelt det er, vides ikke, men det er *Valdemar Atterdag*, der nævnes her. Hans elskerinde er mere tvivlsom, for Valdemar den Stores elskede hed Tove, men at Valdemar Atterdag har haft een af samme navn er naturligvis ikke umuligt. Det er ikke her, siger legenden, at Helvig brænder hende inde i badstuen – hvis hun har været til, og hvis hun er blevet brændt inde, Det sker på Hjortholm ved Furesøen. Men her på Gurre dør Valdemar Atterdag 24. oktober 1375. Det er på sit dødsleje her han råber »*Hjælp mig nu Esrum, hjælp mig nu Soer, og du store klokke i Lund*« – Han havde givet gaver til klostrene i Esrum og Sorø, og klokken, som han skænkede Lund, var antagelig kæmpeklokken *Maria Laura*, der var 13 alen i omfang. (Huitfeldt siger »13 favne«, men så kunne den da ikke være i tårnet). Det var ikke godt med Valdemars kristendom, og han skal ha bedt Gud beholde sit himmerig, bare han til gengæld måtte beholde sit Gurre. Det er muligt.

Har han boet i det mørke tegltårn? Det kan synes at have været som at bo i en skorsten, men tårnet er 15 meter bredt, så rummene har ikke været helt små. Måske har han i det daglige boet i avlsgården. Det vides ikke, men det vides, at Grevefejden blir ikke Gurres død. Slottet er allerede tidligere nærmest ruin. Tiden var løbet fra de små nordsjællandske skovfæstninger.

Med springet fra Frederik den Andens Kronborg til det Valdemar Atterdagske Gurre måles et spring i kultur og i tiders syn på en dansk Konges bolig, skønt springet kun er 200 år. Storladent har Valdemars jordiske paradis ikke været. Det passer egentlig bedre til Sjællands gammelgroede landsbygd. I den stryger man ud, efter den megen kongelighed. Idag et velholdt smilende land. Danmark er ved vår og sommer en park at færdes i. Overalt odlet jord, hegn, grænser, renfærdige gårde, velholdte haver, smilende små skove, blånende søer. Det hævdes, at Nordsjælland er jo snart eet stort villakvarter, men vover man sig fra hovedvejene, ses at der mangler en del endnu. Nordsjælland er stadig sit ry værd.

Stadig ligger her, ikke langt nord for Gurreruinen, Hellebæk, ved kysten, og med strandvejen gennem gaden. Navnet lugter af hedendom, den hellige bæk. Siden fik bækken lov at arbejde. Her kom fabrikker med vandmøller. Den hellebækske »Bøssemagergades« gamle Nyboderlænger går tilbage til Kristian den Fjerdes tid. Stuerne er lavloftede, bjælkerne tunge, og de lave døre har under tredve lag maling håndsmeddede beslag. Her boede bøssemagerne, og man véd ikke alverden om dem, udover en sælsom ting: de var grønhårede. Borestøv fra malm og kobber føg dem i parykken, og den kobberpudrede kuppel irrede i regn. Intet under at de nordsjællandske bønder bed mærke i det syn. Der var jo noget sært ved de tilflyttere. Siden kom her klædefabrik, merkantilismens vandhjul plaskede også i Hellebæk, og palæet og kirken minder fornemt om, at noget kom der ud af håbene. Få steder i Nordsjælland er man 1800-tallet så nær inde på livet som her. Det er ikke så meget at Drachmann i flere somre boede i Ålsgårde, der løber i eet med Hellebæk, men de gamle bredkronede skove gemmer just den idyl med små stille skovkransede søer, som det døende 1800-tal sværmede så elegisk for. Her kunne man elske i den bøgelyse dejlige vår, her kunne elskende skilles vemodigt, mens bladenes gyldne lig stille dalede til jorden. Bondedammen, Skåningedammen og de andre søer, en døende idyl. De fyldes med blade og gror til, og det vil være formuer at rense dem. Militæret var ude efter idyllen. Den fandtes velegnet som legeplads, men det gik knap så galt. Den ensomme fabriksby, fiskerlejet Hellebæk er i nogen grad borte i dyre villaer, københavnske borgeres refugium. Men det skal være her Drachmann skuede ud over Sundet og ønskede sig »en Død som Shelleys i Toscanerhavets Bølger«. Nordude blåner Kullens alper uændrede. Sjælland er øen i det gamle riges midte. Derfor blev hovedstaden lagt her, lige langt fra den blekingske kyst i øst og Jyllands klitland i vest.

Sjælland er ændret til ukendelighed, fra de tider blot, da fællesskabets landsbyer lå i tætte klynger og dukkede sig bag storskovens ruiner. Og dog har landet stadig sine rødder intakte. Endnu tækkes husene af strå som i årtusinder, endnu ses de hvidkalkede lerklinede vægge, selv om de blir sjældnere. Skiftet sker i blide stød, Sjælland, den fligede leg mellem hav og land, sælernes ø, det første land der nævnes af Danmark hos de klassiske skribenter, altid navnkundig for sin frodighed. Sjællænderne med det troskyldige og farlige lune blink i øjet, en sindighed man let tar fejl af. Man har gjort væsen af fæstebøndernes lidelser. Det var vel til tider mindre morsomt, men så galt at det blev *sind* var det aldrig. De sjællandske folkelige viser har sentimentalitet, men ingen håbløshed. »*Det var en Lørdag Aften*« er sjællandsk. Melodien hørte man for tit. Den er en af vore fineste romancer, et klart og helstøbt lille stykke musik, velfødt og stærkt. Teksten, ja det er en trist historie, men kun en almenneskelig tragedie. Der dog røber en hårdhed, ikke herremandens, men det nærtagende lille bonde-samfund med egne stramme regler. Man husker at hun synger om »de røde Baand og skønne, som du engang mig gav – dem bærer jeg ret aldrig mer' før jeg gaar i min Grav«. Det lyder smukt og er det ikke. For når en sjællandsk pige var »faldet« og havde ladet sin elsker få sin vilje, måtte hun ikke mere bære røde bånd i sin dragt. Det er digtets lille diskrete oplysning om, hvorfor hun har dyb grund til at græde. Man var ikke blid i dommen. Men den sjællandske vise kan det stik modsatte, legende, drillende, til en jublende bondebalsmelodi, »Dig kan jeg kjende paa de lysegule Lokker, nu ka je sie hva du bær' i din Sind! Du er inte som de an-dre, du gjør hvad du vil, og hver en Svend der beiler, ham lukker du ind!«

Det danske landskab har skiftet ansigt gennem de femten tu-sind år siden isen smeltede. De endeløse fyrreskove blev et hav-sejlende ørige, og klimaskift satte ind. Kun langsomt vovede men-nesker sig igang med at ændre landet. I årtusinder brugte de det som det var, omtrent som dyr gør det. Landbruget kom, og sko-vene begyndte at falde. Både og skibe løb op på stranden, indtil man begyndte at bygge havne. Veje og stier snoede sig udenom kær og moser, op og ned over duvende bakkedrag, til man, helt op mod vor tid, tog fat på at skære igennem, fylde ud, planere. Vige blev dæmmet ind, moser tørlagt, stadig stærkere præger men-nesker landet, der idag bid for bid må lystre og lade sig ændre. Sjælland vil i kommende år mere end nogen anden del af Dan-mark skifte ansigt, for en millionby er ved at gå i opløsning. Det var for handel og samarbejde, mennesker søgte sammen i byer. Telegraf, telefon, radio og trafikmidler gør det muligt for men-nesker at arbejde sammen uden at bo på tæerne af hinanden. Som den første af Nordens storstæder har København fulgt de nye signaler, dens folketal tar af, mennesker spredes ud over landet – det vil sige Sjælland, og øen vil blie beboelse mange mil fra København. Industrierne søger ud. Købstæderne søger industrier, eller de lægger sig på bar mark. Sjællands gamle land vil i kommende årtier forvandles til ukendelighed. Ved hovedvejenes strøg. At slette Sjælland ud som landsdel, landsbygd, kvæle øens traditioner og kontinuitet vil tage væsentligt længere tid, og vore børnebørns børnebørn vil endnu finde at Sjælland er sig selv, omend i nyt tøj. Stranden blir ikke havnekaj hele vejen rundt de første par år. Svaner, gravænder og strandskader vil finde steder at være. Mennesker også. De samme bøge og lyse nætter, den samme lykke.

Sjælland med drivende skyer, tåge og blæst ind fra stranden overalt, sne og søle, kulde, hård klinger frost, side enge, moser med siv og hvide svaner i Sundet, skove med gamle svulmende kroner, krapsø ind på de hvide kyster, strandmalurtens og timianens ramme duft, alt hvad der kan nævnes er Sjælland. Men ikke Sjælland alene. Der er blå krapsø andre steder i verden, svaner og viber og drivende skyer er ikke kun at se her, og selv hele summen af alt det, just som her, er vel ikke så absolut enestående.

Hvad er da Sjælland? Hvad er dette særlige, som vi véd er her, men som er vanskeligt at fange? Summen af alle elementerne plus ti-femten tusind år, den samme linje i de skiftende slægter af bønder og skippere, trods alle krige og langsomt sivende indvandring. Det, at Sjælland på hver plet, hvert sted, er mærket usynligt eller synligt af sin fortid, sin skæbne, sine endeløse skift af slægtled som vår og høst. Fortæl en sjællandsk bonde, at når han går til generalforsamling i sit andelsmejeri og ikke til bestyrelsen vælger den mest højkæftede, men med et usvigeligt instinkt de solide, ikke sjældent de temmelig stille, så hænger det sammen med at hans fædre sejlede salt og tømmer til Visby, og at hans tipoldefar sad på stævnesten sammen med de andre bymænd i fællesskabet. Han vil smile og ryste på hovedet. Den Sjællænder, der rimeligvis med de fleste af sit stamtræs linjer stammer fra de første renjægere, der dukkede frem over tundraens nøgne grusede Køge Ås. Hvorfor blev det, trods alt, i den sidste ende ikke Jylland, men Sjælland, der førte i løbet? Hvorfor blev den første bibeloversættelse, der grundlagde det danske rigssprog, skrevet på sjællandsk? Hvorfor måtte Trugotsønnerne vige for Hviderne? Hvorfor var det fra meget tidlig tid her, Kongerne holdt til, siden Harald Blåtand flyttede fra Jelling til Lejre? Sjællænderne vil næppe selv kunne sige hvorfor – de lunt og umærkeligt stærke, der aldrig gav slip på det lille skødesløse og rappe blik i de blågrå øjne. Men de véd, selv om de aldrig nævner det, at ved Assandun blev bøgegrenen svunget af Tymme Sjællandsfar. Siger Saxe. Han var Sjællænder.